W0085141

# Klemens Ludwig

## Wenn der Eisenvogel fliegt

Klemens Ludwig

# Wenn der Eisenvogel fliegt

*Tibeter im Exil*

*nymphenburger*

*Gewidmet allen Tibeterinnen und Tibetern,*
*die den Versuch, in die Freiheit zu gelangen,*
*mit ihrem Leben bezahlen mussten.*

© 2008 nymphenburger in der
F.A. Herbig Verlagsbuchhandlung GmbH, München
Alle Rechte vorbehalten.
Umschlag: Wolfgang Heinzel
Umschlagmotiv: gettyimages, München
Satz: EDV-Fotosatz Huber/Verlagsservice G. Pfeifer, Germering
Gesetzt aus: Sabon LT 10,3/13,8 pt.
Druck und Binden: GGP Media GmbH, Pößneck
Printed in Germany
ISBN 978-3-485-01152-5

www.nymphenburger-verlag.de

# Inhalt

# Vorwort:
## »Wenn der Eisenvogel fliegt«

»Wenn der Eisenvogel fliegt und die Reitpferde auf Rädern rollen, wird der Mann aus dem Schneeland seine Heimat verlassen müssen und der Dharma [die buddhistische Lehre] wird die Länder des rotwangigen Mannes erreichen«, prophezeite der buddhistische Lehrer Padmasambhava im 8. Jahrhundert dem tibetischen Buddhismus. Diese häufig zitierte Vorhersage erfüllte sich 1.200 Jahre später in der zweiten Hälfte des 20. Jahrhunderts auf höchst dramatische Weise. Nach dem chinesischen Einmarsch in Tibet 1950 und einem Volksaufstand neun Jahre später, der rücksichtslos niedergeschlagen wurde, blieb dem Dalai Lama nur die Flucht nach Indien. In den anschließenden Monaten folgten ihm 80.000 seiner Landsleute, heute leben knapp 170.000 Tibeterinnen und Tibeter in Indien, Nepal, Bhutan, Europa, Nordamerika und Australien.

Die Ursachen der tibetischen Fluchtbewegung sind häufig beschrieben worden; über das Leben und die Entwicklung der Tibeter im Exil wird sehr viel weniger geforscht und publiziert. Dabei erfährt kaum ein Flüchtlingsvolk auf der Welt mehr Aufmerksamkeit, Unterstützung und Sympathie; keines mobilisiert mehr Menschen und Emotionen. Dadurch war es möglich, die großen sozialen und gesellschaftlichen Herausforderungen zu meistern, die sich den Tibetern mit ihrer Ankunft in Indien gestellt haben.

Im Gegensatz dazu steht die politische Ohnmacht der Flüchtlinge, den Dalai Lama eingeschlossen. Als »Pandabären der Weltgeschichte« bezeichnen sich einige der Jüngeren: »Jeder liebt uns, aber keiner tut etwas für uns«, lautet ihr desillusioniertes Fazit, was die politische Unterstützung angeht.

In diesem Buch geht es um die Entwicklung der tibetischen Gesellschaft im Exil, um Aufbrüche und Veränderungen, um Perspektiven, Hoffnungen und Enttäuschungen, um Schauplätze einer neuen Existenz und Orte, an denen die Tradition gepflegt wird. Vor allem aber geht es um Menschen, die 1959 oder in den darauffolgenden Jahren Tibet verlassen haben, um ihr Leben zu retten, um Folter und Haft zu entgehen oder um in Einklang mit ihrer Kultur und Tradition leben zu können. Und es geht um Menschen, die als Söhne und Töchter der Heimatlosen im Exil geboren wurden und Tibet nie oder nur als Besucher erlebt haben. Die Tibeterinnen und Tibeter kommen im Folgenden persönlich zu Wort; sie erzählen ihre Geschichten selbst und machen damit ein spannendes Stück Zeitgeschichte lebendig, denn sie spiegeln die vielfältigen Aspekte des Lebens der Tibeter im Exil wider.

Mein besonderer Dank gilt denen, die mir ihre Geschichten erzählt haben, und darüber hinaus allen, die mich mit Kontakten, Ideen, Vermittlungen etc. unterstützt haben. Hervorheben möchte ich Eva Herzer, Marlis Killermann, Peter Märle, Maria Blumencron, Jörg Arnold, Tenzin Sewo, Tenzin Chime, Ingrid Norbu, Roswitha und Jacques Kuhn, Philip Hepp, Elvira Ehni, Irena Stahl, Bruno Baumann, Sabine Jaenicke, Jutta Dudenhöfer, Joe Kirkl-Dudenhöfer, Inge Schnetzer, Krystyna Uhlig und meine Frau Antje Ludwig.

*Klemens Ludwig*

# Ein halbes Jahrhundert
## Tibeter im Exil

Über zwei Jahrtausende wussten die Menschen Tibets wenig von der Welt jenseits ihrer Schneeberge; und umgekehrt gab es kaum seriöse Informationen über Tibet außerhalb des Himalaya. Nur wenige Tibeter interessierten sich für das, was fern ihrer Heimat geschah, und die wenigen Fremden, die sich für Tibet interessierten, neigten – je nach ihrer eigenen Interessenlage – dazu, das Dach der Welt zu idealisieren oder zu verteufeln.

Die Mentalität der Isolation hat das tibetische Bewusstsein lange geprägt. Dazu hat die geografische Lage entscheidend beigetragen. In einem Land, in dem es bereits ein Abenteuer ist, das nächste Tal auf der anderen Seite der Passhöhe zu erreichen, ist Mobilität nicht unbedingt ein hohes Gut. Jede Reise bedeutete ein unkalkulierbares Risiko, also wurde sie, wenn möglich, vermieden.

Nur einmal, im 8. Jahrhundert unter König Trisong Detsen, reichte der tibetische Einfluss über das Dach der Welt hinaus bis Zentralasien, an den Golf von Bengalen und ins chinesische Tiefland. Nach dem großen Herrscher zerfiel das Reich rasch und die Tibeter gerieten wieder in Isolation. Zwar blieben Handelskontakte mit den Nachbarvölkern bestehen, doch erst während der britischen Kolonialzeit in Indien wurden sie intensiviert. Damals erfreuten sich tibetische Güter wie Salz, Wolle und Felle zunehmender Beliebtheit. Mit Yak-Karawanen wurden sie nach Süden gebracht und die Tibeter nahmen dafür Güter in Empfang, die im Land selbst unbekannt waren, wie Reis, Gewürze, Tee, Edelsteine, Korallen und Elfenbein.

Für die größte Mobilität im alten Tibet waren die Pilger verantwortlich. Die Anziehungskraft heiliger Stätten, nicht nur im eigenen Land, sondern auch in Indien, Nepal und China sorgte dafür, dass die Tibeter nicht völlig den Kontakt zu den Nachbarstaaten verloren.

Weitere Gründe für die Isolation waren schlechte Erfahrungen mit ausländischen Mächten. Tibet ist materiell wie spirituell ein sehr reiches Land und es stand deshalb immer im Blickpunkt seiner Nachbarn. In China wird es seit alten Zeiten »Xizang« genannt, »Schatzhaus des Westens«. Allein die fehlende Infrastruktur verhinderte lange Zeit die Ausbeutung der Schätze. Die Mongolen hatten es seit dem 15. Jahrhundert mehr auf die geistigen Werte Tibets abgesehen und nötigten die jeweiligen Oberhäupter an ihren Kaiserhof, um dort den Buddhismus zu verbreiten.

Auch gegen diese Formen der Ausbeutung wehrten sich die Tibeter so gut sie konnten durch Rückzug und Isolation. Diese Mentalität führte im 19. und 20. Jahrhundert zu einer kollektiven Angst, die wiederum der Isolation Vorschub leistete: Die Menschen fürchteten um ihre eigenen Werte und dass ihre Kultur verwässert würde, wenn sie sich öffneten.

## Eine fremde Welt

Das alte Tibet war gewiss nicht die Insel der Seligen, als die es in Europa teilweise gesehen wurde. Ebenso wenig war es das grausame Feudalsystem, als das es die chinesischen Kommunisten und ihre ideologischen Freunde darstellen. Es war ein Land, in dem vieles anders war, als es die aufgeklärt-abendländische Welt kannte – und was fremd ist, wird zumeist mit dem einen oder anderen Extrem belegt.

Materielle Werte hatten im alten Tibet weniger Bedeutung als etwa in Europa. Das dünn besiedelte Land gab seinen Bewohnern genug zu essen, sodass sie die Natur nicht ausbeuten mussten, um zu überleben. Gleichzeitig waren die Menschen der Natur sehr viel mehr ausgeliefert als in gemäßigteren Breiten und sie machten nachdrücklicher die Erfahrung der Vergänglichkeit aller materiellen Dinge. Der Buddhismus verstärkte diese Haltung. Er sieht in allen äußeren Erscheinungen nur vergängliche Trugbilder und lehrt, an nichts zu haften. Das ist einer der Gründe, warum der Buddhismus nirgendwo sonst derartig kulturstiftend werden konnte wie in Tibet: Seine tiefen Lehren entsprachen dem uralten Erfahrungsschatz des tibetischen Volkes. Insofern entsprangen Geistesschulungen und Übungen zur Beherrschung des Körpers ebenso wie großzügige Spenden für die Klöster oder der Wunsch, mindestens einen Sohn in ein Kloster zu schicken, dem tiefen Bedürfnis der Bevölkerung.

Das Bewusstsein um die Vergänglichkeit prägt die tibetische Kultur. Tote – von wenigen hohen Lamas abgesehen – werden an besonderen Plätzen außerhalb der Ortschaften aufgebahrt, von einem Leichenzerstückler zerhackt und den Geiern zum Fraß überlassen. Was auf den ersten Blick pietätlos erscheint, hat praktische und religiöse Gründe. Das alte Tibet war zu karg, um die Menschen in der Erde zu bestatten oder um sie zu verbrennen. Aber durch die sogenannte Himmelsbestattung wurde auch die Vergänglichkeit alles Irdischen überdeutlich gemacht.

Doch auch im alten Tibet lag einiges im Argen. Klöster und Adel teilten sich fast die gesamte landwirtschaftliche Nutzfläche und hielten viele Bauern in Schuldknechtschaft. Auch alle wichtigen Verwaltungsposten wurden von einem Adeligen und einem Mönch besetzt, was gewiss nicht die

Effizienz steigerte. Zudem übten die Mönche das Bildungs-
monopol aus und wachten eifersüchtig über ihre Privilegien.

Doch obwohl der allgemeine Lebensstandard nicht sehr
hoch und die soziale Kluft dagegen umso tiefer war, gab es
weder Hungerrevolten noch Migrationsbewegungen wie in
Europa oder anderen Gegenden der Erde. Das lässt sich
anhand zeitgenössischer europäischer Berichte aus Tibet
belegen. Erste Augenzeugenberichte aus Tibet sind aus dem
17. Jahrhundert erhalten, die Schilderungen vor dieser Zeit
stammen von Europäern, die in Indien oder am kaiserli-
chen Hof in China Geschichten über Tibet mitbekommen
und weitergegeben haben – wie zum Beispiel Marco Polo.

Häufig waren die Verfasser Missionare, die nach Tibet
oder in die Randgebiete des Himalaya gekommen waren,
um ihren Glauben zu verbreiten, den sie für den einzig
wahren hielten. Ihre Missionsbemühungen waren jedoch
von keinerlei Erfolg gekrönt; die im Buddhismus fest ver-
ankerten Tibeter zeigten den ungebetenen Gästen einfach
die kalte Schulter. Entsprechend gefärbt waren diese ersten
Tibet-Berichte. Die Missionare beklagten, wie verstockt,
abergläubisch, unhygienisch, barbarisch ... die Tibeter
waren. Typisch ist die Beschreibung des ersten Europäers
in Lhasa, des österreichischen Jesuiten Johannes Grueber:
»Es gibt aber in den Königreichen Tanguth (= Amdo) und
Barantola (= Tibet), eingeschmuggelt durch die List und
Tücke des Satans, eine schreckliche und verfluchte Sitte:
Sie wählen einen kräftigen Knaben, dem sie die Macht
geben, an bestimmten Tagen des Jahres jeden, der ihm
begegnet – gleich welchen Geschlechts, Alters, Ansehens
und sonstigen Ranges –, sogleich mit den Waffen, die er
gerade trägt, zu töten. Sie reden sich in dummer und törich-
ter Weise ein, dass den so Getöteten ewige Ehren und

Begünstigungen zuteil werden ... Das Volk ist in ganz hässliche Irrlehren verstrickt, und man verehrt verschiedene Götterbilder ... Ja, diese leichtgläubigen Menschen legen dem Götterbild sogar verschiedene Nahrungsmittel hin, um die Gottheit zu versöhnen. Sie vollziehen auch noch weitere ähnlich verabscheuungswerte götzendienerische Rituale ... «[1]

In keinem der Berichte ist jedoch von Hungersnöten, Hungerrevolten, sozialen Aufständen oder Fluchtbewegungen die Rede. Die Autoren hätten es gewiss nicht unterschlagen, denn es hätte perfekt in ihr Tibet-Bild und in ihren Sendungsauftrag gepasst. Dass sich derartige Berichte nicht finden, lässt den Schluss zu, dass die materiellen Bedürfnisse der Menschen befriedigt waren, wenn auch teilweise auf niedrigem Niveau.

## Einfluss von außen

Ein allumfassendes tibetisches Nationalbewusstsein hat sich erst unter den dramatischen Ereignissen Mitte des 20. Jahrhunderts herausgebildet. Zuvor verstanden die Menschen sich vielmehr entsprechend ihrer regionalen Zugehörigkeit als Khampa, Amdoer, Golok oder Bewohner von U-Tsang, den zentralen Provinzen.

Das identitätsstiftende Element war die Religion, der Buddhismus, der sich seit dem 7. Jahrhundert allmählich ausgebreitet hat und seit dem 11. Jahrhundert zur herrschenden Lehre wurde. Seit dem 17. Jahrhundert kam der

---

[1] Grueber, Johannes: *Als Kundschafter des Papstes nach China 1656–1664*, Stuttgart 1985, S. 156f.

Dalai Lama hinzu, der zunächst nur ein prominenter Vertreter der Reformschule der Gelugpa (der Tugendhaften) war. Mithilfe der Mongolen wurde diese jüngste aller Schulen jedoch zur dominierenden.

China übte erst sehr spät Einfluss auf Tibet aus. Zwar ehelichte der tibetische König Songtsen Gampo bereits 641 die chinesische Prinzessin Wen Cheng aus der Tang-Dynastie – und dies feudale Ereignis gilt auch den Kommunisten als wichtiges Argument für die historische Zusammengehörigkeit beider Völker –, doch davon ging kein nennenswerter Einfluss auf die Entwicklung in Tibet aus. Wen Cheng war Buddhistin und in ihrem Hofstaat befanden sich viele buddhistische Lehrer. Nach chinesischer Geschichtsschreibung hat sie sogar den Buddhismus nach Tibet gebracht. Dabei übersieht Peking, dass der tibetische König vier Jahre zuvor die nepalesische Prinzessin Bhrikuti Devi geheiratet hatte; ebenfalls eine Buddhistin. Sie war die erste historisch gesicherte Person, die den Buddhismus auf das Dach der Welt gebracht hat, und ihre Schule, der Vajrayana-Buddhismus, hat sich im 8. Jahrhundert gegenüber dem chinesischen Chan- (oder Zen-)Buddhismus durchgesetzt.

Erst ein Jahrtausend später erhoben die Chinesen wieder Ansprüche auf Tibet. Die Kaiser der mandschurischen Qing-Dynastie waren von der tibetischen Regierung im frühen 18. Jahrhundert um Hilfe gegen die Mongolen gebeten worden, die sich immer mehr als Despoten entpuppt hatten. Qing-Soldaten vertrieben die Mongolen vom Dach der Welt – und blieben ihrerseits dort. Sie stationierten zwei Ambane, kaiserliche Gesandte, und ein Truppenkontingent in Lhasa.

Die Frage, welcher Art das chinesisch-tibetische Verhältnis seit der Zeit war, ist mit europäischen Begriffen nicht treffend zu beschreiben. Faktisch kontrollierten die Kaiser aus dem fernen Beijing die Außenkontakte Tibets, während die große Mehrheit der Bevölkerung wenig vom chinesischen Einfluss verspürte. Besonders pragmatisch waren die Khampa in den östlichen Teilen des tibetischen Siedlungsraumes, die schon immer einen engen Kontakt zu den Chinesen unterhielten. Erschienen tibetische Steuereintreiber, erklärten sie sich zu Untertanen des Drachenthrons. Kamen chinesische Beamte, erklärten sie sich zu Gefolgsleuten des Dalai Lama.

Nach dem Sturz des letzten Kaisers 1911 erhoben sich tibetische Verbände und vertrieben die chinesischen Soldaten samt den Ambanen aus Lhasa. Das tibetische Oberhaupt, der 13. Dalai Lama, rief daraufhin die Unabhängigkeit Tibets aus, versäumte es aber, etwa durch einen Aufnahmeantrag in den Völkerbund die internationale Anerkennung durchzusetzen.

Doch auch die neue bürgerliche Führung in Peking hielt an ihrem Anspruch auf Tibet fest. Eine von den britischen Kolonialherren im indischen Simla initiierte Konferenz zur Klärung der Statusfrage endete 1914 ohne Ergebnis. Letztlich einigten sich beide Staaten am 19. August 1918 auf den Jangtse-Fluss als Tibets Ostgrenze. Das Gebiet östlich davon wurde zur entmilitarisierten Zone erklärt. Dies bedeutete eine Teilung der alten Provinz Kham, bescherte den Tibetern jedoch vorübergehend Ruhe und Stabilität an der Grenze.

Während der Epoche der Unabhängigkeit öffnete sich der Dalai Lama Reformbestrebungen, die darauf abzielten, die tibetische Gesellschaft grundlegend umzugestalten. Unter seiner Regentschaft gab es die erste weltliche Schule und auch die wirtschaftliche Macht der Klöster wurde beschnitten. Sein Nachfolger, der 1935 geborene 14. Dalai

Lama, knüpfte an diese Politik an. Er befreite unter anderem viele Bauern aus der Schuldknechtschaft, indem er per Dekret alle Schulden, die älter als acht Jahre waren, tilgte und bei den jüngeren die Zinszahlungen aussetzte.

Viel Zeit blieb ihm indes nicht mehr, denn die Veränderungen des großen Nachbarn China warfen ihre Schatten auf die Entwicklung in Tibet. Mao Zedong hatte nach dem Sieg der Volksbefreiungsarmee im Bürgerkrieg am 1. Oktober 1949 die Volksrepublik China ausgerufen. Eine seiner ersten Forderungen war die »Heimkehr Tibets ins chinesische Mutterland«. Da es in Tibet keine nennenswerte gesellschaftliche Gruppe gab, die diese Forderung unterstützte, marschierte die Volksbefreiungsarmee ein. Die internationale Staatengemeinschaft ignorierte den Gewaltakt; somit zahlten die Tibeter den Preis für ihre Isolation.

Um der Annexion eine rechtliche Basis zu verschaffen, komplimentierte die chinesische Führung im Mai 1951 eine hochrangige tibetische Delegation, allerdings ohne den Dalai Lama, nach Beijing. Ihr wurde ein »17-Punkte-Abkommen zur friedlichen Befreiung Tibets« vorgelegt, das die Eigenständigkeit des Landes aufhob. Gleichzeitig gestand es den Tibetern jedoch weitgehende innenpolitische Autonomie zu.

## Zerstörung einer Kultur

Am 9. September 1951 erreichten die chinesischen Truppen Lhasa und acht Jahre lang gab es eine relativ friedliche Koexistenz von traditioneller tibetischer Verwaltung und chinesischem Militär. Zunächst respektierten die neuen Herren die traditionellen Strukturen mit dem Dalai Lama an der Spitze, doch seit Mitte der 1950er-Jahre verschärfte sich die Situation in Osttibet, wo Tausende von Kindern nach China verschleppt und dort im Geiste der Kommunistischen Partei erzogen wurden. Den Widerstand der Familien schlug die Armee gewaltsam nieder.

Ende der 1950er-Jahre wuchsen die Spannungen auch in Zentraltibet. Sie eskalierten schließlich am 10. März 1959, als der Dalai Lama nach Beijing entführt werden sollte. Tausende von Tibeterinnen und Tibetern strömten zum Palast, um ihr Oberhaupt zu schützen. Gegen die chinesische Übermacht hatten sie jedoch keine Chance. Der Aufstand wurde blutig niedergeschlagen, aber dem Dalai Lama, seinen engsten Familienangehörigen und Vertrauten gelang mithilfe einer kleinen tibetischen Guerillabewegung bei Nacht die Flucht. Am Tag danach – die Flucht war noch nicht entdeckt – stürmte die Volksbefreiungsarmee den Palast. Als die Soldaten erkannten, dass sie zu spät gekommen waren, richtete sich ihre Wut gegen die gesamte tibetische Bevölkerung. Zunächst hatte der Dalai Lama gehofft, im Süden Tibets Zuflucht finden zu können, doch die Nachrichten aus Lhasa ließen ihm keine andere Wahl, als den chinesischen Machtbereich zu verlassen. Er bat in Indien um Aufnahme, die ihm von Ministerpräsident Nehru ohne Umschweife gewährt wurde.

Die Zurückgebliebenen erlebten eine Epoche brutaler Unterdrückung. Die chinesische Besatzungsmacht zerstörte alles, was sie vorfand: die Religion, die Kultur, die Familienstrukturen, sogar die wirtschaftliche Basis, denn erstmals in der Geschichte kam es durch die Zwangskollektivierung und die Umstrukturierung der Landwirtschaft zu weitverbreiteten Hungersnöten.

Ganz Tibet wurde mit gnadenlosem Terror überzogen, der nicht nur die »Klassenfeinde« von Adel und Klerus traf. Die Freizügigkeit wurde aufgehoben, der Besitz religiöser Gegenstände verboten, die Landwirtschaft kollektiviert. Selbst Haustiere oder Blumen auf der Fensterbank galten als Beweis für »kleinbürgerliche Gesinnung« und zogen schwere Strafen nach sich. Am schlimmsten litten die Menschen in den Arbeitslagern, die eher Vernichtungslagern glichen.

Am 9. September 1965 proklamierte die chinesische Verwaltung die »Autonome Region Tibet«. Der Name ist jedoch irreführend. Von Autonomie war nie die Rede, stattdessen wurde das tibetische Territorium zerstückelt und in sechs Verwaltungszonen aufgeteilt. Die Autonome Region ist die westliche Hälfte Tibets. Große Teile der Bevölkerung Osttibets lebten plötzlich in den chinesischen Provinzen Qinghai, Gansu, Sichuan und Yunnan. Wenn die Chinesen von Tibet sprechen, meinen sie allein die »Autonome Region«, in der lediglich zwei von etwa sechs Millionen Tibetern leben.

Mit der Großen Proletarischen Kulturrevolution 1966 verschärfte sich der Druck auf alles Tibetische noch mehr. Zehn Jahre später, nach dem Tode Maos und der Entmachtung seiner radikalen Nachfolger, war das Land nicht wiederzuerkennen. Mehr als eine Million Menschen waren in Arbeitslagern, bei Massakern, durch Exekutionen oder Hunger ums Leben gekommen. Die Landwirtschaft war für Jahre ruiniert. Von den fast 6.000 Tempeln und Klöstern hatten nur 13 die Zerstörungen überstanden. Der größte Teil war bereits vor der Kulturrevolution dem Zerstörungswahn zum Opfer gefallen. Bis heute wird diese Politik mit anderen Mitteln fortgesetzt: Abermillionen chinesischer Siedler machen die Einheimischen zur Minderheit im eigenen Land und bringen das fragile ökologische Gleichgewicht aus der Balance – mit unabsehbaren globalen Folgen.

# Die große Flucht

Um dem Terror zu entkommen, folgten dem Dalai Lama Zehntausende nach Indien, andere fanden in Nepal und Bhutan Schutz. Die Fluchtbewegung dauert bis heute an. Es ist nicht mehr der offene Terror, der die Menschen dazu veranlasst, ihre Heimat zu verlassen; es ist ihr Wunsch, im Einklang mit ihrer Kultur zu leben. Vor allem Kinder und Jugendliche werden von ihren Eltern auf die gefährliche Reise über das Himalaya-Zentralmassiv geschickt. Dort sollen sie eine fundierte Ausbildung in der eigenen Tradition erhalten. Eine Mutter, die diesen Weg für ihr Kind bestimmt hat, sagt dazu: »Dass ich unglücklich bin, ist nicht wirklich wichtig. Ich bin nur eine einzelne Frau. Alle Mütter, die ihr Kind wegschicken, haben Probleme. Deswegen ist mein größter Wunsch die Freiheit Tibets. Dann wird unser Land endlich die Möglichkeit haben, den Kindern eine Zukunft zu geben.«[2] Wie weit sie davon entfernt sind und wie tief die Verbitterung über die Situation ist, hat der Aufstand vom März 2008 deutlich gemacht.

Der chinesischen Führung ist die Fluchtbewegung ein Dorn im Auge, denn jeder Tibeter, der Indien erreicht, ist eine lebende Anklage gegen die Politik der Unterdrückung und Assimilierung. Das gilt insbesondere für prominente Flüchtlinge wie den 17. Karmapa. Er ist das Oberhaupt von einer der vier Hauptlinien des tibetischen Buddhismus, der Karma-Kagyü-Schule.

Der 16. Karmapa war ebenfalls geflohen, lebte in seinen letzten Jahren in den USA und starb 1981 in Chicago. Viele sahen darin den Hinweis, dass seine nächste Inkarnation

---

[2] Blumencron, Maria: *Flucht über den Himalaya: Tibets Kinder auf dem Weg ins Exil*, München 2003, S. 114

im abendländischen Kulturkreis, womöglich in den USA, gefunden werden würde. Dem war jedoch nicht so. Urgyen Trinley Dorje, so sein Mönchsname, wurde am 26. Juni 1985 als achtes von zehn Kindern einer Nomadenfamilie in der Gemeinde Latog/Kham geboren und 1992 als Karmapa anerkannt. Die Ernennung ist umstritten; eine Minderheitenfraktion innerhalb der Karma-Kagyü-Schule erkennt den zwei Jahre älteren Trinley Thaye Dorje als Karmapa an.

Urgyen Trinley Dorje wurde vom Dalai Lama wie auch von den chinesischen Behörden anerkannt und in Tsurphu, dem Stammkloster der Schule, erzogen. Beijing rechnete sich aus, in ihm einen hohen Würdenträger heranzuziehen, der sich China und seinen Machtansprüchen gegenüber loyal verhielt und als Erwachsener womöglich dazu beitragen könnte, die Integration Tibets in den chinesischen Staatsverband zu legitimieren.

Dem Jungen indes missfiel diese Rolle, ebenso wie die Einschränkungen und Indoktrinationsversuche der Behörden. Ende Dezember des Jahres 1999 erklärte er öffentlich, er gedenke, sich für einige Zeit zur Klausur zurückzuziehen. Das ist für buddhistische Mönche durchaus keine ungewöhnliche Praxis, sodass die Ankündigung unverdächtig war. Tatsächlich jedoch verließ er das Kloster am 28. Dezember gemeinsam mit seiner Schwester und den engsten Vertrauten. Die Fahrt ging zunächst Richtung Nepal, unentdeckt überquerten sie die Grenze und fuhren dann weiter über Delhi nach Dharamsala, dem Sitz des Dalai Lama. Als er dort am 5. Januar 2000 eintraf, sorgte er zunächst für ungläubiges Staunen.

Beijing wollte nicht akzeptieren, dass sein wichtigster tibetischer Würdenträger geflohen war, denn aus Sicht der Regierung hatte er alle Freiheiten für eine Ausbildung gemäß der Tradition genossen. Deshalb wurde die Behauptung verbreitet, der Karmapa sei nach Indien gereist, um wichtige Ritualgegenstände persönlich zurückzuholen, die während der großen Fluchtbewegung außer Landes geschafft worden waren. Derartigen Spekulationen setzte der Karmapa selbst ein Ende, indem er erklärte, er habe nicht vor, nach Tibet zurückzukehren, sondern bitte um Asyl in Indien.

Die Flucht des Karmapa war eine der größten Blamagen für die chinesische Führung in ihren Bemühungen um die Legitimierung ihrer Macht in Tibet durch den buddhistischen Klerus. Nicht immer endet die Flucht jedoch so erfolgreich. Häufig finden Bergsteiger oder andere Flüchtlinge erfrorene Kinder und Jugendliche, die vom Weg abgekommen sind oder vielleicht sogar von einer Gruppe zurückgelassen werden mussten, weil sie nicht mehr weiterkonnten.

Die Strapazen der Flucht beschreibt Maria Blumencron, die eine Gruppe Flüchtlingskinder von der nepalesischen Grenze aus begleitet hat: »Der erste Teil der Strecke ist immer der härteste, denkt Nima (Anm.: der Guide), die Glieder sind steif gefroren von der Fahrt, die Schritte der Flüchtlinge haben keinen Rhythmus gefunden, ihre Augen haben sich noch nicht an die Dunkelheit gewöhnt. Ihre Herzen kämpfen mit der Trauer und ihre Sinne mit der Angst vor den Chinesen und der Ungewissheit. Wenn er laut reden könnte, würde er seine Schützlinge aufmuntern: ›Glaubt mir, es wird von Tag zu Tag leichter!‹ Auch wenn es in Wahrheit von Tag zu Tag schwerer wird. Doch die Seele wächst mit den Anforderungen, die das Leben an sie stellt. Und die Gabe des Wanderers, einen Berg zu besteigen, mit jedem Zentimeter, den er seinem Gipfel näher kommt. Keiner der Flüchtlinge würde die Schneegrenze in der ersten Nacht der Flucht bewältigen. Der lange Weg dahin wird sie stärken, das Unmögliche zu schaffen.«[3]

Einer großen Öffentlichkeit wurde das Drama, das sich seit Jahren auf den Pässen des Himalaya abspielt, Ende September 2006 bekannt. Chinesische Grenzposten eröffneten am Nangpa-Pass kurz vor der nepalesischen Grenze ohne Warnung das Feuer auf eine Gruppe von 74 tibetischen Flüchtlingen, mindestens zwei wurden tödlich getroffen, darunter eine Nonne, die als Begleiterin mehrerer Kinder unterwegs war; über 30 Flüchtlinge wurden verhaftet, der Rest konnte sich in panischer Flucht über den Pass auf nepalesisches Territorium retten. Der Nangpa-La liegt nahe des Basislagers vom Cho Oyu, einem der »leichten« Achttausender, der von vielen Bergsteigern als Trainingsberg für eine Besteigung des Chomolunga (Mount Everest) genutzt wird. Die Todesschüsse wurden von rumänischen Alpinisten gefilmt und weltweit bekannt gemacht.

Bis zu der Zeit gelang es etwa 2.500 bis 3.000 Personen pro Jahr, Tibet zu verlassen, und der Nangpa-La war die wichtigste Route. Seitdem wird der Pass besonders streng bewacht und der Flüchtlingsstrom ist schwächer geworden.

Noch schärfer werden allerdings die Pässe kontrolliert, die Tibet direkt mit Indien verbinden. Die heutigen Flüchtlinge kommen deshalb zunächst in Nepal an. Das *Tibetan Refugee Reception Centre* (TRRC) in der Hauptstadt Kathmandu ist ihre Anlaufstation. Wenn die Tibeter sie erreicht haben, dürfen sie sich erstmals sicher fühlen. Das Sammellager befindet sich seit 1991 in den nordwestlichen Außenbezirken der Stadt, abseits vom Lärm und Gestank des Zentrums.

---

[3] Blumencron, Maria: 2003, S. 146

Die indischen Behörden stellen den Neuankömmlingen in Kathmandu ihre Flüchtlingspapiere aus, denn sie wollen weiter nach Dharamsala, zum Sitz des Dalai Lama. Sich in der Nähe ihres Oberhauptes anzusiedeln, bleibt für die meisten aber ein unerfüllbarer Traum, denn die Kapazitäten dort sind erschöpft. Nach einer Audienz beim Dalai Lama wird ihnen eine neue Bleibe zugewiesen, häufig in Südindien.

## Perspektiven in Indien

Dass die Tibeter eine Perspektive im Exil gefunden haben, ist der indischen Gesellschaft zu verdanken. Die freundschaftliche Aufnahme war nicht selbstverständlich, denn das Gastland muss selbst viele soziale Probleme bewältigen.

Die tibetischen Flüchtlinge gehörten nicht nur der Oberschicht an, wie es die chinesische Regierung behauptet; neben Adeligen und angesehenen Lamas befinden sich auch viele Bauern oder Nomaden unter ihnen.

Politisch wollte Indiens Ministerpräsident Nehru sie nicht unterstützen, denn als die Fluchtbewegung begann, glaubte er noch fest an eine friedliche Koexistenz mit der VR China. Erst mit dem Überfall der Volksbefreiungsarmee auf indisches Territorium 1962 war der Traum beendet. Aber Nehru setzte sich persönlich sehr dafür ein, den Flüchtlingen eine soziale und kulturelle Perspektive zu geben; gewiss auch mit dem Hintergedanken, dass sie sich dann nicht radikalisierten.

Nehru bat alle indischen Bundesstaaten, Ländereien für die tibetischen Flüchtlinge zur Verfügung zu stellen. Als Erstes überließ der südindische Bundesstaat Mysore (heute

Karnataka) den Tibetern ausgedehnte Dschungelgebiete, die sie urbar machen konnten. Das war nicht ihr Traum von einer neuen Heimat, weit weg von der vertrauten Umgebung, doch ihnen blieb keine Wahl. Unter unglaublichen Strapazen in einer tropisch-schwülheißen Umgebung schufen sie blühende Landschaften, die heute Vorbildcharakter haben. Die Siedlung Bylakuppe im Westen des Bundesstaates, die am 1. Februar 1960 eröffnet wurde, ist die größte zusammenhängende tibetische Siedlung in Indien mit über 10.000 Menschen. Der Aufbau im Süden forderte allerdings große Opfer. Vor allem die Malaria, die im Gebirge unbekannt ist, wütete unter den ersten Siedlern. Dazu kamen Cholera, Ruhr und Gelbsucht.

Auch in den nördlichen Bundesstaaten Punjab, Himachal Pradesh, Jammu und Kaschmir sowie Westbengalen wurden die Tibeter in zusammenhängenden Siedlungen untergebracht. Viele fanden Arbeit im Straßenbau, den die indische Regierung in den frühen 1960er-Jahren vorantrieb. Es war jedoch eine harte Fron, die ebenfalls viele Opfer forderte. Über 30.000 Menschen sind seit 1959 infolge von Krankheiten oder der Strapazen beim Aufbau einer neuen Existenz ums Leben gekommen.

Immerhin attestiert der tibetische Wissenschaftler Prof. Dawa Norbu dem indischen Ministerpräsidenten: »Von Anfang an zeigte Premierminister Nehru ein starkes persönliches Interesse an den Problemen der tibetischen Flüchtlinge. Einer der Hauptgründe dafür war, dass seine China-Politik in Indien zu der Zeit heftig angegriffen wurde und seine Kritiker die Tibet-Krise als Beweis für sein Scheitern sahen. Darüber hinaus zeigten viele Inder große Sympathie für die Tibeter, vor allem wegen der kulturellen Gemeinsamkeiten mit dem buddhistischen Nachbarn. Wahrscheinlich um seine politisch bedingte Unfähigkeit, sich auf internationaler Ebene für Tibet einzusetzen, auszugleichen, gab Nehru in den 60er-Jahren dem tibetischen Flüchtlingsproblem hohe innenpolitische Priorität.«[4]

Aber der Dalai Lama wollte nicht nur eine soziale Perspektive für sein Volk. Ihm und der tibetischen Führung war früh klar, dass es eine rasche Rückkehr in eine freie Heimat nicht geben würde; zudem ließen die Berichte aus Tibet das Schlimmste befürchten. Es war zu Beginn der 1960er-Jahre nicht absehbar, ob überhaupt etwas von der tibetischen Kultur in ihrem ursprünglichen Siedlungsraum übrig bleiben würde.

Die Tibeter sollten deshalb im Exil nicht nur als Individuen überleben, sondern auch als Gemeinschaft in ihrer eigenen Tradition. Die zusammenhängenden Siedlungen, die Indien ermöglichte, waren eine Voraussetzung dafür; die Erziehung in der eigenen Tradition eine weitere. Die erste Schule für die Flüchtlingskinder konnte am 3. März 1960 in Mussoorie eröffnet werden. Aus dieser Initiative wurde eine Bewegung, die zu den besonderen Errungenschaften der Tibeter im Exil zählt. Nicht nur in Indien rührte das Schicksal der Tibeter viele Menschen und so gab es Hilfsangebote aus der Schweiz, Deutschland, England, den USA und aus anderen Staaten. Sie zu koordinieren und die nötigen Geldquellen zu erschließen, war die große Herausforderung, die schließlich zur Basis der tibetischen Erfolgsgeschichte wurde.

Die Schwestern des Dalai Lama, Tsering Dölma und nach deren Tode 1964 Jetsun Pema, gründeten die *Tibetan Children's Nursery*, aus der später die *Tibetan Children's*

---

[4] Norbu, Dawa: *Die Siedlungen: Partizipation und Integration;* in: Bernstorff, Dagmar, und Welck, Hubertus von: *Tibet im Exil*, Baden Baden 2002, S. 178

*Villages* (TCV) wurden, Internatsdörfer, in denen die Flüchtlingskinder eine fundierte Ausbildung in der eigenen Kultur erhielten – und zwar unabhängig von ihrer Herkunft und ihrem sozialen Status. Die meisten TCVs sind den Siedlungen angeschlossen. Heute gibt es etwa 80 selbstverwaltete tibetische Schulen in Indien, Nepal und Bhutan mit über 30.000 Schülern.[5] Sie sind in drei Kategorien unterteilt:

- die von der indischen Regierung finanzierten Schulen;
- die autonomen, durch Unterstützung aus Drittländern finanzierten Schulen;
- die vom Bildungsministerium der tibetischen Regierung im Exil geführten Schulen.

Die meisten Tibeter im Exil sprechen neben ihrer eigenen Sprache die der Umgebung (Hindi, Nepali) und etwa die Hälfte beherrscht auch Englisch.[6] Darüber hinaus arbeiten viele der Jüngeren im Hightech- und Computerbereich, während für die Älteren Landwirtschaft und Handel die wirtschaftliche Basis bilden.

## Demokratisierung von oben

Bei alledem fehlte dem Dalai Lama noch ein wichtiger Bereich: Ihm lag auch die Demokratisierung der politischen Strukturen sehr am Herzen. Häufig behauptet er von sich, er sei ein »Halbmarxist«, weil er von der Gleichheit aller Menschen zutiefst überzeugt ist. Nur die Ablehnung

---

[5] Offizielle Zahlen der Regierung im Exil, Department of Education, www.tibet.net
[6] Zahlen nach Norbu, Dawa, 2002, S. 178

der Religion durch die Marxisten teilt er nicht. Dies Bekenntnis ist keine Koketterie oder Anbiederei. Bereits im alten Tibet hatte der Dalai Lama Reformen eingeleitet, mit denen die Bauern aus der Schuldknechtschaft befreit wurden. Selbst auf Auslandsreisen zeigt sich häufig sein großes Interesse am Schicksal der »kleinen Leute«. Gern entzieht er sich seinen Bewachern und unterhält sich mit Zimmermädchen oder dem Küchenpersonal.

Ausgerechnet die schwierige Situation im Exil eröffnete die Chance, die tibetische Gesellschaft grundlegend umzugestalten, wie der Flüchtling Tsewang Norbu verdeutlicht: »Ein Teil der konservativen geistlichen und weltlichen Machtelite Tibets war entweder freiwillig in Tibet zurückgeblieben oder ihm war die Flucht ins Ausland verwehrt worden. Hinzu kam, dass viele von ihnen den Schock des Untergangs ihrer Welt nicht verkraften konnten. So ist es diesem tragischen Umstand zu verdanken, dass der weltoffene junge 14. Dalai Lama im Exil freie Hand für seine Reformvorhaben hatte.«[7]

Aber nicht nur die Elite, auch die einfache Bevölkerung zeigte wenig Interesse an den Reformen. Mit seiner ganzen Autorität setzte der Dalai Lama durch, dass Mitglieder aus den drei alten Provinzen Amdo, Kham und U-Tsang sowie aus den vier Hauptschulen des Buddhismus als Vorläufer des ersten Parlaments (tib.: Chithui) gewählt wurden. Zunächst waren es zwölf Personen, die am 2. September 1960 als »Kommission der Abgeordneten des Tibetischen Volkes« zusammentraten. Seitdem gilt der 2. September für die Tibeter als »Tag der Demokratie«. Heute gehören dem Parlament 43 Abgeordnete an, die alle fünf Jahre in gehei-

---

[7] Norbu, Tsewang: *Tibetische Demokratie in der Diaspora*; in: *Tibet und Buddhismus*, 3/07, Hamburg 2007, S. 37

men und direkten Wahlen aus allen Exilgemeinden gewählt werden. Es tagt jedes Jahr im März und September für etwa zwei Wochen.

Eine Basis fanden die Veränderungen in der provisorischen Verfassung, die am 10. März 1963 – dem 4. Jahrestag des Volksaufstands in Lhasa – verabschiedet wurde: »Dieser Verfassungsentwurf soll dem tibetischen Volk neue Hoffnung und eine neue Vorstellung geben, wie Tibet nach Erlangung seiner Unabhängigkeit regiert werden soll. (...) Er soll dem tibetischen Volk ein demokratisches System sichern, das sich auf Gerechtigkeit und Gleichheit stützt und den kulturellen, religiösen und wirtschaftlichen Fortschritt sicherstellt«, heißt es im Vorwort. Die Verfassung enthält einen Passus, der es dem Parlament mit einer Zweidrittelmehrheit ermöglicht, den Dalai Lama von seinen politischen Ämtern zu entbinden; er selbst hat darauf mit Nachdruck gedrungen. Die Verfassung wurde am 14. Juni 1991 um eine Exil-Charta erweitert.

Aus dem alten Tibet wurde das Kabinett, der Kashag, übernommen, der heute sieben Minister umfasst, die vom Parlament bestätigt werden müssen.

Der Kashag umfasst das Ministerium für
- Religiöse und Kulturelle Angelegenheiten,
- Innere Angelegenheiten,
- Erziehungs- und Bildungswesen,
- Finanz- und Wirtschaftswesen,
- Gesundheitswesen,
- Sicherheit,
- Information und Internationale Beziehungen.

2001 wählten die Gemeinden erstmals direkt den Regierungschef im Exil, den Kalon Tripa. Die Wahl fiel auf den

Mönchsgelehrten Prof. Samdong Rinpoche, der 2006 mit 91 Prozent der Stimmen in seinem Amt bestätigt wurde.

Innerhalb der Verwaltung gibt es nach klassischem europäischem Vorbild sogar die Gewaltenteilung, denn im März 1992 gaben sich die Tibeter eine Oberste Justizkommission (tib.: Khrimzhib Khang). Sie ist dazu da, die Erlasse des Exilparlaments im Zweifelsfall zu überprüfen, und kann bei internen Streitigkeiten angerufen werden; nach europäischem Verständnis ist die Kommission somit für die Bereiche des Zivilrechts zuständig. Gegenüber dem Justizapparat des indischen Staates – also dem Strafrecht – hat sie keine Verfügungsgewalt.

Um die chinesische Regierung nicht zu provozieren, sprechen die Verantwortlichen zumeist von der *Central Tibetan Administration* (CTA) statt von der »Regierung im Exil«.

Die Mehrzahl der Tibeter begegnet den Reformen mit großer Skepsis, denn sie hat Angst, dadurch könne der Dalai Lama seine Führungsrolle verlieren. Die Hinwendung zum Dalai Lama als unumstrittene Führungspersönlichkeit des tibetischen Volkes geht durch alle Schichten und alle Altersgruppen. Typisch dafür ist folgende Aussage einer jungen, modernen und gebildeten Frau: »Wir Tibeter mussten nicht für die Demokratie kämpfen, wie es in anderen Ländern der Fall war. Wir haben sie als Geschenk von Seiner Heiligkeit dem Dalai Lama erhalten. Persönlich denke ich deshalb, ich bin sehr glücklich, eine Tibeterin zu sein. Und wie viele Tibeter denke ich, der Dalai Lama ist derjenige, für den ich sterben würde. Was immer er tut, ist gut für uns.«[8]

Sonam Sangmo, Mitarbeiterin im Ministerium für Information und Internationale Beziehungen, würden auch in

---

[8] Interview mit dem Autor

London, New York oder Paris alle Türen offen stehen. Doch wenn es um ihr Vertrauen in den Dalai Lama geht, unterscheidet sie sich nicht von einer traditionellen Nomadenfrau.

Doch so ungewöhnlich ist eine von oben verordnete Demokratisierung nicht, selbst wenn das einen Widerspruch in sich bedeutet. Auch in Europa wurden Demokratie und Pluralismus häufig nicht von unten erkämpft, was vor allem die deutsche Geschichte zeigt. Dennoch haben sich diese Werte im Laufe der Zeit im Bewusstsein der Menschen verankert. Revolutionäre Umbrüche dagegen haben Elend und Terror zumeist noch vergrößert, wie die Tibeter in ihrer Nachbarschaft erfahren mussten: China unter Mao oder die Sowjetunion unter Stalin zeigten die Unmenschlichkeit revolutionär-totalitärer Regime.

Auch in der tibetischen Gesellschaft trägt die Demokratisierung inzwischen Früchte. Das beweist nicht nur die ständig wachsende Beteiligung an den Wahlen; davon zeugen auch Organisationen, die offen die politische Autorität des Dalai Lama infrage stellen. Dabei geht es vor allem um das Ziel, aber auch um die Methode des tibetischen Freiheitskampfes: Unabhängigkeit oder Autonomie im Rahmen des »Mittleren Weges«, wie ihn der Dalai Lama fordert? Strikte Gewaltfreiheit, die nicht provoziert, oder auch militante Aktionsformen?

Die oppositionellen Kräfte sammeln sich vor allem im und um den Tibetischen Jugendkongress (TYC), der 1970 gegründet wurde. Der langjährige Vorsitzende Tseten Norbu meint zum Mittleren Weg des Dalai Lama: »Wir sind die einzige Organisation, die ihrem ursprünglichen Ziel treu geblieben ist – dem der völligen Unabhängigkeit. Meine Eltern sind aus Tibet geflohen, weil sie in ein freies Tibet zurückkehren wollten. Das ist unsere Verpflichtung. Wir sind nicht hierhergekommen wegen des Mittleren

Weges oder des gewaltfreien Kampfes, sondern nur um die Unabhängigkeit zu erlangen.«

Tenzin Norsang, der Sekretär des Kongresses, sieht es ähnlich: »Wir betrachten den Dalai Lama als unser spirituelles Oberhaupt, aber nicht als unsere weltliche Autorität. Politisch gehen wir eigene Wege.«

Der Dalai Lama verzichtet darauf, wie in den alten, feudalen Zeiten ein Machtwort zu sprechen, sondern sieht die Herausforderung gelassen, sofern sie sich auf der verbalen Ebene abspielt: »Sie kritisieren mich, ich kritisiere sie, das ist normal.« Seine Appelle gegen allzu provokative Aktionen werden zusehends ignoriert. Es ist die indische Polizei, die in der Regel die Aktionen des TYC unterbindet, nicht die Autorität des tibetischen Oberhauptes.

Der Jugendkongress legt großen Wert darauf, dass die Demokratisierung der tibetischen Gesellschaft nicht nur von oben verordnet wird. Mit Fortbildungsseminaren und politischen Bildungsangeboten versucht er das Bewusstsein für Meinungsfreiheit, Demokratie und Pluralismus zu stärken. Dazu hat er 1994 eine eigene Partei gegründet, die *Tibet National Democratic Party*.

Allen Fraktionen gemein ist, dass sie die moderne Technik nutzen, um besser untereinander zu kommunizieren und ihre Anliegen in der Welt populär zu machen. »Tibeter im Exil wenden sich heute dem Internet zu wie vor 1.300 Jahren dem Buddhismus. Die Macht dieses Mediums, virtuelle Gemeinschaften zu schaffen, schlug die exilierten Tibeter wie eine neue Offenbarung in ihren Bann«, spöttelt Thupten Samphel vom Ministerium für Information und Internationale Beziehungen.[9]

---

[9] Samphel, Thupten: *Das virtuelle Tibet*; in: *The Renaissance of Tibetan Civilization*, Bombay 1990, S. 2

Der Ethnologe Christoph von Fürer-Haimendorf urteilte über die Leistungen der Exiltibeter: »Die Fähigkeit der heimatlosen und verarmten Flüchtlingsgruppen, in einem fremden Land zahlreiche Klöster von bemerkenswert hohem architektonischen Niveau zu bauen und zu finanzieren, und ihr Erfolg im Aufbau von lebensfähigen Klostergemeinschaften ähnlich denen in Tibet ist eines der Wunder des 20. Jahrhunderts.«[10]

Um jedoch nicht allein auf Indien angewiesen zu sein und sich dadurch abhängig zu machen, suchten die Tibeter auch nach Möglichkeiten, ihre Kinder im entfernten Ausland unterzubringen. In den frühen 1960er-Jahren war jedoch allein die Schweiz bereit, mit etwa 1.000 Tibetern eine größere Gruppe aufzunehmen. Die Kinder unter ihnen erhielten in Pestalozzi-, Hermann-Gmeiner-(SOS-) oder anderen Kinderdorfprojekten eine Ausbildung, die Tradition und neue Heimat verband; die Älteren siedelten in kleineren Gemeinschaften vor allem in der Ostschweiz um den Säntis herum, den tibetischen Hausberg, weit weg von zu Hause. In den letzten Jahren haben auch die USA ihre Grenzen geöffnet und viele junge Tibeter sind von Indien aus dorthin emigriert.

| Tibeter im Exil (geschätzte Zahlen 2008): | |
|---|---|
| Indien | 120.000 |
| Nepal | 35.000 (offiziell 20.000) |
| USA | 10.000 |
| Kanada | 3.500 |
| Schweiz | 3.500 |
| Bhutan | 1.000 |

[10] Fürer-Haimendorf, Christoph von: *The Renaissance of Tibetan Civilization*, Bombay 1990, S. 2

| | |
|---|---|
| Belgien | 800 |
| Australien | 800 |
| Großbritannien | 600 |
| Frankreich | 500 |
| Deutschland | 400 |

## Schattenseiten

Die Erfolge dürfen nicht darüber hinwegtäuschen, dass es auch Schattenseiten der Entwicklung gibt. Wie anderswo auch, praktiziert nicht jeder, der sich zu Demokratie und Meinungsvielfalt bekennt, die eigenen Grundsätze. Manche Verantwortliche erliegen materiellen Verlockungen, nicht alle Kleriker leben gemäß den eigenen hohen ethischen Ansprüchen; bisweilen wird viel über Mitgefühl geredet, jedoch bleibt die Praxis weit dahinter zurück. Machtkämpfe, Rivalitäten und Missgunst sind auch Tibetern nicht fremd. Für manche war und ist die große Freiheit, die das Exil bietet, eine zu große Herausforderung.

Dass ausgerechnet zahlreiche Mönche zwar an die Ausstattung ihrer Klöster, aber nur wenig an die Schwächsten innerhalb der Gemeinschaft denken, ist auch unter den Tibetern Stein des Anstoßes. Ngawang Lhamo, Mitglied des Exilparlaments, setzt sich engagiert für Behinderte und sozial Schwache ein und kritisiert unverblümt: »Die großen Rinpoches, die so viel Geld haben, sollten Krankenhäuser bauen, Schulen und Altersheime, das muss man heute von ihnen erwarten. Die Klöster im Exil sind wieder so wunderbar mit riesigen Statuen, Holzarbeiten, Fresken, alles ist vergoldet, geschnitzt, bemalt. Das Geld ist alles dahinein gegangen, nichts ist geblieben für die Armen,

Alten und Kranken, für die Kinder. Sie geben nichts. Wo ist da soziale Verantwortung? Verantwortung für die tibetische Gemeinschaft?«[11]

Einen nachhaltigen Schock löste die amerikanische Buddhistin June Campbell aus, als sie öffentlich bekannte, dass sie jahrelang von ihrem Lehrer Kalu Rinpoche zu einer sexuellen Beziehung genötigt worden sei. Kalu Rinpoche, zu seinen Lebzeiten ein sehr angesehener buddhistischer Lehrer und Tantra-Meister, war viel älter als seine Schülerin und trat nach außen immer als zölibatärer Mönch auf. Campbell sei deshalb gezwungen worden, die Beziehung geheim zu halten. Erst zehn Jahre nach seinem Tod ging sie damit an die Öffentlichkeit; und sie betrachtete ihre Erfahrungen als typisch für die patriarchalen Strukturen des tibetischen Buddhismus. In einem Interview von 1996 erklärte sie, das große Geheimnis des buddhistischen Tantras sei nichts anderes als der Missbrauch von Frauen zwecks »geheimer tantrischer Riten«. Das Tulku-System, wonach mit dem Tod eines Lamas dessen neue Inkarnation gesucht und in seine Ämter eingeführt wird, bezeichnet sie als »Machtübergabe von Männern an Männer«, das die frauenfeindliche Tradition zementiere.

Campbells Vorwürfe werden seitdem von vielen Fundamentalkritikern als Beweis für den ausbeuterischen und frauenverachtenden Charakter des Buddhismus zitiert, auch wenn andere, den tantrischen Buddhismus praktizierende Frauen dergleichen nicht bestätigt haben.

Doch was wird mit solchen Vorwürfen ausgesagt? Dass die chinesischen Herrschaftsansprüche gerechtfertigt sind und die Tibeter es nicht besser verdient haben? Tatsächlich

---

[11] Ngawang Lhamo; in: *Tibet und Buddhismus*, Heft 61, 2002, S. 29

besagen die Vorwürfe nicht mehr, als dass die Tibeter Menschen sind wie andere auch. Wenn zum Beispiel die Missbrauchsfälle, die immer wieder die katholische Kirche erschüttern, von Kritikern als Substanz der katholischen Praxis interpretiert würden, ginge ein Aufschrei der Empörung durch die Welt. Und von dem »großen Steuermann« Mao ist inzwischen bekannt, dass er sich bis ins hohe Alter hinein jungfräuliche Bauernmädchen hat zuführen lassen, weil er dem chinesischen Aberglauben frönte, dass Sex mit Jungfrauen das Leben verlängere. Ist das ein Kriterium, unter dem die chinesische Revolution betrachtet werden kann?

Wer die Schattenseiten der Entwicklung innerhalb der tibetischen Exilgemeinde ins Zentrum der Anklage stellt und den Tibetern damit das Recht auf Selbstbestimmung abspricht, muss sich fragen lassen, welches Bild er von den Tibetern hat. Bisweilen werden die Tibeter als besondere Menschen idealisiert: moralisch perfekt, politisch korrekt, persönlich bescheiden und äußerst sanftmütig. Wenn sie auch menschliche Schwächen zeigen, ist die Ent-Täuschung umso tiefer. Manche der Kritiker Tibets waren früher glühende Verehrer des Dalai Lama und Unterstützer der tibetischen Sache, wie Herbert und Mariana Röttgen, die unter dem Pseudonym Trimondi schreiben, die frühere Politikerin Antje Vollmer oder der Aktivist Patrick French, ehemals Direktor der *Free Tibet Campaign* in London. Enttäuschte Liebe schlägt häufig in ihr Gegenteil um und aus Idealisierung wird Dämonisierung – von der konkreten Wirklichkeit sind beide gleich weit entfernt.

Die tibetische Gemeinschaft im Exil macht kaum mehr als drei Prozent aller Tibeter aus, doch sie repräsentiert nicht nur einen wichtigen Teil der geistlichen und weltlichen Elite ihres Volkes; sie allein vermittelt einen Ein-

druck davon, welche Entwicklung die tibetische Gesellschaft ohne unmittelbare äußere Zwänge durchmacht. Wer
Tibet verstehen will, muss sich deshalb verstärkt ihr zu-
wenden.

# Interview mit dem
# Dalai Lama
# zur Situation im Exil

KLEMENS LUDWIG: »Eure Heiligkeit, welche Bedeutung sprechen Sie den Exilgemeinden beim Kampf um den Erhalt der tibetischen Identität zu?«

DALAI LAMA: »Die Exilgemeinden spielen eine ganz wichtige Rolle, wenn es darum geht, unsere Identität zu bewahren und zu entfalten. Nur im Exil kann sich die Gesellschaft ohne äußeren Zwang weiterentwickeln. Insofern sind die Exiltibeter diejenigen, die der Welt ein authentisches Bild von Tibet vermitteln, und zwar mit allen Facetten. Es ist sogar ihre Verpflichtung, dies der Welt weiterzugeben. Ich bin sehr stolz darauf, denn das machen sie sehr gut, auch über den Himalaya hinaus, wo die tibetische Kultur unter schwierigen Bedingungen als zahlenmäßig unbedeutende Minderheit gewahrt bleibt. Viele der Tibeter haben ihren Platz in der Gesellschaft gefunden und sie sind dabei Tibeter geblieben.

KLEMENS LUDWIG: »Wie sehen Sie Ihre eigene Rolle in den Bemühungen um das Überleben der tibetischen Kultur?«

DALAI LAMA: »Wenn ich auf die letzten Jahrzehnte zurückschaue, so sehe ich, wie das Bewusstsein für Tibet gewachsen ist. Dazu hat meine Anwesenheit außerhalb des Landes einen kleinen Beitrag geleistet.«

KLEMENS LUDWIG: »Gibt es weitere Entwicklungen oder Errungenschaften, die Ihnen besonders am Herzen liegen?«

DALAI LAMA: »Neben dem Erhalt unserer Identität ist das zweifellos die Demokratisierung unserer Strukturen. Darauf bin ich ebenso stolz. Es kann nicht bestritten werden, dass es im alten Tibet mit Demokratie und Meinungsvielfalt nicht weit her war. Die Klöster hatten enorm viel Einfluss und es gab einen großen Nachholbedarf in Sachen Demokratie. Ich habe mich persönlich sehr dafür eingesetzt, dass demokratische Strukturen bei uns Fuß fassen und nicht alles vom Dalai Lama bestimmt wird (Lachen). Ein frei gewähltes Parlament, das über die Regierung mitentscheidet, und ein direkt gewählter Ministerpräsident, aber auch unabhängige Organisationen, die eine eigene Position vertreten, das sind Institutionen, die kein Tibeter mehr missen möchte; hoffe ich (Lachen).

KLEMENS LUDWIG: »Es gab jedoch auch Krisen oder Konflikte.«

DALAI LAMA: »In den USA und in Indien waren Tibeter in einzelnen Fällen in Verbrechen verwickelt. Das kommt in jeder Gemeinschaft vor. Es liegt mir fern, uns zu glorifizieren.«

KLEMENS LUDWIG: »Aber auch eine heftige religiöse Kontroverse hat das Leben im Exil erschüttert, in deren Verlauf es sogar drei Tote gab.«

DALAI LAMA: »Ja, die Kontroverse um die Verehrung des Schutzgeistes Shugden. Dieser Geist hat in den letzten 360 Jahren dem Dalai Lama und der tibetischen Regierung immer wieder Schaden zugefügt. Und ich sehe die Gefahr, dass der fundierte tibetische Buddhismus durch die Shugden-Praxis zu einer Geisterverehrung verkommt.«

KLEMENS LUDWIG: »Auf junge Buddhisten im Westen scheint die Praxis eine besondere Faszination auszuüben.«

DALAI LAMA: »Das betrachte ich mit Sorge, denn tatsächlich zeigt eine wachsende Zahl junger Menschen in der westlichen Welt Interesse an der Praxis des tibetischen Buddhismus. Ich habe festgestellt, dass dies bei manchen der Fall ist, weil sie in persönlichen Schwierigkeiten stecken – vielleicht sind es familiäre Probleme, Drogenprobleme oder andere. In meinen Augen ist ihre innere Persönlichkeit noch schwach und deshalb benötigen sie Schutz und Zuflucht. Für sie erscheint dieser Shugden-Geist als machtvoller Beschützer und sie zeigen eine viel zu große Ergebenheit. In der religiösen Praxis ist der Buddha für diese eher schwachen Persönlichkeiten, diese neuen Buddhisten, weit weg. Sie erfahren keine Vorteile dadurch. Dieser Geist dagegen ist sehr machtvoll, aber das hat nichts mit buddhistischer Praxis zu tun.«

KLEMENS LUDWIG: »Auch unabhängig von Shugden ist die Faszination, die der Buddhismus auf Menschen außerhalb Asiens ausübt, sehr groß. Zahlreiche Prominente bekennen sich dazu. Wie beurteilen Sie diese Entwicklung?«

DALAI LAMA: »Mir liegt der Ausgleich und die Harmonie zwischen den Religionen sehr viel mehr am Herzen als der Übertritt von Nichtbuddhisten zum Buddhismus. Alle Religionen sind aus einem bestimmten historischen und sozialen Umfeld entstanden und sie können ihre Wirkung in diesem Umfeld am besten entfalten. Die Übernahme einer Religion aus einem anderen Kulturkreis sollte deshalb nur nach langer und eingehender Prüfung erfolgen.

Zudem sehe ich in allen Religionen einen gemeinsamen Kern. Sie haben prinzipiell das gleiche edle Ziel; denn sie alle lehren ethische Grundsätze, zum Beispiel nicht zu lügen, nicht falsches Zeugnis zu geben, nicht zu stehlen, anderen nicht nach dem Leben zu trachten und vieles mehr. Wer das beachtet, formt die Handlungsweise von Geist, Körper und Rede in rechter Weise. Darauf kommt es an, nicht darauf, dass alle einer bestimmten Religion angehören.«

KLEMENS LUDWIG: »Es gibt im Exil auch politische Kontroversen, bei denen es um Ziel und Art des Freiheitskampfes geht. Der Tibetische Jugendkongress kritisiert zum Beispiel vehement Ihren ›Mittleren Weg‹, der auf die Forderung nach Unabhängigkeit verzichtet. Eine solch grundsätzliche Kritik an der Position des Oberhauptes hat es in der tibetischen Geschichte nie gegeben. Stört Sie das?«

DALAI LAMA: »Nein, überhaupt nicht. Sie kritisieren mich, ich kritisiere sie, das ist normal in einer demokratischen Gesellschaft. Ich akzeptiere, ja, ich fördere jeden demokratischen Diskurs. Das Einzige, was ich nicht akzeptiere, ist die Anwendung von Gewalt. Wenn der Grundsatz der Gewaltfreiheit aufgehoben wird, ziehe ich mich vom tibetischen Freiheitskampf zurück, das habe ich immer wieder deutlich gemacht.«

KLEMENS LUDWIG: »Und dennoch bleibt manchmal der Eindruck, Sie seien zu rücksichtsvoll, wollten auch in China niemanden provozieren. Es gibt in den Exilgemeinden die etwas zynische Selbsteinschätzung: ›Wir sind die Pandabären der Weltpolitik. Jeder liebt uns, aber keiner tut etwas für uns.‹«

DALAI LAMA: »Was ist die Alternative? Wann hat jemals gewaltsames Vorgehen zu einer wirklichen Lösung geführt? Betrachten Sie doch die Situation im Irak. Und Saddam Hussein wäre sicher noch leichter zu beeinflussen gewesen als die chinesische Führung. Bisweilen mag es so aussehen, als ob Gewalt kurzfristig eine Lösung wäre, aber das ist nicht der Fall. Selbst wenn uns jemand anbieten würde, Tibet mit einer militärischen Intervention zu befreien, würde ich das ablehnen. Wer immer meint, die Chinesen mit Gewalt aus Tibet vertreiben zu können, träumt einen sehr gefährlichen Traum.«

KLEMENS LUDWIG: »Das behaupten diejenigen, die Zweifel an der strikten Gewaltfreiheit haben, aber gar nicht. Sie argumentieren, wenn gewaltsame Methoden nicht gänzlich ausgeschlossen werden, wird eine Bewegung politisch ernst genommen, und sie verweisen dabei auf Völker wie die Palästinenser, die Kurden oder die Osttimoresen, die mehr an Selbstbestimmung erreicht haben als die Tibeter.«

DALAI LAMA: »Ich bin vom Gegenteil überzeugt. Dank der Gewaltlosigkeit bekommen wir große Unterstützung, die wir mit militanten Aktionen nicht hätten. Auch die Wirkung solcher Aktionen auf die Chinesen innerhalb und außerhalb Chinas wäre verheerend. Trotz allem sehe ich China in einem großen Wandlungsprozess. Wenn der Prozess auch Perspektiven für Tibet eröffnen soll, dann müssen wir die Menschen dort erreichen. Das liegt im Interesse des tibetischen wie des chinesischen Volkes. Wie auch immer eine Lösung aussehen mag, es kann nur eine friedliche Koexistenz zwischen unseren Völkern geben und die ist durch Gewalt nicht möglich.

KLEMENS LUDWIG: »Um zu einer Verhandlungslösung zu kommen, müssen beide Seiten ein Interesse daran haben. Welches Interesse könnte die Volksrepublik China besitzen, mit Ihnen in ernsthafte Verhandlungen einzutreten?«

DALAI LAMA: »Für China steht viel auf dem Spiel. Die Volksrepublik möchte als echte Supermacht anerkannt werden. Dazu sind vier Voraussetzungen nötig: eine entsprechende demografische, militärische und wirtschaftliche Stärke, über all das verfügt China; es fehlt aber noch etwas, nämlich die internationale Reputation, der Respekt der Weltgemeinschaft. Daran mangelt es noch und die chinesische Führung weiß selbst, dass die Lösung der Tibet-Frage eine einzigartige Gelegenheit für sie ist, um sich ein gutes Image in der Welt zu verschaffen. Die Politik gegenüber Tibet ist eine Quelle ständiger Kritik für Peking und das liegt nicht im Interesse der Machthaber.

KLEMENS LUDWIG: »Andererseits entsteht bisweilen der Eindruck, die chinesische Führung setzt einfach auf Zeit, um die Tibet-Frage zu lösen.«

DALAI LAMA: »Diese Tendenz sehe ich auch. Offenbar denken einflussreiche Kräfte in Peking, ich werde älter, ich werde irgendwann sterben und damit auch das Tibet-Problem. Diese Strategie wird jedoch nicht aufgehen. Es geht nicht um irgendwelche Privilegien des Dalai Lama oder die Wiederherstellung der alten Ordnung; es geht um die Wahrheit und um das ureigene Recht des tibetischen Volkes auf Selbstbestimmung und Menschenrechte und das ist unabhängig von Personen.«

KLEMENS LUDWIG: »Wie betrachten Sie denn das Verhältnis zu den Tibetern in Tibet? Gibt es da Probleme oder Spannungen? Schließlich sind die Tibeter in Tibet diejenigen, die am meisten für den Freiheitskampf zahlen.«

DALAI LAMA: »Ich sehe keine Spannungen zwischen den Gemeinden im Exil und unseren Landsleuten in Tibet. Flüchtlinge, die neu aus Tibet kommen, oder Besucher, die dorthin zurückkehren wollen, versichern mir immer wieder, dass die Tibeter in der Heimat ungebrochen zu unserer

Tradition und zum Dalai Lama stehen. Natürlich leiden sie dort mehr, aber viele bleiben trotz aller Einschränkungen bewusst in der Heimat, weil sie sich ein Leben in Indien gar nicht vorstellen können. Und natürlich hoffen alle, dass dieser Zustand irgendwann einmal ein Ende hat.«

KLEMENS LUDWIG: »Was war in den Jahren des Exils Ihre schmerzhafteste Erfahrung?«

DALAI LAMA: »Das Schlimmste in all diesen Jahren waren die Nachrichten aus Tibet, die fast alle traurig, in einigen Fällen sogar herzzerreißend waren; Nachrichten von Foltermethoden, die meine Vorstellungskraft weit übersteigen, von Kindern, die gezwungen wurden, ihre Eltern in aller Öffentlichkeit zu quälen und zu ermorden. Und ich musste mit der Zeit einsehen, dass es sich nicht um die Brutalität einzelner Befehlshaber handelte, sondern um die Strategie der chinesischen Regierung, uns zu zerstören.«

KLEMENS LUDWIG: »Wie groß ist Ihr persönliches Bedürfnis, wieder nach Tibet zurückzukehren?«

DALAI LAMA: »Jeder Tibeter hat das ausgeprägte Bedürfnis, wieder in seine Heimat zurückzukehren, ich auch. Als Tibeter hat man das Bedürfnis. Als buddhistischer Mönch hat man aber nicht viele Bedürfnisse (Lachen). Entscheidend ist, Sinn im eigenen Leben zu finden. Das Leben ist eine Möglichkeit, um seine Kreativität und Spiritualität sinnvoll einzusetzen. Darin sehe ich das oberste Ziel.«

# 1. Teil:

# Exiltibeter in Indien

# Einführung Indien

Das war eine besondere Freude für den Dalai Lama: Im Herbst 1956 überbrachte der Maharadscha Kumar von Sikkim persönlich eine Einladung von Indiens Ministerpräsident Nehru zu den Buddha Jayanti, den Feiern zum 2.500. Geburtstag von Buddha, die am Ende jenes Jahres in Delhi stattfanden.

Damals dachte das tibetische Oberhaupt noch nicht an ein Leben im Exil und somit war die Einladung nach Indien die große Chance, die heiligen Stätten des Buddhismus aufzusuchen. Obwohl sich heute nur noch 0,8 Prozent der indischen Bevölkerung zum Buddhismus bekennen, genießt die Lehre des Erleuchteten dort hohes Ansehen. Zwar liegt der Geburtsort des Siddharta Gautama, Lumbini, im Süden Nepals, doch entstammte er dem hinduistischen Kulturkreis und die Stätten seines Wirkens – seiner Erleuchtung und seiner ersten Predigt – liegen in Nordindien. Zwischen dem 4. Jahrhundert vor unserer Zeitrechnung und dem 7. Jahrhundert danach war der Buddhismus die prägende Kraft in Indien, bevor der Hinduismus wieder erstarkte. Den Todesstoß erhielt der Buddhismus in seinem Ursprungsland jedoch durch den Islam. 1202 zerstörte Muhammad Bakhtyar Khalji die Klosteruniversität von Nalanda in Bihar, mit über 10.000 Studenten das geistliche Zentrum der gesamten buddhistischen Welt. Der persische Despot ließ keinen Stein auf dem anderen. Auch alle anderen noch intakten buddhistischen Klöster und Schulen wurden von den islamischen Eroberern innerhalb weniger Jahre zerstört. In der Folge flohen Tausende buddhistischer Mönche, Lehrer und Künstler nach Tibet und Birma, wo sie ihr Erbe fortsetzten, während sich der Buddhismus in Indien nur noch in tibetisch geprägten Randgebieten wie Ladakh, Spiti oder Sikkim halten konnte.

Die hinduistische Bevölkerung jedoch bewahrte das Andenken an Buddha und selbst die Hindu-Nationalpartei BJP, die den monotheistischen Religionen aus dem Orient wenig Toleranz entgegenbringt, tut sich leicht mit der Lehre des Erleuchteten. Für sie ist der Buddhismus letztlich nur ein Zweig ihrer ohnehin höchst heterogenen Gemeinschaft.

Auf der anderen Seite war die Bewunderung für Indien in Tibet schon immer groß. Maßgebliche Impulse für die geistliche und kulturelle Entwicklung kamen aus Indien. Der tibetische Vajrayana-Buddhismus hat seine Wurzeln in Indien und die tibetische Schrift ist in Anlehnung an die Gelehrtensprache Sanskrit entwickelt worden. Noch im 20. Jahrhundert orientierten sich die tibetischen Reformer wie Gendun Choephel an Indien und nicht etwa an den chinesischen Kommunisten.

Zur gegenseitigen Achtung gehörte, dass Nehru seinen Gast aus Lhasa im Dezember 1956 mit allen protokollarischen Ehren und 21 Salutschüssen empfing. Als der Dalai Lama und Zehntausende Tibeter knapp drei Jahre später ihre Heimat für immer verlassen mussten, empfing sie die indische Bevölkerung – sofern sie etwas von dem Ereignis mitbekam – mit großer Anteilnahme. Nehru selbst übermittelte dem Dalai Lama folgendes Telegramm:

»Meine Kollegen und ich heißen Sie herzlich willkommen und senden Ihnen Grüße anlässlich Ihrer sicheren Ankunft in Indien. Wir werden uns glücklich schätzen, Ihrer Familie und Ihrer Begleitung alle Annehmlichkeiten zur Verfügung zu stellen, damit Sie in Indien Ihren Wohnsitz nehmen können. Das indische Volk, das Sie sehr verehrt, wird Ihrer Person zweifellos die traditionelle Hochachtung erweisen.«[12]

Nur politisch wollte er die Sache Tibets nicht unterstützen. Erst der Überfall auf die indischen Grenzgebiete veränderte Nehrus Haltung gegenüber der Volksrepublik grundlegend. Für ihn war der Einmarsch auch persönlich ein Schock, von dem er sich nie wirklich erholt hat. Bis heute besetzt China unbewohnte Gebiete im Himalaya, die völkerrechtlich zum indischen Territorium gehören. Somit bestimmt Misstrauen gegenüber China die indische Politik, das selbst durch die zahlreicher werdenden Gipfeltreffen schwer zu überwinden scheint.

Auch wirtschaftlich gehen die Interessen der beiden Großmächte weit auseinander. China möchte eine Freihandelszone mit Indien errichten, um durch eine Öffnung der Grenzen den Handel anzukurbeln. Die chinesischen Produkte sind um 30 bis 40 Prozent billiger als die indischen, also drängen sie auf den indischen Markt. Das liegt nicht im Interesse der meisten indischen Firmen und deshalb bremsen auch einflussreiche Wirtschaftskräfte eine zu enge Anbindung an China.

Dagegen genießen die Tibeter in Indien nach wie vor viel Sympathie und eine soziale Perspektive, auch wenn es in Dharamsala, Manali und Lucknow zu Ausschreitungen indischer Jugendlicher gegen Tibeter gekommen ist, in deren Verlauf Geschäfte zerstört wurden. Das sind jedoch isolierte Ereignisse, deren Ursache in Sozialneid zu suchen ist. Hochrangige indische Politiker haben sich in allen Fällen um eine Deeskalation bemüht.

---

[12] Dalai Lama XIV.: *Mein Leben und mein Volk*, München 1962, S. 289

# Kelsang Dadül –
# Leibwächter des Dalai Lama

Ich stamme aus Zentraltibet, aus der Region Lhokha, und wurde 1925 geboren. Aus der gleichen Gegend stammt auch der 5. Dalai Lama. Bereits mit 18 Jahren schloss ich mich der kleinen tibetischen Armee an. Das war völlig normal, denn auch mein Vater war bereits in der Armee und er nahm mich einfach mit, als ich volljährig war. Ich stieg bald zu einem lokalen Befehlshaber auf, den gleichen Rang hatte auch mein Vater inne. Unsere Einheit, Katang Tashi, war in Lhasa stationiert. Es gab zwei Verbände, der eine diente speziell dem Schutz Seiner Heiligkeit des Dalai Lama, der andere der allgemeinen Landesverteidigung. Ich gehörte zunächst dem zweiten Verband an.

Meine Mutter stammte aus Kham. Sie kümmerte sich um den Haushalt und um uns Kinder. Ich habe eine ältere Schwester, Kelsang Choeten. Mein Leben bestimmte zunächst die Armee und später der diplomatische Dienst für unsere Regierung im Exil, während ich nur kurze Zeit enge Familienbindungen erleben konnte, denn meine engsten Angehörigen starben recht früh. Meine Mutter war gerade 45 Jahre alt und ich war damals knapp 20. Mein Vater starb mit 59 Jahren und meine Schwester bereits mit 25. Sie hinterließ drei Kinder, die heute in Lhasa leben. Sie sind meine einzigen leiblichen Angehörigen.

Ich selbst war zweimal verheiratet, bin aber kinderlos. Meine erste Frau blieb in Tibet, sie konnte sich ein Leben außerhalb unserer Heimat nicht vorstellen. Zweimal besuchte sie mich im Exil, doch sie starb bereits vor Jahren. Noch zu ihren Lebzeiten heiratete ich im Exil ein zweites Mal. Meine zweite Frau, Tsering Kelsang, war eine Freundin meiner ersten Frau und sie kamen bis zum Schluss gut miteinander aus. Meine erste Frau hatte keine Einwände gegen meine neue Hochzeit. Auch ich kannte Tsering Kelsang bereits aus Tibet. Sie starb 2003.


## Verantwortung der Soldaten

Unsere kleine Armee genoss eine sehr gute Ausbildung. Wir lebten in Kasernen, exerzierten regelmäßig und übten mit den Waffen. Auch als ein buddhistisches Land benötigten wir eine Armee, um uns verteidigen zu können. An unserem militärischen Alltag änderte sich zunächst nichts, als die chinesische Volksbefreiungsarmee 1951 in Lhasa einzog. Nur unsere Verbände im Osten wurden aufgelöst, während wir in Zentraltibet weiter bestanden.

Das uns vertraute Leben endete im März 1959. Damals herrschte in Lhasa der Ausnahmezustand und alle waren in großer Angst. Wir sahen Seine Heiligkeit in höchster Gefahr, nach China entführt zu werden. Er war in das Hauptquartier der Volksbefreiungsarmee eingeladen worden und seiner Leibgarde war es verboten, ihn zu begleiten. Allen war klar, dass er niemals dorthin gehen durfte, und es lag an uns, den Soldaten, das zu verhindern. Deshalb wurde eine weitere Einheit zu seinem speziellen Schutz abkommandiert. Ihr gehörte ich an. Es war eine ebenso ehrenvolle wie schwierige Aufgabe, denn wir mussten hilflos mitansehen, wie immer mehr chinesische Soldaten auf Lastwagen nach Lhasa gebracht wurden.

Die Regierung fragte deshalb nach alter Sitte das Nechung-Orakel und die Schutzgottheit Palden Lhamo, was Seine Heiligkeit machen solle. Beide erklärten, er sei nicht sicher in Lhasa und solle fliehen. Nur ganz wenige Personen wurden darüber informiert, denn es war klar, dass die Flucht nur eine Chance hatte, wenn sie streng geheim blieb.

Wir Soldaten wurden in kleine Einheiten aufgeteilt und zum Schutz der wichtigsten Orte abkommandiert, an denen sich Seine Heiligkeit aufhalten konnte, an den Norbulingka, den Potala oder den Jokhang. Ich wurde dem Norbulingka zugeteilt, dem Sommerpalast. Unser Oberbefehlshaber hieß Tashi Phera. Er lud mich und zwei andere Soldaten zu einem geheimen Treffen ein. Dabei wurden wir in die Fluchtpläne eingeweiht und wir erfuhren, dass wir ausgesucht worden waren, Seiner Heiligkeit Geleitschutz zu geben. Gleichzeitig wurde uns eingeschärft, dass es eine höchst geheime Operation war, über die wir noch nicht einmal unsere engsten Verwandten unterrichten durften.

Nun lag es in der Hand von uns drei Soldaten, den Dalai Lama sicher aus Tibet herauszubringen. Zuerst mussten wir eine günstige Route ausfindig machen. Wir gingen des-

halb zum Fluss Ramakhang (Kyitschu) und suchten eine
Stelle, von der aus wir an das andere Ufer übersetzen konn-
ten. Das war unvermeidlich, um nach Indien zu kommen.
Am Fluss lagerten Einheiten der Guerillabewegung Chushi
Gangdruk und bei ihnen befanden sich einige Yakfellboote,
die wir benötigten. Wir teilten einige Kämpfer der Chushi
Gangdruk ein, um die Boote zu bewachen, bis wir kommen
würden. Anschließend suchte ich eine weitere Einheit der
Chushi Gangdruk auf, die bei Nethang lagerte. Den
Befehlshaber informierte ich über die Fluchtpläne, denn
wir benötigten seine Hilfe. Er bestimmte 40 seiner Kämpfer, die uns zum Norbulingka begleiteten. Dazu muss ich
sagen, dass die Chushi Gangdruk eine eigenständige militärische Einheit war, die nicht unserer Armee zu- oder gar
untergeordnet war.

## Der Aufbruch

Am Abend der Flucht stand ich Seiner Heiligkeit zum ersten Mal direkt gegenüber. Er trug nicht sein Mönchsge-
wand, sondern eine normale Chuba. Natürlich kannte er
mich nicht und fragte, wer ich sei. Ich wurde ihm als Kelsang Dadül vorgestellt. Daraufhin sagte er: »Dein Name ist
sehr gut, dann kann uns nichts mehr passieren.« Tatsächlich bedeutet »Kelsang« Glück verheißend und »Dadül«
Feindesbezwinger. Bei ihm befanden sich noch Angehörige
seiner Familie, darunter seine Mutter, Mitglieder der
Regierung und hohe Äbte.

Wir durften keine Zeit verlieren und setzten gleich mit
den Booten über. Auf der anderen Seite des Flusses warteten Truppen der Chushi Gangdruk mit Kathaks, den Be-
grüßungsschals, aber auch für die Zeremonie war keine

Zeit. Wir brachen sofort Richtung Süden auf. Als wir Namlekhang erreichten, konnten wir zum ersten Mal eine kleine Rast einlegen und eine Mahlzeit zu uns nehmen.

In Tukla, auf dem weiteren Weg, trafen wir auf einen alten Vertrauten des 13. Dalai Lama. Er bot dem Dalai Lama ein neues und sehr gutes Pferd an. Wir hatten allerdings nur wenige Pferde in unserer Gruppe, die meisten waren zu Fuß unterwegs, ich selbst auch. Seine Heiligkeit war bei guter körperlicher Konstitution. Die älteren Personen in seiner Umgebung taten sich schwerer mit dem Laufen, sie waren nach einigen Tagen bereits ziemlich müde. Seine Heiligkeit stieg deshalb ab, um selbst zu laufen und gleichzeitig einigen der Älteren die Möglichkeit zum Reiten zu geben. Es war aber undenkbar, dass irgendjemand aus der Gruppe ritt, während Seine Heiligkeit lief. Also wollte niemand mehr reiten. Aber das ging natürlich auch nicht, denn so kamen wir viel zu langsam voran. Seine Heiligkeit stieg deshalb wieder auf sein Pferd und die anderen konnten dadurch auch wieder reiten, soweit Pferde vorhanden waren.

Überhaupt war unser Respekt vor Seiner Heiligkeit sehr groß. Unterwegs überreichte mir der Oberbefehlshaber einer Chushi-Gangdruk-Einheit einen Brief, den ich an Seine Heiligkeit weitergeben sollte. Ich sagte jedoch, ich könne den Brief nicht persönlich übergeben, und gab ihn stattdessen seinem Kanzler Phala mit der Bitte, ihn weiterzureichen. An einer Stelle stießen Chushi-Gangdruk-Kämpfer zu uns, die aus abgelegenen Landesteilen stammten. Sie machten Fotos von Seiner Heiligkeit und ließen sich mit ihm fotografieren. Als Mann aus Lhasa hatte ich viel zu viel Respekt vor ihm, als dass ich es gewagt hätte, mich mit ihm fotografieren zu lassen. Es gibt deshalb kein Foto von Seiner Heiligkeit und mir auf der Flucht, obwohl ich die ganze Zeit in seiner Nähe war.

Auf dem Weg zu einer Passhöhe bat mich Seine Heiligkeit, nach speziellen Kräutern zu schauen, die in einiger Entfernung wuchsen. Ich holte sie und er fragte, wie sie hier genannt wurden. Ich sagte »Tsarampa« und er antwortete, das sei ein sehr gutes Zeichen. Er trug mir auf, die Kräuter weiterzureichen, um damit auf der Passhöhe, die wir gerade erreicht hatten, ein kleines Räucheropfer als Dank darzubringen.

Im Laufe der Flucht mussten wir einen weiteren großen Fluss überqueren, bis wir nach Lhokha kamen, zum Hauptquartier der Chushi Gangdruk. Dort konnten wir zum ersten Mal eine längere Pause einlegen. Wir waren einigermaßen sicher, weil sich die Umgebung in der Hand der Chushi Gangdruk befand.

Die Chinesen wussten zum Glück noch nicht genau, wo wir uns befanden. Sie vermuteten uns an der Grenze zu Bhutan. Das Kabinett Seiner Heiligkeit fühlte sich sogar so sicher, dass es den Panchen Lama und andere Würdenträger über die Flucht informierte.

Die Flucht sprach sich allmählich auch innerhalb der lokalen Bevölkerung herum. Je weiter wir kamen, desto mehr Menschen suchten unsere Gruppe auf, um den Segen Seiner Heiligkeit zu erbitten.

## Chinesische Übermacht

Kurz bevor wir die Grenze nach Indien erreicht hatten, erhielten wir genauere Informationen über die Krise in Lhasa. Wir alle, Seine Heiligkeit eingeschlossen, waren geschockt zu erfahren, dass die Chinesen den Aufstand mit äußerster Brutalität niedergeschlagen hatten und auch unsere heiligen Stätten nicht schonten.

An der Grenze warteten indische Offiziere auf uns, denn auch sie waren über die Flucht Seiner Heiligkeit informiert. Als Seine Heiligkeit in Sicherheit war, verabschiedete er uns mit den Worten: »Eure Aufgabe liegt in Tibet.« Für uns war das selbstverständlich. Wir versicherten ihm, wie froh wir seien, ihn bis zur Grenze geleitet zu haben, und dass wir bereit seien, nach Tibet zurückzukehren. Er gab uns noch mit auf den Weg, die Kämpfe niemals zu beginnen, sondern nur zu kämpfen, wenn wir angegriffen würden. Danach kehrten wir um, aber natürlich wagten wir es nicht, Seiner Heiligkeit den Rücken zuzuwenden. Das wäre unhöflich gewesen. Wir bewegten uns rückwärts von Seiner Heiligkeit fort, immer mit dem Gesicht zu ihm, bis wir schließlich so weit entfernt waren, dass wir ihn nicht einmal mehr als kleinen Punkt erkennen konnten.

In Tibet mussten wir allerdings einsehen, dass wir keine Chance mehr gegen die Chinesen besaßen. Nachdem die Regierung von Mao Zedong erkannt hatte, dass Seine Heiligkeit geflohen war, schickte sie aus Rache und Wut so viele Soldaten nach Tibet, dass wir uns ihnen nicht mehr stellen konnten. Zudem begegneten uns große Gruppen von Flüchtlingen, die schreckliche Nachrichten mitbrachten. Sie berichteten uns detailliert, wie rücksichtslos die Chinesen den Aufstand in Lhasa niedergeschlagen, unsere Regierung abgesetzt und unsere Armee aufgelöst hatten. Selbst Frauen und Kinder, die einfach nur versucht hatten, den Kämpfen in der Stadt zu entkommen, waren zusammengeschossen worden. Zudem hatte die Volksbefreiungsarmee begonnen, Tempel und Klöster zu besetzen und zu zerstören. Die Flüchtlinge drängten uns, auf keinen Fall nach Lhasa zurückzukehren.

## Eine diplomatische Karriere

Wir berieten uns und sahen ein, dass sie recht hatten. Also schlossen wir uns den Flüchtlingen an und suchten in Indien Schutz. Ich kam zunächst nach Gangtok in Sikkim und wurde dort als Aufseher einer Straßenarbeitereinheit eingesetzt. Einmal hörte ich, dass Seine Heiligkeit öffentlich seinen Segen erteilte. Zu der Zeit hielt er sich noch in Mussoorie auf. Ich eilte dorthin, um daran teilzuhaben und Seine Heiligkeit aufzusuchen. Anschließend kehrte ich zunächst nach Gangtok zu den Straßenarbeitern zurück.

Kurze Zeit später, im Jahr 1962, plante unsere Regierung im Exil die Konstituierung eines Parlaments. Das war etwas Neues für unsere Tradition. Ich wurde für Zentraltibet nominiert und gewählt. Für drei Legislaturperioden – insgesamt neun Jahre – gehörte ich dem Parlament an. Dazu musste ich von Gangtok nach Dharamsala umziehen, wo sich unsere Administration inzwischen niedergelassen hatte. Ich fand mich im zivilen Dienst ebenso gut zurecht wie im militärischen und übernahm weitere Aufgaben in der Exilverwaltung. 1972 ging ich nach Nepal, denn ich wurde zum Repräsentant Seiner Heiligkeit in Kathmandu ernannt. Das Amt führte ich fünf Jahre lang aus. Ich musste mich in Sachen Diplomatie üben und gegenüber den nepalesischen Behörden die Belange der tibetischen Flüchtlinge vertreten. In diese Zeit fiel auch das Ende des bewaffneten Kampfes der Chushi Gangdruk, die zum Schluss nur noch von Mustang aus operiert hatten. Nepal drängte jedoch darauf, die Waffen niederzulegen, und auch Seine Heiligkeit wollte, dass sie den Kampf beendeten. Ich konnte mich nur zu gut in die Kämpfer hineinversetzen und ich sah, welche Herausforderung nun vor uns lag: Die Männer hatten alles verloren, wofür sie fast 20 Jahre gekämpft hatten, und manche begingen aus Verzweifelung Selbstmord, was für uns Tibeter sehr schlimm ist. Den anderen mussten wir wieder eine Perspektive geben und sie in die zivile Gesellschaft integrieren. Dank der tatkräftigen Unterstützung einiger tibetischer Geschäftsleute fanden sie vor allem in der Teppichindustrie, die wir Tibeter aufgebaut haben, eine Anstellung.

1977 kehrte ich nach Indien zurück, und zwar zunächst in den Süden. Ich wurde Regierungsvertreter und Oberhaupt von neun Siedlungen in Mysore. Alle Verhandlungen mit den indischen Behörden über die Erweiterung der Siedlungen, die angesichts des Flüchtlingsstroms unvermeidlich war, liefen über mich. Im Süden blieb ich fünf Jahre, dann wechselte ich nach Ladakh, wo ich mich vier Jahre um die Probleme und die Integration der Flüchtlinge kümmerte. 1986 schließlich kehrte ich nach Dharamsala zurück. Ich wurde zum Sicherheitsminister ernannt. Es war der Höhepunkt meiner politischen und diplomatischen Arbeit und ich kam damit meinen Anfängen als Soldat wieder sehr nahe.

1991 nahm ich meinen Abschied aus dem Dienst für die Regierung und ging in Pension. Heute bin ich froh, meinen Lebensabend in Dharamsala in der Nähe Seiner Heiligkeit verbringen zu können. Ich sehe ihn zwar kaum noch, aber er hat mich nicht vergessen und fragt manchmal nach mir, wie es mir geht und wie es um meine Gesundheit bestellt ist.

Die Religion ist das Wichtigste in meinem Leben und ich bin glücklich, wenn ich zu Buddha beten und ihm folgen kann.

# Tempa Tsering –
## vom Jugendkongress in den diplomatischen Dienst

Ich wurde offiziell im Mai 1950 geboren, bin aber vermutlich etwas älter. Meine Eltern haben nach unserer Flucht ein jüngeres Datum angegeben, damit ich nicht gleich von ihnen getrennt wurde.

Meine Heimat ist die Gegend von Shigatse, wo meine Familie als Halbnomaden lebte. Wir bearbeiteten etwas Ackerland, zogen im Sommer aber auch mit unseren Herden auf der Suche nach Weideland umher. Ich hatte noch zwei jüngere Schwestern.

Nach dem Volksaufstand in Lhasa vom März 1959 verschärfte sich auch in unserer Gegend die Repression erheblich. Die chinesischen Truppen begannen mit den Kampfsitzungen, den sogenannten Thamzing. Dabei mussten sich die Erwachsenen gegenseitig kritisieren, häufig Freunde und Familienangehörige. Sie wurden gezwungen, sich öffentlich zu demütigen und zu schlagen, und wer nicht hart genug zuschlug, war das nächste Opfer. Dies war unerträglich, also beschlossen meine Eltern im Oktober 1959, nach Indien zu fliehen. Dies war eine folgenschwere Entscheidung. Eine meiner Schwestern starb noch während der Flucht. Die Kälte des hereinbrechenden Winters, die schlechte Ernährung, aber auch die ständige Angst vor den Chinesen waren zu viel für sie. Meine andere Schwester starb kurz nach der Ankunft in Indien. Sie war völlig entkräftet dort angekommen und die ungewohnten Bedingungen – die Hitze, die hohe Luftfeuchtigkeit, das Leben in überfüllten Flüchtlingslagern – raubten ihr die letzte Lebenskraft.

Wir wurden zunächst im Bundesstaat Bihar untergebracht, im Tiefland, wo es schrecklich heiß war. Dort gab es jedoch keine Perspektive für uns, und da der indische Staat Arbeiter für den Straßenbau im Himalaya benötigte, wurden wir schließlich in die Nähe von Dharamsala umgesiedelt.

Meine Mutter ertrug das alles nicht: Den Schmerz über den Verlust ihrer Töchter und ihrer Heimat, die harten, ungewohnten Lebensumstände in Indien. Sie starb in dem Auffanglager bei Dharamsala. So waren nur wenige Monate nach unserer Flucht von einer fünfköpfigen Familie nur noch zwei Mitglieder übrig geblieben.

Anfang des Jahres 1960 begann unsere Regierung im Exil, die über Nordindien verstreut lebenden Kinder zusammenzubringen und zur Ausbildung in Internatsschulen zu schicken, die zu der Zeit errichtet wurden. Sie selbst hatte Anfang 1960 in Dharamsala eine endgültige Niederlassung gefunden. In unserem Straßenarbeiterlager erschienen ebenfalls Beamte und mein Vater stimmte sofort zu, dass ich eine Ausbildung erhalten sollte. Während ich dadurch eine Perspektive erhielt, wurde mein Vater zu einer Straßenbaueinheit im Kullu-Tal nicht weit von Manali geschickt. Einige Jahre später siedelte er nach Bylakuppe in Südindien über.

Ich blieb nicht lange in Dharamsala, sondern wurde auf eine tibetische Schule in Mussoorie geschickt. Dort verbrachte ich zwei Jahre, bevor sich mir die Chance eröffnete, einen attraktiven und begehrten Platz auf einem Internat zu erhalten. Alle Kandidaten wurden einem Test unterzogen, bei dem es vor allem um unsere Schlagfertigkeit ging. Bei mir war das Resultat so gut, dass ich mit fünf weiteren Schülern auf eine Schule in Roorkee in Uttar Pradesh kam. Ich erinnere mich noch genau an die Frage, die mir im Bewerbungstest gestellt wurde: Nehmen wir an, du spielst Tischtennis und der Ball fällt in ein schmales, aber 1,50 Meter tiefes Loch. Was ist der schnellste Weg, um ihn dort herauszubekommen? Ich sagte spontan, ich würde in das Loch urinieren und dadurch käme der Ball wieder an die Oberfläche. Das hat die Prüfer offenbar beeindruckt.

Englisch war die Unterrichtssprache an der Schule, an der ich mit meinen Klassenkameraden für ein Jahr blieb. Die Schule hielt jedoch nicht das, was wir erwartet hatten. Drei von uns wurden bereits im Laufe des ersten Jahres nach Mussoorie zurückgeschickt. Auch wir Übrigen waren nicht zufrieden und baten unsere Regierung in Dharamsala, uns einen Schulwechsel zu ermöglichen. So wurden wir zunächst wieder zurück nach Dharamsala geschickt und ein halbes Jahr später kamen wir schließlich nach Kalimpong.

Dort besuchte ich die *Dr. Graham's Homes*, eine christliche Schule, an der mehrere Lehrer unterrichteten, die im britischen Cambridge studiert hatten. Endlich hatte ich meinen Platz gefunden, denn diese Schule gefiel mir sehr gut. Sie war im Jahr 1900 von schottischen Missionaren für Angloinder gegründet worden, also die Nachkommen aus den Ehen zwischen den Kolonialherren und den Kolonisierten. Sie genoss einen ausgezeichneten Ruf.

An den *Dr. Graham's Homes* entwickelte ich mich sehr gut. Meine Leistungen erlaubten es mir sogar, den Titel des Schul-Captain zu erringen. Dazu wird der im akademischen und sportlichen Bereich Beste eines Jahrgangs ernannt, der zudem Führungsqualitäten mitbringt. An dieser Schule blieb ich fünf Jahre, bevor ich sie 1969 abschloss. Die Schulleitung förderte uns sehr und hat mich auch bei der Studienwahl unterstützt. Ich bin den *Dr. Graham's Homes* noch heute dankbar.

Meine erste Studienwahl war Medizin und ich schrieb mich an der Medizinischen Hochschule St. John's in Bangalore ein. Dummerweise war das Studium sehr teuer und ich fand keine Sponsoren. Also musste ich die Fakultät wechseln. Ich ging an die christliche Hochschule in Madras und begann einen Bachelor-of-Science-Studiengang. Dabei hoffte ich, anschließend Medizin studieren zu können. Meine Chancen schienen günstig, denn während des Studiums lernte ich einen sehr großzügigen Engländer kennen. Er sah meine Situation und versprach mir, wenn ich mein Studium abgeschlossen hätte, würde er mich unterstützen.

In die Zeit meines Studiums in Madras fiel eine weitreichende Neuerung für unsere Exilgemeinschaft. 1970 wurde der Tibetische Jugendkongress (TYC) gegründet. Ich nahm an dem ersten Kongress des TYC am 6/7. Oktober 1970 teil. Die Idee hat mich von Beginn an fasziniert. Der TYC erreichte und inspirierte viele Jugendliche, die von unserer Regierung mit ihren etablierten Persönlichkeiten nicht angesprochen wurden. Hier konnten sie sich informieren und engagieren.

Damals gab es noch keine Meinungsunterschiede in den Zielen zwischen dem TYC und der Regierung. Beide strebten die volle Unabhängigkeit für Tibet an. Den Kurswechsel der Regierung und Seiner Heiligkeit hin zur Forderung nach echter Autonomie, hat der Jugendkongress bekanntlich nicht mitvollzogen, doch in den 1970er-Jahren war das keine Kontroverse. Zudem war der TYC anfangs nicht in erster Linie politisch aktiv. Wir arbeiteten viel mehr im sozialen Bereich in den Siedlungen, wir halfen, die Lebensbedingungen zu verbessern und zu modernisieren. Zudem waren wir im erzieherischen Bereich tätig, zeigten Filme über unsere Situation, organisierten Seminare und mobilisierten damit neue Leute, sich der Bewegung anzuschließen. Das waren die Aktivitäten in den ersten Jahren nach der Gründung.

Ich war allerdings noch nicht bereit, mich vollständig der Arbeit für unsere Bewegung hinzugeben, denn ich sah dank der britischen Unterstützung noch die Perspektive für das so ersehnte Medizinstudium. Mein Examen legte ich 1972 ab, anschließend wollte ich das Medizinstudium aufnehmen. Aber dann tauchte ein neues Problem auf: Ich erhielt nicht sofort einen Studienplatz, sondern kam auf eine Warteliste. Die Wartezeit nutzte ich, um in der Siedlung zu arbeiten, in der mein Vater wohnte. Während ich dort war, fand in Bylakuppe eine große Konferenz, die sich mit unserer Zukunft befasste, statt. Es gab zu der Zeit einige junge Tibeter wie mich, die als Kinder nach Indien gekommen waren, eine sehr gute Ausbildung genossen hatten und denen nun alle Karrierechancen offenstanden. Auf dieser Konferenz waren auch Minister unserer Regierung aus Dharamsala zugegen. Sie redeten uns eindringlich ins Gewissen, dass wir in der Verwaltung gebraucht würden und deshalb nach Dharamsala zurückkehren sollten.

Ich hatte eigentlich vor, im Süden zu bleiben, um zu studieren, aber auch wegen meines Vaters, der ganz allein war. Das brachte mich in eine schwierige Lage und ich beriet mich zunächst mit meinem Vater. Seine Position war eindeutig: Er sagte zu mir: »Wenn du von Seiner Heiligkeit und unserer Regierung gerufen wirst, um für sie zu arbeiten, dann bin ich darüber sehr glücklich, selbst wenn ich ganz allein sterben muss, ohne einen Menschen, der mir auch nur ein Glas Wasser reicht.« Das sei jetzt die Zeit, etwas von dem zurückzugeben, was mir durch die Ausbildung gegeben worden sei.

Damit war die Entscheidung gefallen, ich verabschiedete mich auch von der Idee des Medizinstudiums und kehrte im Sommer 1974 nach Dharamsala zurück. Mein Vater blieb im Süden, denn im Norden gab es keine Arbeitsmöglichkeit für ihn und von meinem Geld und in meiner kleinen Wohnung hätten wir nicht leben können. Zudem hatte er dort auf gewisse Weise Wurzeln geschlagen. Er starb 1984.

Mit meinem Umzug nach Dharamsala wurde ich in den Vorstand des Jugendkongresses gewählt, dem ich neun Jahre lang neben meiner eigentlichen Tätigkeit in der Verwaltung angehörte. Damals arbeitete der TYC noch vollständig ehrenamtlich, heute hat er auch hauptamtliche Mitarbeiter.

Meine erste Aufgabe in der Verwaltung führte mich in das Amt für Information und Öffentlichkeitsarbeit, das später in Amt für Information und Internationale Beziehungen umbenannt wurde. Ich blieb dort für sieben Jahre, bevor ich in das Privatbüro Seiner Heiligkeit berufen wurde. Die Arbeit dort ist äußerst privilegiert. Abgesehen davon, dass man direkt für Seine Heiligkeit arbeitet und mit ihm in Kontakt ist, kam ich auch viel in der Welt herum. Ich begleitete ihn auf Reisen nach Südostasien, Australien, Europa und Nordamerika. In dieser Position blieb ich bis 1985.

Aber auch ganz persönlich hatte die Arbeit im Privatbüro Seiner Heiligkeit für mich weitreichende Konsequenzen. Ich begegnete häufig seiner jüngeren Schwester Jetsun Pema. Ihr Mann war 1984 verstorben und eigentlich war von ihr erwartet worden, in ein Kloster einzutreten. Wir lernten uns näher kennen und verliebten uns ineinander, also sprach ihr Herz gegen das Kloster. Seine Heiligkeit konnte das gut nachvollziehen und wir heirateten schließlich 1987.

1985 hatte ich für zwei Jahre in das Amt für Innere Angelegenheiten gewechselt. Danach ging ich wieder in den Süden. Ich wurde nach Bangalore geschickt, um eine Vertretung der Regierung aufzubauen. Im Bundesstaat Karnataka gibt es fünf große tibetische Siedlungen mit 40.000 Menschen. Unsere Regierung war der Meinung, dass sie dort stärker vertreten sein müsse, um als Ansprechpartner für mehr als ein Drittel aller Tibeter in Indien zur Verfügung zu stehen. Da es dort so etwas noch nicht gab, leistete ich Pionierarbeit und blieb für knapp drei Jahre auf der Position. Durch meine guten Kontakte aus der Zeit des Studiums konnte ich tragfähige Strukturen aufbauen.

Danach ging ich zurück in das Amt für Information und Internationale Beziehungen, wo meine Laufbahn für die Regierung einst begonnen hatte. Ich übernahm dessen administrative Leitung. 1999 wurde ich schließlich zum Kalon (Minister) ernannt, und zwar an der Spitze des Amts für Innere Angelegenheiten, das mir ebenfalls bereits vertraut war. Zu der Zeit vollzogen sich rasante Veränderungen unserer politischen Strukturen. Die Minister wurden vom Parlament gewählt und nicht länger von Seiner Heiligkeit ernannt. Bevor ich mich zur Wahl stellte, musste ich meine Stellung im Amt für Information und Internationale Beziehungen aufgeben.

2001 wurde der Regierungschef zum ersten Mal vom Volk direkt gewählt: Prof. Samdhong Rinpoche. Auch für mich hatte das recht gravierende Konsequenzen. Ich gehörte seinem Kabinett nicht mehr an, war aber auch nicht mehr Teil der Verwaltung. Das gab mir die Gelegenheit, etwas völlig Neues zu machen. Ich zog nach Bangalore, wo einer meiner Stiefsöhne lebt, und stieg – vollkommen als Privatmensch – in die Geschäftswelt ein. Ich eröffnete ein Restaurant, betrieb Handel und in gewisser Weise waren dies die schönsten Jahre meines Lebens, auch wenn es zunächst schwierig war, den entsprechenden finanziellen Erfolg zu erzielen.

Natürlich habe ich meine tibetischen Wurzeln dabei nicht völlig vergessen, sondern engagierte mich ehrenamtlich in sozialen Projekten. Es ging vor allem um die Förderung des Tempelbaus, aber auch um die soziale Versorgung der Mönche, vor allem der älteren.

2005 erreichte mich jedoch erneut der Ruf unserer Regierung. Prof. Samdhong Rinpoche bat mich, das Amt des Repräsentanten Seiner Heiligkeit in Delhi zu übernehmen. Persönlich war das eine ganz schwierige Entscheidung für mich. Ich hatte mich gerade in der Geschäftswelt in Bangalore etabliert und die Aktivitäten machten mir große Freude. Insofern wäre ich gern geblieben. Aber gleichzeitig stand ich unter erheblichem Druck, zum Teil von meiner Familie, aber auch von anderen Freunden. Sie alle meinten, es sei gerade eine sehr schwierige Phase für uns Tibeter, da müsse jeder persönliche Opfer für die gemeinsame Sache bringen. Dem konnte ich mich nicht entziehen. Ich stimmte der Ernennung zu und brach meine Zelte in Bangalore ab.

Das Amt des Repräsentanten in Delhi gehört zu den verantwortungsvollsten und einflussreichsten innerhalb unserer Exilverwaltung, denn es ist am nächsten an der indischen und damit auch an der internationalen Politik.

Im September 2007 bat mich unser Regierungschef sogar, das Amt des Außenministers zu übernehmen, aber ich entgegnete, ich würde es vorziehen, der Repräsentant in Delhi zu bleiben. Er nominierte mich trotzdem für das Ministeramt und ich behielt gleichzeitig mein Amt als Vertreter Seiner Heiligkeit. Beide Ämter verantwortungsvoll auszufüllen, bedeutete großen Stress für mich, und zwar noch mehr psychischen als physischen. Man kann nie beiden großen Verantwortungsbereichen gerecht werden und das hat auf die Dauer natürlich etwas Unbefriedigendes. Ich erklärte Prof. Samdhong Rinpoche deshalb, ich sei gern bereit, jede Verantwortung für die Regierung zu übernehmen, aber es könne nur eine Position sein; zwei derartige Stellen seien auf die Dauer nicht vertretbar. Das hat er eingesehen und verfügt, dass ich Repräsentant in Delhi bleiben sollte – für mich eine wirklich gute Lösung.

# Kelsang Yangzom –
# Lehrerin aus Leidenschaft

Ich stamme aus Neylum, einem kleinen Ort im Süden Tibets, nahe der nepalesischen Grenze. Es ist eine sehr ländliche, abgelegene Gegend, an der die Entwicklung in den Städten vorübergegangen ist. Ich wurde 1981 geboren und bin das zweite von vier Kindern. Ich habe noch eine ältere Schwester, einen jüngeren Bruder und eine jüngere Schwester. Meine Eltern sind kleine Bauern, die etwas Land bebauen. Sie besitzen auch einige Yaks, Pferde und eine kleine Schafherde. Damit sichern sie sich ihr Auskommen.

Von der chinesischen Repression, wie sie in Lhasa und anderen Teilen von Zentraltibet herrscht, spürt man bei uns nicht viel. Es ist keine Gegend, in die Chinesen gerne ziehen. Gleichzeitig gibt es in einer so abgelegenen Gegend kaum gute Schulen. Meine Eltern wollten deshalb, dass eines von uns Kindern nach Indien geht, um eine fundierte Ausbildung in unserer Tradition zu erhalten. Die Älteste musste viel im Haushalt helfen, die Kleineren waren noch zu jung, also wählten sie mich aus. Ich war damals vier Jahre alt und ich erinnere mich nicht mehr an die Details der Reise. Ich weiß nur noch, dass es nicht sonderlich gefährlich war. Zu der Zeit, in den 1980er-Jahren, wurden die Grenzen nicht so streng kontrolliert wie heute und es gab einen regen Austausch zwischen den Tibetern in der Heimat und im Exil.

Ich legte die Strecke in einem Tragekorb auf dem Rücken eines Maultieres zurück. Wir waren eine kleine Gruppe mit einem erfahrenen Führer, der seinen Lebensunterhalt damit bestritt, Pilger oder Flüchtlinge nach Indien zu führen. Auch meine Eltern zahlten dafür, dass ich mitreisen konnte. Die meisten aus der Gruppe hatten nicht die Absicht, Tibet für immer zu verlassen. Sie hatten gehört, dass Seine Heiligkeit eine Kalachakra-Initiation in Varanasi abhielt, und daran wollten sie teilnehmen. Nur die Kinder in meinem Alter sollten in Indien bleiben.

Bis zur nepalesischen Grenze war es nicht weit und nach einiger Zeit erreichten wir Kathmandu. An die Hauptstadt habe ich noch Erinnerungen. Ich war total beeindruckt von den vielen Lichtern, den Autos und Motorrädern, den breiten Straßen und den hohen Häusern. So etwas hatte ich noch nie gesehen. Wir blieben jedoch nicht lange, denn die Gruppe wartete ungeduldig darauf, endlich nach Indien zu kommen.

Von Kathmandu aus fuhren wir also nach Delhi weiter und schließlich nach Dharamsala. Ich hatte dort einen Anknüpfungspunkt. Ein älterer Cousin von mir arbeitete als Leibwächter Seiner Heiligkeit des Dalai Lama. Es gab jedoch keine Möglichkeit, bei ihm zu leben. Stattdessen kam ich in eines der Kinderdörfer von *Tibetan Children's Villages* (TCV). Dort fühlte ich mich von Beginn an sehr wohl. Es gab zu der Zeit viele Kinder, die von ihren Eltern nach Indien geschickt worden waren. Deshalb fand ich rasch neue Freundinnen und es war alles so aufregend, dass ich gar keine Zeit für Heimweh oder überhaupt für sehnsüchtige Erinnerungen an zu Hause hatte.

Uns Kleinen ging es wirklich gut. Aufgrund der Paten und Sponsoren, die es für die TCVs gab, waren wir sehr gut ausgestattet und besaßen alles, was wir benötigten: eine gute Unterkunft, eine gute Ausbildung, eine gute Perspektive. Etwas traurig war es nur während der zweimonatigen Winterferien. Die Kinder, die Angehörige in Indien oder Nepal hatten, waren dann alle dort, während ich zurückbleiben musste, weil es niemanden gab, zu dem ich gehen konnte. Zum Glück war ich nicht die Einzige, der es so erging; aber dies war eine Zeit, in der die Sehnsucht nach zu Hause immer stärker wurde. So konnte ich mich nie richtig auf die Ferien freuen.

Ich blieb im TCV bis zum Ende der 10. Klasse. Danach mussten wir uns spezialisieren. Ich wählte eine Schule mit einem Wirtschaftszweig. Dafür wechselte ich für zwei Jahre nach Mundgod im Bundesstaat Karnataka im Süden Indiens, wo es große tibetische Siedlungen gibt. Im Jahr 2000 machte ich den Abschluss und ich hatte die Wahl zwischen einem College und einer Lehre. Ich entschied mich gegen das College, denn es war zu teuer für mich. Wenn man kein Stipendium hat, benötigt man viel Geld für das Studium in Indien. Da ich ganz auf mich allein gestellt war, konnte ich diesen Betrag nicht aufbringen.

## Schwierige Perspektiven

Stattdessen ging ich nach Dehra Dun, wo ich in einem Berufsbildungszentrum unserer Regierung eine Ausbildung zur Sekretärin absolvieren konnte. Der Kurs dauerte zwei Jahre.

Besonders glücklich wurde ich allerdings nicht mit meiner Ausbildung, denn immer, wenn ich mich auf eine Stelle bewarb, wurde ein Abschluss als Bachelor of Arts (BA) verlangt, den ich nicht vorweisen konnte. Es war schwierig, einen Beruf mit Perspektive zu finden, und da ich dringend Geld benötigte, war ich auf Aushilfsstellen angewiesen. Zunächst bediente ich 15 Monate in einem Café. Danach bewarb ich mich nach Kargil in Ladakh, wo ich als Lehrerin an einer staatlichen Grundschule arbeiten konnte. Es war eine Schule für islamische Kinder, aber dort unterrichteten bereits einige tibetische Lehrer, durch deren Vermittlung ich die Stelle bekam. Es war eine sehr abgelegene Gegend, in der es einen großen Lehrermangel gab, weil kaum jemand dorthin gehen wollte. Also bekam ich die Möglichkeit, auch ohne formale Lehrerausbildung zu unterrichten.

Ohne Ausbildung musste ich natürlich besonders gut sein, das war mein eigener Anspruch. Ich bereitete mich immer sehr gewissenhaft vor und hatte deshalb nie Probleme in der Schule. Ich unterrichtete eine erste und eine zweite Klasse in Mathematik, Englisch, Rechtschreibung und anderen Fächern. Nur Urdu, die Muttersprache der Kinder, beherrschte ich natürlich nicht. Der Kontakt mit den Kindern bereitete mir viel Freude und ich merkte, dass ich gern eine richtige Lehrerin sein wollte.

Ein Jahr blieb ich an der Schule. Die schwierigste Phase war – wie zu meiner eigenen Schulzeit – erneut die lange Pause im Winter. Um nicht ganz allein in einer so abgelegenen Gegend zu bleiben, ging ich nach Dehra Dun, das mir vertraut war und wo das Klima sehr viel angenehmer ist. Dort traf ich zum ersten Mal wieder ein Mitglied meiner Familie. Mein jüngerer Bruder hatte ebenfalls unser Dorf verlassen. Eigentlich war das gar nicht seine Absicht gewesen und der Anlass war trauriger Natur. Er hatte die Aufgabe, die Schafe unserer Familie zu hüten. Irgendwann muss ein Virus die Herde befallen haben und ein Schaf nach dem anderen wurde krank. Er liebte die Schafe und musste hilflos zuschauen, wie sie alle starben. Das machte ihn ganz depressiv. Deshalb entschloss er sich, die Familie zu verlassen und in ein Kloster jenseits der Grenze nach Nepal zu gehen. Meine Eltern erlaubten es ihm.

Nach vielen Jahren entschloss er sich, eine Pilgerreise nach Indien zu machen und dabei auch Dehra Dun und Dharamsala zu besuchen, um den Segen Seiner Heiligkeit zu erhalten. Er knüpfte ebenfalls Kontakt zu unserem Cousin, dem Leibwächter, und durch dessen Vermittlung sah ich meinen Bruder in Dehra Dun zum ersten Mal wieder. Natürlich erkannte ich ihn zuerst nicht mehr, aber es war schön, wieder Kontakt zu einem engen Familienmitglied zu unterhalten.

Mein Bruder hielt es jedoch für keine gute Idee, dass ich in Ladakh an einer Schule unterrichtete. Er meinte, »Ladakh ist so weit weg und so abgelegen. Wenn du dort krank wirst oder dir sonst etwas zustößt, dann hast du niemanden, der für dich sorgt.« Ich ließ mich davon beeindrucken und kündigte die Stelle. Natürlich war es nie mein Traum gewesen, in einer so isolierten Gegend zu arbeiten, doch immerhin war es eine feste Anstellung und ich bin auch dankbar für die Zeit, weil ich dort meine Liebe zum Beruf als Lehrerin entdeckt habe. Nun aber begann meine Arbeitssuche von Neuem.

Zum Glück hatte ich bei meiner nächsten Stelle wieder mit Kindern zu tun, denn ich wurde Tutorin an einem Heim unseres Erziehungsministeriums. Dort lebten Kinder, deren Eltern nach Süden gegangen waren, um dort Geschäfte zu machen. Ihre Kinder gaben sie dann in dem Heim ab, in dem sie auch unterrichtet wurden. Das geschah meistens im Winter, aber auch das restliche Jahr über gab es Kinder in dem Heim.

Der Aufenthalt war für alle recht anspruchsvoll, denn es ging nicht nur darum, die Kinder einfach unterzubringen. Auf knapp 100 Kinder in einem Heim kamen neun erwachsene Erzieher und Pädagogen. Einige Kinder bereiteten sich auf ihren Abschluss nach der 10. Klasse vor und erhielten Sonderunterricht, damit sie ihre Prüfungen gut schafften.

An diesem Heim des Ministeriums blieb ich bis zum Herbst 2006, dann entschloss ich mich, noch eine richtige Ausbildung zur Lehrerin in unserem Erziehungssystem zu machen. Ich besuchte das Lehrer-Trainingsprogramm im Rahmen des TCV. Es dauert knapp zwei Jahre. Im Frühjahr 2008 konnte ich es erfolgreich abschließen und das eröffnete mir neue Perspektiven. Unmittelbar danach, im März 2008, konnte ich eine neue Stelle an einer Schule in Dalhousie antreten.

Die Umstände waren ein wenig mit meiner ersten Anstellung in Ladakh vergleichbar. Dalhousie liegt abseits der populären Urlaubs- oder Pilgerorte im Himalaya und die tibetische Siedlung, die es dort gibt, liegt wiederum etwas außerhalb des Ortes selbst. In der dortigen Schule zu unterrichten, ist also nicht gerade sehr beliebt. Mir gefällt es allerdings sehr gut. Die Schule untersteht dem Erziehungsministerium unserer Regierung. Ich habe nur mit tibetischen Kindern zu tun und der Unterricht macht mir sehr viel Freude.

Ich bin ausgesprochen gerne Lehrerin. Ich kann nicht nur den Kindern etwas beibringen, sondern ich lerne umgekehrt auch von ihnen. Wenn man seine Verantwortung ihnen gegenüber ernst nimmt, dann fordern sie einen immer wieder heraus, stellen kluge Frage und verblüffen mit überraschenden Gedankengängen, die den Erwachsenen häufig verloren gegangen sind. Um da mitzuhalten, bilde ich mich ständig weiter.

Zudem ist mir inzwischen auch die Bedeutung einer formalen Ausbildung bewusst geworden. Ich belege deshalb noch einen berufsbegleitenden Fernkurs an der Garhwal-Universität von Dehra Dun, um meinen B.A. im Fach »Correspondence Education« zu machen. Mir bleibt nur die Möglichkeit, die Ausbildung neben dem Beruf zu absolvieren, denn ich muss mir mit der Arbeit meinen Lebensunterhalt sichern.


## Hoffnungen …

Während ich beruflich sehr glücklich bin, wird mir die Bedeutung der Familie stärker denn je bewusst und das ist eine schmerzliche Erfahrung. Heute habe ich Heimweh nach meiner Familie und meinem Dorf in Tibet, obwohl ich gar keine richtige Erinnerung daran habe. Meine Eltern waren einmal in Nepal, sie hatten mich darüber auch informiert und mich gebeten, dorthin zu kommen, damit wir uns treffen könnten. Aber ich befand mich in der Ausbildung und hatte gar kein Geld. Ich konnte es einfach nicht machen. Aber ich habe mir zu dem Zeitpunkt fest vorgenommen, eine gute Stellung zu bekommen, um mir so etwas später einmal leisten zu können. Mit meinem Bruder aus Nepal eine enge Beziehung aufzubauen, ist ebenfalls nicht einfach, auch wenn wir beide keinen äußeren Zwängen unterliegen. Aber unsere Lebensumstände sind sehr unterschiedlich.

Ich habe eine besonders gute Freundin, Chime. Sie kenne ich, seit ich zum ersten Mal in Indien eingeschult wurde. Sie arbeitet für das Informationsamt unserer Regierung und ihre Familie lebt in Dharamsala. Die Ferien verbringe ich häufig dort und sie kümmern sich sehr um mich und versuchen wie eine Familie für mich zu sein. Aber es ist natürlich nicht das Gleiche wie eine eigene Familie. Deshalb fühle ich mich häufig doch allein. Wenn ich andere glückliche Familien sehe, wünsche ich mir schon, dass auch meine Eltern bei mir wären; diese Gefühle sind besonders während der Ferien sehr stark. Deshalb ist meine Sehnsucht nach einer eigenen Familie sehr ausgeprägt.

In gewisser Weise war auch das TCV eine Familie für mich und dafür bin ich unserer Regierung und allen, die diese Institutionen aufgebaut haben, sehr dankbar. Sie haben uns im Exil eine neue Heimat gegeben.

# Chime –
## ein Mädchen aus dem Westen

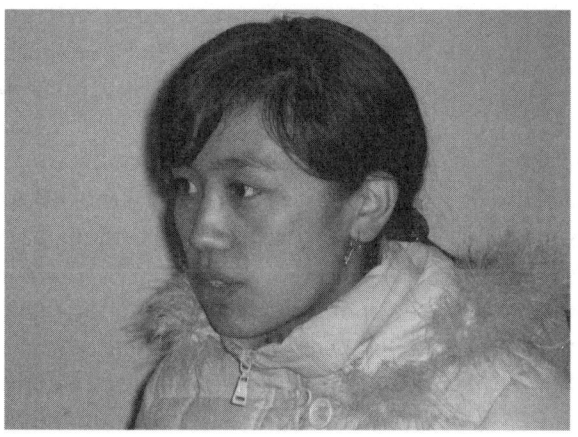

Ich bin ein Mädchen aus dem Westen Tibets und wurde im November 1991 nahe der Stadt Shigatse geboren. Meine Eltern sind sehr einfache Leute, sie besitzen ein wenig Land, auf dem sie etwas Gerste und Früchte anbauen, und meine Mutter ist sehr geschickt im Handwerk, das sie auf dem Markt verkauft. Ich habe noch eine jüngere Schwester und einen jüngeren Bruder, der bei meiner Mutter in Tibet lebt. Gemeinsam mit meiner Schwester trat ich die Flucht nach Indien an.

Eine richtige Familie habe ich nie gekannt, denn mein Vater war höchst unzuverlässig und häufig fort. Zunächst sagte meine Mutter immer, er sei irgendwo zur Arbeit, weit weg, und würde bald wiederkommen. Erst mit der Zeit verstand ich, was wirklich los war. Er war ein Spieler und ein Trinker und meine Mutter musste ganz allein für uns

75

aufkommen. Solange er bei uns war, gab er auch noch alles Geld aus, das meine Mutter verdiente. Ich habe nur wenige Erinnerungen an ihn.

Meine frühe Kindheit in Tibet war nicht sehr schön. Bevor ich nach Indien kam, besuchte ich für dreieinhalb Jahre eine staatliche Schule in Tibet. Natürlich hatten dort die Chinesen das Sagen, aber es gab nicht nur chinesische, sondern auch tibetische Lehrer. Die meisten Schüler waren Tibeter.

Die Schule war schrecklich. Die Lehrer verlangten strenge Disziplin ohne Sinn und Verstand und wir lernten überwiegend chinesische Propaganda. Fragen zu stellen, warum etwas gemacht wurde, war völlig undenkbar. Den Dalai Lama schmähten unsere Lehrer besonders heftig. Er wurde andauernd als Dämon bezeichnet, der Kinder raubt, und so ein Quatsch. Da ich zuvor noch nicht viel vom Dalai Lama gehört hatte, wusste ich nicht, wer er war, und durch das, was uns die Lehrer erzählten, hatte ich richtig Angst vor ihm. Für diesen Unfug mussten wir sogar noch etwa 300 Dollar Schulgeld im Jahr zahlen, was für einfache Familien wie meine kaum aufzubringen war. Doch das war noch nicht alles, was sie von uns wollten. Immer wieder sagten die Lehrer »Morgen gibt es besondere Papiere (oder irgendetwas anderes) und dafür müsst ihr Geld mitbringen.« Ich weiß gar nicht, wo das ganze Geld blieb, denn meistens brachten uns die Lehrer gar nichts mit, auch wenn wir gezahlt hatten. Für meine Mutter war es jedenfalls unter diesen Bedingungen kaum möglich, drei Kindern eine Ausbildung zu ermöglichen.

Erschwerend kam auch noch die Gewohnheit hinzu, dass die Lehrer den großen Jungen immer die Aufsicht übertrugen, wenn es nötig war. Doch diese nutzten das nur gegen uns, die Kleinen, aus. Ich war immer die Kleinste in der Klasse. Die Großen machten dann Kung-Fu-Spiele mit uns, vielleicht hatten sie das im Fernsehen gesehen, und wir waren die Opfer. Sogar unser Essen nahmen sie uns manchmal weg. Niemand konnte etwas dagegen machen, nicht einmal meine Mutter. Einmal beschwerte sie sich bei einem Jungen, der mich geschlagen hatte, aber es nützte nichts.

Besonders schlecht war der Einfluss der vielen Chinesen, die in unsere Gegend kamen. Es wurden immer mehr und viele von ihnen hatten keine Arbeit. Sie hingen herum, organisierten Glücksspiele, zu denen sie auch noch die Tibeter verführten, die keine Arbeit hatten. Wir hatten richtig Angst vor ihnen.

## Ins Paradies?

Bei uns im Haus wohnten auch noch Tanten und Onkel und da wir nie genug Geld hatten, schlug ein Onkel vor, mich und meine Schwester nach Indien zum Dalai Lama zu schicken. Meine Mutter unterstützte das sofort und versuchte, mich zu überreden. Sie wusste natürlich, wie unglücklich ich in der Schule war. Sie sagte deshalb, in Indien gäbe es ganz viel Schokolade und ich müsse gar nichts tun, nur spielen, spielen, spielen. Ich war damals neun Jahre alt und hatte keine Ahnung von der Welt. Deshalb glaubte ich jedes Wort und konnte es gar nicht abwarten, endlich nach Indien zu kommen. Jeden Tag drängelte ich: »Wann gehe ich nach Indien, wann gehe ich nach Indien?« Es erschien mir wie das Paradies auf Erden.

Ein Bekannter der Familie brach schließlich ein paar Wochen später mit uns auf. Es war kurz nach dem Losar-Fest im Jahr 2001. Wir waren eine Gruppe von 17 Leuten, darunter sechs Kinder. Die Flucht war einfach fürchterlich.

Ich glaube, ich habe dieses Erlebnis bis heute noch nicht richtig verarbeitet. Wir waren 16 Tage bis zur Grenze nach Nepal unterwegs und liefen vor allem nachts, um nicht von den Chinesen entdeckt zu werden. Es war unbeschreiblich anstrengend. Nie gab es genug zu essen oder genug warme Kleidung. Ich kann mich gar nicht mehr erinnern, wo wir schliefen, nach einer ganzen Nacht auf den Beinen. Es waren irgendwelche Hütten und wenn wir dort ankamen, war ich so müde, dass ich jedes Mal sofort einschlief. Wir waren früh im Jahr unterwegs und deshalb war es sehr kalt. Zu der körperlichen Anstrengung kam das Gefühl, immer von den Chinesen verfolgt zu werden. Ich war noch zu klein, um genau zu wissen, dass eine Flucht verboten ist, aber wir alle spürten die ständige Angst, die uns begleitete.

Am schrecklichsten aber war, dass ich nichts von meiner Mutter wusste. Beim Aufbruch hatte sie gesagt, sie käme am nächsten Tag nach. Darauf hoffte ich natürlich, aber sie kam nicht. Wenn ich nach ihr fragte, wurde ich immer wieder vertröstet, bis ich schließlich nichts mehr glaubte und einsehen musste, dass sie gar nicht nachkommen würde. Ich fühlte mich völlig verlassen und weinte nur noch.

Mein größter Trost war ein starker Tibeter, der uns begleitete, Suja. Er wollte ebenfalls nach Indien und half uns viel. Er trug die Kleinen, wenn sie nicht mehr konnten, und machte uns allen Mut.

Als wir die Grenze nach Nepal überschritten hatten, trafen wir auf Maria (Anm.: die österreichische Filmemacherin und Autorin Maria Blumencron, die einen Film und zwei Bücher über die Flucht der Kinder produziert hat). Sie interessierte sich dafür, warum Eltern ihre Kinder nach Indien schicken, und es war ein schöner Zufall, dass sie auf unsere Gruppe stieß. Sie begleitete uns nach Kathmandu, wo wir im *Reception Centre*, dem Auffanglager für Flüchtlinge, aufgenommen wurden. Obwohl wir den Ort nicht verlassen durften, war das Schlimmste überstanden. Das wenige, was ich von Kathmandu sah, war ziemlich überwältigend, aber natürlich wollte niemand von uns bleiben. Dank der Unterstützung von Maria wurden wir recht bald mit einem Bus nach Dharamsala gebracht, wo wir wieder im dortigen *Reception Centre* landeten.

Doch es war nicht so, wie ich mir das vorgestellt hatte. Wir sechs Kinder, die wir die ganze Flucht zusammen waren, wurden jetzt getrennt. Es war sehr schlimm für uns, aber wieder halfen uns Maria und Suja, die ein Zimmer in Dharamsala hatten. Abends kam Suja zu uns und hob uns alle durch das Fenster nach draußen, wo uns Maria in Empfang nahm. So konnten wir zusammen bei ihnen im Zimmer schlafen. Das war sehr schön.

Wir waren nur wenige Tage in dem *Reception Centre*, dann hatten wir einen Empfang beim Dalai Lama. Ich war schrecklich nervös, denn inzwischen wusste ich, dass er ganz anders ist, als die Chinesen uns in der Schule erzählt hatten. Er interessierte sich sehr für uns und fragte mich, woher ich käme. Ich hatte ihn allerdings nicht richtig verstanden und dachte, er hätte gefragt, wie ich heiße. Also sagte ich »Chime«. Da lachte er laut. Das war mir so peinlich, dass ich weglief.

Nach dem Empfang kamen wir in das TCV. Die ersten Tage waren nicht sehr schön, denn ich hatte, wie alle anderen Kinder aus unserer Gruppe, große Sehnsucht nach Maria, die sich wirklich sehr um uns gekümmert hatte. Ich fragte mich immer, wann sie kommen würde. Wir fürchteten, dass sie vielleicht schon abgereist sein könnten. Ich fühlte mich fürchterlich allein, weit weg von zu Hause, ohne meine Mutter und dann auch noch ohne Maria. Ich wusste gar nicht, was aus uns werden sollte, und musste neben all meinem eigenen Kummer auch noch auf meine kleine Schwester aufpassen. Sie sollte nicht mitbekommen, wie schlecht es mir ging.

Der eigentliche Unterricht war ganz anders, als ich ihn aus Tibet gewohnt war. Wir sollten nicht einfach nur auswendig lernen, wir wurden mehr zur Eigenständigkeit angehalten und das war mir sehr fremd. Heute sehe ich natürlich die Vorteile von unserem tibetischen Schulsystem im Exil. Die Inhalte, die wir lernen sollen, werden uns erklärt. Wenn wir etwas nicht verstehen, dann werden wir ermutigt zu fragen. Zudem werden wir immer wieder motiviert, gute Leistungen zu bringen; die Lehrer holen das Beste aus uns heraus. Aber um das zu verstehen, brauchte ich einige Zeit, am Anfang gefiel es mir gar nicht.

Wir waren 30 Mädchen und Jungen in einer Klasse und lebten mit 30 Mädchen in einem großen Saal zusammen. Das TCV stellt jeder Klasse ein großes Mädchen zur Seite, das sich um die Kinder kümmert, sie aber auch ermahnt und kontrolliert. Manchmal ist das sehr schön, manchmal gibt es aber auch Schwierigkeiten, es kommt ganz auf das Mädchen an. Mit unserer Mentorin, Yeshi Lhamo, kam ich am Anfang gar nicht zurecht. Ich hätte nie gedacht, dass sie eine gute Kameradin für mich sein könnte.

## Meine Vision ...

Mein Englisch war recht schlecht und die Lehrerin meinte einmal sogar, wenn ich nicht besser lernen würde, dann würde man mich nach Tibet zurückschicken. Vermutlich wollte sie mich anspornen, aber sie machte mir große Angst damit. Ich weinte viel und irgendwann hielt ich es einfach nicht mehr aus. Da entschloss ich mich wegzulaufen. Von unserem TCV rannte ich einfach drauflos. Ich merkte aber bald, dass mir jemand folgte. Es war Yeshi Lhamo, die wohl mitbekommen hatte, wie es mir ging und was ich vorhatte. Sie fing mich wieder ein und fragte mich, wohin ich rennen würde. Ich sagte nur: »Ich bleibe nicht länger in Indien, ich will zurück nach Tibet.« Sie war sehr ernst und meinte, dass dies unmöglich sei. Sie redete heftig auf mich ein: »Warum bist du nach Indien gekommen? War es nicht, um zu lernen? Wenn du dich so aufführst, dann kümmerst du dich gar nicht um die Wünsche deiner Mutter.« Sie schlug mich sogar, aber ich wehrte mich und schlug zurück.

Doch irgendwie konnte sie mich an dem Tag doch aufrütteln und ich schwor mir: »Ja, ich werde lernen, ich werde sehr hart lernen und am Ende werde ich die Beste der Besten sein!« Das war meine Vision.

Es kam noch eine andere merkwürdige Erfahrung dazu. Yeshi Lhamo hatte mich bei einem Schild eingeholt und aus irgendeinem Grund wollte ich wissen, was es bedeutete. Ich konnte es schließlich lesen, dort stand »Keinen Müll wegwerfen«, aber ich verstand die Worte nicht. Das große Mädchen übersetzte sie mir. Dabei wurde mir plötzlich klar, dass ich mich selbst die ganze Zeit wie Müll behandelt hatte. Ich hatte gar keinen Wert auf mein Äußeres gelegt. Nun begann ich, darauf zu achten, ich machte mir die Haare schön zurecht, besorgte mir schönere Kleidung und meine kleine Schwester machte es mir nach, sie wollte mich nicht blamieren.

Auch Yeshi Lhamo bemerkte dies und unterstützte mich sogar. Sie zeigte mir die Schulbibliothek und half mir, mich dort zurechtzufinden. Jetzt war sie sehr wichtig für mich geworden und wir sind in Kontakt geblieben, auch nachdem sie die Schule beendet hatte. Sie studiert heute in Bylakuppe und ist eine sehr gute Studentin, so wie sie immer eine sehr gute Schülerin war.

Auch der Kontakt unter uns Schülerinnen im TCV wurde mit der Zeit sehr eng. Wir wurden sehr vertraut miteinander und teilten einfach alles, unser Essen und sogar unsere Kleidung.

## … und wie ich sie verwirkliche

Tatsächlich änderte sich meine Einstellung zur Schule nach meinem Versuch wegzulaufen grundlegend. Ab der dritten Klasse war ich entweder die Beste oder die Zweitbeste in meinem Jahrgang. Nach der sechsten Klasse war ich so gut, dass ich auf eine Selakui-Schule wechseln konnte, die sich in Dehra Dun befindet. Aber es war auch eine schwere Entscheidung, denn es bedeutete, mich von den anderen Kindern und meiner Schwester zu trennen. Wir sechs Flüchtlingskinder waren uns immer vertrauter geworden; enger und liebevoller kann es auch in einer richtigen Familie nicht zugehen. Die Möglichkeit, auf die Selakui-Schule zu gehen, bereitete mir also nicht nur Freude. Doch letzten Endes war es die richtige Entscheidung und die enge Verbindung zu den anderen ist nicht abgerissen. Wir verbringen alle Ferien miteinander.

Die Selakui-Schule ist eine ganz neue Einrichtung für die Besten der Besten. Damit werden die besonders begabten tibetischen Kinder gefördert. Wir waren 2004 die erste Klasse. Nur insgesamt 235 Schüler von allen TCVs besuchen die Selakui-Schule. Das Niveau ist sehr hoch, ich glaube, viel höher als in den westlichen Ländern. Wenn sich ein Mädchen bei uns auf dem 16. Platz befindet, dann wäre es in einer westlichen Klasse bestimmt die Nummer eins. Ein paar von uns, die nach New York gegangen sind, konnten gleich eine Klasse überspringen. Ich freue mich jedes Jahr auf das Zeugnis, denn da schreiben die Lehrer immer auch Persönliches, es geht nicht nur um Noten, sondern auch darum, wie wir miteinander umgehen.

Mein Lieblingsfach ist Biologie und mich fasziniert vor allem der Mensch. Ich möchte später einmal Gynäkologin werden. Ich interessiere mich für alle Experimente dieser Fachrichtung, zum Beispiel habe ich gelesen, dass Babys auch von den Vätern geboren werden können. Bei solchen Forschungen würde ich gerne mitmachen.

Außerdem spiele ich sehr gerne Theater. Meine erste Rolle übernahm ich in der Drama-Gruppe vom TCV. In der vierten Klasse bewarb ich mich für die männliche Hauptrolle in einem Stück, denn dafür gab es die meisten Dialoge. Doch es gab noch einen Bewerber, der ebenfalls sehr gut war; wir wollten beide unbedingt diese Rolle, daher mussten die anderen zwischen uns wählen. Die Entscheidung fiel gegen mich, vermutlich weil ich noch so klein war. Ich war bitter enttäuscht und weinte viel. Um mich zu trösten, meinte der Junge, der die Hauptrolle erhalten hatte, ich könne doch eine Nebenrolle übernehmen. Doch das wollte ich auf keinen Fall. Ich bin sehr ehrgeizig!

Die Englischlehrerin gab mir dann eine Hauptrolle in einem anderen Stück und ich war sehr glücklich darüber. In unserer Selakui-Schule habe ich den zweiten Platz unter allen Schauspielerinnen belegt, aber inzwischen bin ich die Königin der Bühne. Darauf bin ich stolz.

Ich bin sehr, sehr froh über die Möglichkeit, in Indien eine so gute Ausbildung zu erhalten, und ich bin voller Pläne für die Zukunft. Wenn ich meine Schule hier beendet habe, möchte ich am liebsten nach Deutschland zu Maria ziehen und auch Suja muss dazukommen. Dann richten wir ein großes Haus her, in dem wir sechs Flüchtlingskinder alle einen Platz haben, und schaffen uns einen Yak an. Wir arbeiten und verdienen gut und können später Maria versorgen.

Ich habe bereits Kontakt zu einer deutschen Familie, von der ich unterstützt werde. Das eröffnet mir die Möglichkeit, nach Beendigung meiner Schule nach Deutschland gehen und die Sprache noch besser lernen zu können. Ich kann schon etwas Deutsch, denn unser Biologielehrer vom TCV war ein Deutscher, der uns in seiner freien Zeit unterrichtete. Ich möchte unbedingt viele Sprachen beherrschen, das fände ich sehr schön. Neben Tibetisch und Englisch, den Sprachen an unserer Schule, spreche ich Chinesisch und auch etwas Hindi, aber ich will noch viel mehr lernen.

Das liegt wohl in der Familie. Mit meiner Mutter und meinem jungen Bruder in Tibet telefoniere ich manchmal. Mein Bruder ist ebenfalls der Beste in seiner Klasse in einer chinesischen Schule. Bei ihm geht es sogar so weit, dass er lieber chinesisch als tibetisch spricht. Weil er so gut ist, wird überlegt, ob er auf eine Schule nach Beijing gehen soll, auf der chinesische Kinder besonders gefördert werden. Auch er hat sich geschworen, der Beste zu sein, nur eben unter den Chinesen. Unsere Familie ist in dem Punkt sehr gespalten und irgendwie ist das typisch für unsere Gesellschaft. Es gibt nicht nur einen Weg.

# Dharamsala –
# Klein-Lhasa in Indien

Wer es nicht erwarten kann, endlich nach Dharamsala zu kommen, beginnt seine Reise in die tibetischen Exilgemeinden am besten in Majnu Katilla. So wie Dharamsala in Anlehnung an das verlorene Erbe in Tibet als »Little Lhasa« bezeichnet wird, gilt Majnu Katilla als »Little Dharamsala«; eine kleine tibetische Enklave im Norden der indischen Hauptstadt Delhi direkt am Yamuna-Fluss, der allerdings – wie das gesamte Areal – durch eine große Mauer abgetrennt ist.

Seit den frühen 60er-Jahren leben hier einige Tausend Tibeter und die Millionenmetropole bietet den Gebildeten unter ihnen Arbeit – vor allem in der Hightech-Branche. »Tibetan Refugee Colony« steht über dem kunstvoll verzierten Eingangstor, und wenn man es durchschreitet, empfängt einen eine andere Welt. Der Lärm und die Hektik der

Hauptstraße sind plötzlich verflogen, enge Gassen führen vorbei an tibetischen Läden, vor denen Männer und Frauen mehr mit sich selbst beschäftigt scheinen als mit der Kundschaft, eine wunderbar unaufdringliche Erfahrung angesichts der sonstigen Geschäftspraktiken in Asien. Bemerkenswert gut haben die Tibeter in einer fremden Großstadt die eigene Kultur bewahrt. Im Zentrum von Majnu Katilla befinden sich zwei Tempel um den Gemeindeplatz herum, auf dem sich abends die Menschen versammeln. Regelmäßig tönen aus den Tempeln die Gesänge, Glocken und Hörner der Mönche, die ihre Pujas, ihre religiösen Zeremonien abhalten. Davor tummeln sich spielende Kinder, deren Mütter die jüngsten Neuigkeiten austauschen, junge Schuhputzer, zumeist Inder, suchen Kundschaft und freuen sich sehr über die weitaus zahlungswilligeren westlichen Besucher; alte Leute sitzen einfach auf den Bänken, lassen ihre Malas, die Rosenkränze, durch ihre Finger gleiten und schauen dem Treiben zu oder sind in die Erinnerung versunken. Die Kontaktaufnahme mit ihnen ist leicht, die Verständigung schwierig. Der tibetische Gruß »Tashi Delek« lässt sie erstrahlen, doch die meisten von ihnen sprechen kein Englisch, sodass sich der Kontakt ohne eigene Tibetischkenntnisse auf Augen und Gesten beschränkt.

Im Norden der Siedlung liegt der touristische Teil, zahlreiche kleine Herbergen und Restaurants, wo sich all diejenigen treffen und Erfahrungen austauschen, die auf dem Absprung in die tibetische Welt Indiens sind oder von dort kommen.

Von Majnu Katilla aus fahren jeden Abend Busse nach Dharamsala, Simla und Manali, dem Tor nach Ladakh. Die nach Dharamsala sind die begehrtesten und seit einiger Zeit gibt es sogar »Sleepers«, Busse mit kleinen Liegeabteilen. Wer es eilig hat, kann inzwischen auch bis Dharamsala fliegen, der Gaggal Airport befindet sich nur etwa 20 Kilometer südwestlich vom Zentrum der Exiltibeter.

Lower Dharamsala, wie der Hauptort heißt, liegt im fruchtbaren Kangra-Tal. Wenn morgens das Wetter klar ist, erkennt man sofort, was die Faszination der Umgebung ausmacht: Dharamsala liegt auf knapp 1.400 Metern Höhe und in seinem Hintergrund erstreckt sich die Dhauladhar-Kette, deren höchster Gipfel bis auf 5.639 Meter hinaufragt. Es ist der erste große Himalaya-Gebirgszug von Indien aus gesehen. Die reizvolle Umgebung hat schon die britischen Kolonialherren dorthin geführt, wenn die Hitze in der indischen Tiefebene unerträglich wurde.

Der Buddhismus hat tiefe Wurzeln im Kangra-Tal. Ein chinesischer Mönch, Hsuan Tsang, der sich auf Pilgerreise befand, notierte im frühen 7. Jahrhundert 50 Klöster mit etwa 2.000 Mönchen im Tal. Eine hinduistische Renaissance 100 Jahre später hat sie jedoch zurückgedrängt. Für das – vorläufige – Ende des Buddhismus im Kangra-Tal sorgte der islamische Eroberer Mahmud von Ghazni aus dem heutigen Afghanistan, der im Jahre 1009 alle noch erhaltenen Klöster geplündert und zerstört hat.

1849 erschienen die Briten und stationierten dort eine Einheit ihrer Kolonialarmee. Neun Kilometer weiter in den Bergen, auf einer Höhe von 1.830 Metern gründeten sie den Ortsteil McLeod Ganj, benannt nach dem Gouverneur vom Punjab, David McLeod, und dem Divisionskommandeur Forsyth Ganj. Und wo Kolonialbeamte waren, ließen sich auch einheimische Händler und Kaufleute nieder. Die kleine Bergstation wurde ein florierender Außenposten des Empire.

Das britische Erbe wird noch heute auf dem Friedhof »St. John in the Wilderness« sichtbar, wo imposante alte Grabsteine die Geschichten von Kolonialoffizieren, ihren Frauen und Kindern erzählen, die häufig schon in jungen Jahren ihr Leben in Indien gelassen haben. James Bruce, der 8. Earl of Elgin und britische Vizekönig in den 1860er-Jahren, liebte Dharamsala so sehr, dass er verfügte, nach seinem Tode dort begraben zu werden. Eine Naturkatastrophe ließ die aufstrebende Bergstation allerdings noch zu britischen Zeiten verfallen. Am 4. April 1905 zerstörte ein Erdbeben die Stadt fast vollständig, 20.000 Menschen starben.

Aus Angst vor weiteren Erdstößen gaben die Briten den Ort auf und ließen die Einheimischen perspektivlos zurück. Den meisten blieb nichts anderes übrig, als ebenfalls eine neue Heimat zu suchen. Einige jedoch blieben, darunter die Familie Nowrojee, die sich bereits 1860 dort niedergelassen hatte. Sie stammte aus Bombay und gehörte zur religiösen Minderheit der Parsen, den aus Persien stammenden Nachfolgern Zoroasters (Zarathustras). Während der Islamisierung ihrer Heimat flohen sie nach Indien, wo sie auf mehr Toleranz stießen und aufgrund ihrer karitativen und toleranten Lebenseinstellung sehr geachtet wurden.

Nauzer Nowrojee, Oberhaupt der Familiendynastie in den 1950er- und 1960er-Jahren, bot Ministerpräsident Nehru an, dem Dalai Lama nach seiner Flucht in McLeod Ganj eine neue Perspektive zu bieten. Den Parsen haben dabei humanitäre wie wirtschaftliche Gründe geleitet. Zum einen brachte er der tibetischen Sache große Sympathie entgegen und war vom tibetischen Oberhaupt fasziniert. Zum anderen sah er aber auch die Möglichkeit, die Geschäfte in dem heruntergekommenen Dharamsala und seinen Nebenorten wieder anzukurbeln.

Nehru stimmte ohne zu zögern zu, denn Dharamsala erschien auch ihm eine gute Wahl. Vorher war der Dalai Lama in Mussoorie untergekommen, was sehr viel näher an der Metropole Delhi liegt. Chinesischer Druck verhinderte jedoch ein Asyl nahe dem politischen Zentrum. Dharamsala dagegen erschien weit genug entfernt und die Infrastruktur war damals deutlich schlechter.

Der Dalai Lama hatte zuvor noch nie von Dharamsala gehört, und als er es auf der Landkarte fand, fühlte er sich abgeschoben. Doch er hatte keine andere Wahl und war Nauzer Nowrojee für seine Unterstützung dankbar. Die Parsen-Familie führt bis heute einen Gemischtwarenladen in McLeod Ganj, der unmittelbar am Ortseingang auf der rechten Straßenseite liegt.

In den frühen 1960er-Jahren ahnte niemand, was sich aus der Initiative des Nauzer Nowrojee entwickeln sollte, auch wenn die Schönheit und günstige Lage Dharamsalas bis heute nichts von ihrer Attraktivität eingebüßt haben. Ausgedehnte Wälder, Wanderstrecken, die auch ohne alpinistische Fähigkeiten wunderschöne Szenarien eröffnen, idyllische Waldseen und Wasserfälle ziehen viele indische Touristen an. Die meisten Reisenden kommen jedoch aus anderen Gründen.

## In die tibetische Welt

Die Nebenstrecke von Lower Dharamsala nach McLeod Ganj führt mitten in die tibetische Welt hinein. Nach der Hälfte erscheint rechts von der Straße ein großer Gebäudekomplex, Gangchen Kyishong, oder einfacher die *Central Tibetan Administration*.

Am Anfang steht die für Ausländer besonders interessante Abteilung für Information und Internationale Beziehungen (DIIR). Wer nach Dharamsala kommt, um den politischen Kampf der Tibeter zu unterstützen, findet hier seine wichtigsten Ansprechpartner. Vom DIIR aus werden die Kontakte zu den Unterstützergruppen in aller Welt geknüpft und Termine vermittelt. Das Amt versorgt die Tibeter und ihre Freunde in aller Welt mit wichtigen Informationen.

Wer über die Schattenseiten der chinesischen Besetzung auf dem Laufenden sein möchte, ist beim *Tibetan Centre for Human Rights and Democracy* am besten aufgehoben, das sich im Obergeschoss des Gebäudes befindet. Seine Dokumentationen über politische Gefangene, Folter, aber auch Umweltzerstörung, Sinisierung und die Fluchtbewegung gelten als äußerst gut fundiert und seriös. Auch Radio *Voice of Tibet* unterhält im Dachgeschoss ein Zweigbüro.

Vom DIIR aus führt eine kleine Straße, an der die anderen Ministerien ihren Sitz haben, zum Zentrum von Gangchen Kyishong. Am Ende der Sackgasse befinden sich unter anderem das Parlament und das Gebäude, das die Ausländer aufsuchen, die gekommen sind, um die tibetische Sprache und den Buddhismus zu studieren, die *Library of Tibetan Works and Archives*. Hier werden regelmäßig Sprachkurse ebenso wie Vorlesungen in buddhistischer Dialektik und Philosophie angeboten, wobei den unterschiedlichen Niveaus der Studierenden Rechnung getragen wird. Auch der bekennende Buddhist Richard Gere wird bisweilen in der Bibliothek gesichtet.

Unterhalb der Bibliothek befindet sich das Nechung-Kloster, wo das Staatsorakel seinen Sitz hat. Dabei handelt es sich um einen medial besonders begabten Mönch, der bei wichtigen Entscheidungen Botschaften in Trance erhält. Das Staatsorakel hat Tibet mit dem Dalai Lama verlassen und die jetzige Inkarnation wird bei wichtigen Entscheidungen noch immer konsultiert.

Zurück an der Durchgangsstraße, lohnt es sich noch, das Institut für tibetische Medizin und Astrologie, Men-Tsee-

Khang, das 1916 vom 13. Dalai Lama gegründet wurde, zu besichtigen. Von Pulsdiagnose über die Verschreibung tibetischer Medizin bis zur Erstellung von Horoskopen können auch westliche Besucher dort alles bekommen, was sie wünschen.

Unterhalb des Instituts, von der Straße aus nicht sichtbar, erstrecken sich am Hang tibetische Siedlungen. Auch einige der alten Guerillakämpfer haben hier ihren Ruhesitz gefunden.

Kurz bevor die Straße McLeod Ganj erreicht hat, nimmt die Zahl der Pilger spürbar zu. Sie endet vor dem Komplex, der Dharamsala weltberühmt gemacht hat: die Residenz des Dalai Lama und der zentrale Tempel Tsuglag Khang.

## Religiöser Alltag

Vor dem Eingang zu diesem Komplex warten Taxen und zahlreiche fliegende Händler auf Kundschaft. Im Hintergrund ragen die mächtigen Mauern des Instituts für Dialektik auf, wo sich im Februar 1997 ein Drama ereignet hat, als der Direktor Lobsang Gyatso und zwei seiner Vertrauten erstochen wurden. Die Täter flüchteten über die Grenze ins besetzte Tibet. Die indische Polizei hat sie als Shugden-Anhänger identifiziert. Lobsang Gyatso hat die Position des Dalai Lama, der die Geisterverehrung ablehnt, theologisch vehement unterstützt und sich damit den Zorn der Shugden-Anhänger zugezogen.

Heute ist von dieser Kontroverse rund um den Komplex nichts mehr zu spüren. Durch enge Gassen, zu denen Händler und Bettler keinen Zugang haben, gelangt man schließlich auf den Vorplatz des Tempels. Verglichen mit den Vorbildern in Lhasa wirkt er bescheiden, und dennoch ist er das Zentrum der Verehrung für die Tibeter im Exil. Die große Versammlungshalle im Erdgeschoss wird von einer Statue des Buddha Shakyamuni beherrscht, des historischen Buddha. Vor ihm befindet sich der Thron des Dalai Lama, der hier Belehrungen und Einweihungen gibt. Rechts davon stehen Standbilder vom 1000-armigen Avalokiteshvara und von Padmasambhava mit den großen, eindringlichen Augen, die selbst als Abbild großen Respekt verbreiten. Avalokiteshvara ist der Bodhisattva des unendlichen Mitgefühls, als dessen Inkarnation der Dalai Lama gilt. Der aus Kaschmir stammende Padmasambhava hat der indisch-nepalesischen Schule des Buddhismus im späten 8. Jahrhundert in Tibet zur Vorherrschaft gegenüber dem chinesischen Zen-Buddhismus verholfen. Finden keine religiösen Zeremonien statt, kann der Tempel betreten und die Kostbarkeiten können aus nächster Nähe bewundert werden. Auch das erste Obergeschoss steht Besuchern offen; von dort hat man einen guten Blick auf die große Versammlungshalle. Nur für das Dach, wo jedes Jahr zum Neujahrsfest Losar die zentrale Feier stattfindet, benötigt man eine Sondererlaubnis. Von dort bietet sich ein wunderschöner Blick auf die Dhauladhar-Kette und die sonstige Umgebung.

Nach alter Tradition führt ein mit Gebetsmühlen ausgestatteter Weg um den Tempel herum. Auf dem Vorplatz finden sich Gläubige ein, die dem Buddha durch Niederwerfungen ihre Verehrung bezeugen, und jeden Abend üben sich die Mönche im Debattieren.

Die Debatte ist ein Ritual mit langer Tradition. Sie zeigt, dass selbst diejenigen, die zu den Stützen der alten Ordnung gehörten, angehalten wurden, eine eigene Meinung zu vertreten, statt Autoritäten zu gehorchen: Einige Dutzend Mönche, alte und junge, lassen sich im Schneidersitz auf dem Boden nieder. Jedem gegenüber postiert sich aufrecht und selbstbewusst ein anderer, der wild gestikulierend auf den Sitzenden einredet, sich immer wieder kurz zu ihm hinunterbeugt und in die Hände klatscht. Er stellt dabei eine These auf und untermauert sie mit einer bisweilen aggressiven Gestik. Bei den Thesen kann es sich um ganz alltägliche Behauptungen handeln, die noch nicht einmal korrekt sein müssen, etwa in der Art »Nachts ist es wärmer als tagsüber« oder »Die Sonne geht im Westen auf und im Osten unter«. Der sitzende Mönch darf sich durch den selbstbewussten Auftritt nicht einschüchtern lassen, sondern muss der These gut begründete Argumente entgegensetzen. Je fortgeschrittener die Mönche sind, desto mehr bestimmen theologische Inhalte den Diskurs, der als eine jahrhundertealte Form der freien Debatte betrachtet werden kann.

Die Mönche leben im Namgyal-Kloster, das etwas unterhalb am Hang des Berges liegt, und sie sind nicht nur mit ihren Debatten auf der Höhe der Zeit. Ihr Kloster ist mit Computern und Internet ausgestattet und aus der Abgeschiedenheit ihrer Mönchsklausen heraus kommunizieren sie mit der Welt.

## Politische Kontroversen

Auf der anderen Seite des Vorplatzes, dem Tempel gegenüberliegend, befindet sich Thekchen Chöling, die Residenz des Dalai Lama. Wo noch in den 1990er-Jahren ein paar indische und tibetische Sicherheitskräfte den Pass der gemeldeten Besucher registriert und kurz in das Gepäck geschaut haben, herrschen heute Sicherheitsvorkehrungen wie auf einem Flughafen. Alle Besucher werden mit Metalldetektoren abgetastet, das Handgepäck wird genau untersucht und verschlossen, auch alle nicht unbedingt benötigten Elektrogeräte müssen zurückgelassen werden.

Jenseits der Empfangs- und Büroräume, wo etwa 60 Angestellte arbeiten, gleicht die Anlage einem kleinen Park. Der Dalai Lama ist sehr naturverbunden, deshalb bestimmen geschmackvolle Grünanlagen, ein Orchideenhaus und andere Gewächshäuser sein Domizil.

Um den gesamten Komplex herum führt ebenfalls ein Ritualweg – Lingkhor genannt –, auf dem vor allem ältere Gläubige unterwegs sind. Steigungen nötigen ihnen einiges ab, deshalb stehen Bänke zur Verfügung, wenn sie rasten wollen. Unterhalb des Lingkhor liegen die Wohnungen der Regierungsangestellten und Pensionäre.

Hier zeigt sich nicht nur die religiöse Inbrunst der Tibeter, sondern auch die Meinungsvielfalt, die im Exil entstanden ist. Es ist vor allem der Tibetische Jugendkongress (TYC), der die politische Autorität des Dalai Lama herausfordert, indem er dessen Mittleren Weg einer Autonomie-Lösung für Tibet ablehnt. Mit Hungerstreiks, Demonstrationen und jüngst einem »Marsch nach Tibet« sorgt der Verband für weltweite Aufmerksamkeit. Als die indische Polizei im April 1998 einen Hungerstreik gewaltsam beendete, übergoss sich einer der Teilnehmer mit Kerosin und zündete sich an. Am Lingkhor setzte der TYC dem politischen Selbstmörder ein Denkmal – eine durchaus provokative Geste, denn der Dalai Lama lehnt derartige Aktionen entschieden ab. Schon einen Hungerstreik betrachtet er als Gewalt gegen sich selbst.

Um zum TYC-Hauptquartier zu kommen, geht es noch ein Stückchen weiter hinauf, bis zum Zentrum von McLeod Ganj. Etwa zehn Minuten dauert der Fußweg, vorbei an weiteren Bettlern und fliegenden Händler zur Linken sowie an einer Ladengalerie zur Rechten, wo von Buch-, Musik- und Elektrogeschäften über Kunsthandwerk bis hin zu Reisebüros und Internetcafés alles vertreten ist. Am Ende der Straße, dort wo der kleine Rundweg um McLeod Ganj beginnt, liegt der große Laden der Kinderdörfer, die erste Adresse im Ort für alles, was mit Kunsthandwerk zu tun hat, Beratung eingeschlossen. Die Produkte stammen aus den Werkstätten der *Tibetan Children's Villages* (TCV), die in den frühen 1960er-Jahren von den Schwestern des Dalai Lama ins Leben gerufen wurden, und die Erlöse fließen dorthin zurück.

In den engen Gassen des Ortskerns reiht sich Geschäft an Geschäft und egal, was das tibetische Herz begehrt, hier bleibt kein Wunsch unerfüllt, sofern die Kasse stimmt. Doch die Tibeter wären nicht die Tibeter, ginge es nur ums Geschäft. In der Mitte der Einkaufszone steht der Namgyal-Stupa, der von großen Gebetstrommeln umsäumt wird und Gläubige anzieht, die »O mani padme hum« murmelnd das Heiligtum unbeirrt vom Treiben auf der Straße umrunden.

Der Tibetische Jugendkongress hat seinen Sitz in einer der Seitenstraßen, in unmittelbarer Nachbarschaft der größten Klinik des Ortes. Das geräumige Haus ist großzügig eingerichtet und natürlich hat jeder Arbeitsplatz seinen PC. Das Internet ist zu einem äußerst wichtigen Medium im tibetischen Freiheitskampf geworden. Hier wird informiert, mobilisiert, sich ausgetauscht; die *New York Times* und die aktuellen BBC-Nachrichten sind in den Ausläufern des Himalaya ebenso rasch abrufbar wie in irgendeiner modernen Metropole und der Kontakt mit den internationalen Medien ist ebenso schnell hergestellt. Aber natürlich hat die Entwicklung auch ihre Tücken. Immer wieder versuchen Hacker aus China, tibetische Webseiten mit Viren auszuschalten – bisweilen mit Erfolg – oder sich in Mailverteiler der Solidaritätsgruppen einzuklinken, um an aktuelle Informationen über geplante Aktivitäten heranzukommen. Es gehört zur Flexibilität einer kämpferischen Flüchtlingsgemeinde, dass sie damit umgehen kann.

## Vielfältige Aktivitäten

Die Tibeter kämpfen auf allen Ebenen und politisieren selbst Ereignisse wie eine Misswahl. In Malaysia fand 2006 eine Wahl zur »Miss Tourism« statt. Die 22-jährige tibetische Soziologiestudentin Tsering Chungtak aus Delhi nahm auch daran teil. Sie hatte kurz zuvor den Titel der »Miss Tibet« gewonnen, der jedes Jahr im Hotel in Dharamsala vergeben wird. Zunächst lief alles normal in Malaysia; Tsering Chungtak hatte sogar einen gemeinsamen Fototermin mit der chinesischen Vertreterin. Nach der Hälfte des Wettbewerbs intervenierten die chinesischen Offiziellen. Sie setzten durch, dass die schöne Tibeterin unter dem Namen »Miss Tibet-China« antreten müsse. Auf massiven Druck hin übernahmen die Veranstalter die Forderung, doch Tsering Chungtak ließ sich nicht korrumpieren. Sie weigerte sich, als »Miss Tibet-China« anzutreten, und nahm dafür in Kauf, vom Wettbewerb ausgeschlossen zu werden. Von den Tibetern wurde sie bei ihrer vorzeitigen Rückkehr nach Delhi als Heldin gefeiert.

In Dharamsala ist der TYC nur eine von zahlreichen regierungsunabhängigen Organisationen, die versuchen, das tibetische Erbe im Exil zu wahren und in die Welt hinauszutragen. In der gleichen Straße hat das Nationaltheater TIPA (*Tibetan Institute of Performing Arts*) seinen Sitz. Tänze und Gesänge hatten im alten Tibet, wo die meisten Menschen Analphabeten waren, eine wichtige Funktion in der Volksbildung. Vor allem religiöse Mysterien wurden auf diese Weise versinnbildlicht. In dieser Tradition steht das TIPA, auch wenn das Institut nicht nur religiöse Tänze aufführt.

Ebenfalls in den Wäldern oberhalb von McLeod Ganj befindet sich der große Komplex der Organisation *Tibetan Children's Villages* mit den Unterkünften für die Jungen und Mädchen, den Klassenräumen, dem Verwaltungsbereich, der großen Gemeinschaftsküche usw. Direkt nebenan befinden sich die Produktionsstätten für das Kunsthandwerk, das sich nicht nur in Dharamsala großer Beliebtheit erfreut.

Einen besonderen Eindruck hinterlässt das Tse-Chokling-Kloster. Aufgrund seiner einsamen Hanglage kann es von der Hauptstraße, die von Lower Dharamsala nach McLeod Ganj führt, schon von Weitem ausgemacht werden. Die Mönche von Tse Chokling unterhalten gute Beziehungen zu vielen europäischen Ländern, sodass sich dort zahlreiche westliche Besucher einfinden.

Ein Nonnenkloster, der Verband der ehemaligen politischen Gefangenen Gu-Chu-Sum und das *Reception Center*, in dem die neu ankommenden Flüchtlinge untergebracht werden, liegen in der Jogibra Road, die östlich aus McLeod Ganj herausführt, ganz nah beieinander, und das hat seinen Grund. Viele Nonnen sind in den 1990er-Jahren geflohen, weil sie an Demonstrationen teilgenommen haben; viele haben Jahre und manchmal mehr als ein Jahrzehnt im Gefängnis verbracht.

Etwas weiter von Dharamsala entfernt wurden in den 1990er-Jahren das Norbulingka-Institut für tibetisches Kunsthandwerk sowie die Klöster der anderen Hauptschulen des tibetischen Buddhismus angesiedelt. Sie sind nicht mehr zu Fuß erreichbar. Und gegenüber dem Norbulingka-

Institut liegt Dolma Ling, das größte Nonnenkloster im Raum Dharamsala.

## Inspirationen

Offenbar inspiriert Dharamsala Künstler und Intellektuelle in besonderer Weise. Richard Gere ist nicht der einzige Hollywood-Star, der den Weg dorthin findet. Goldie Hawn, Uma Thurman – Tochter eines bekannten Tibetologen – und Harrison Ford waren auch schon da. Die wichtigsten englisch schreibenden indischen Schriftsteller fühlen sich ebenso angezogen, unter ihnen Salman Rushdie, Amitav Gosh und Vikram Seth. Eine ganz besondere Beziehung zu dem Ort hat der in Kanada lebende Erfolgsautor Rohinton Mistry; er ist nämlich der Neffe von Nauzer Nowrojee, auf den alles zurückgeht.

Gleiches gilt für die tibetischen Intellektuellen. Tenzin Tsundue, der Kämpfer-Poet mit dem roten Stirnband, das er tragen will, bis Tibet seine Unabhängigkeit erreicht hat, ist sicher der Auffälligste unter ihnen. Innerhalb der tibetischen Gemeinschaft nicht weniger einflussreich sind Jamyang Norbu, Lhasang Tsering, Gyalpo Tsering, K. Dhondup oder der verstorbene Dawa Norbu. Die meisten haben ihren Wohnsitz nicht in Dharamsala, doch sie sind regelmäßig dort, besuchen die zahlreichen Cafés und diskutieren mit den politischen Aktivisten über die Perspektiven und Mittel des Kampfes.

Der Sitz des Dalai Lama ist auch die Sehnsucht aller Tibeter, denen die lebensgefährliche Flucht über das Himalaya-Zentralmassiv gelingt. Sie erhalten eine Audienz bei ihrem Oberhaupt – für sie die Erfüllung eines Lebenstraumes. Doch nur wenige können in Dharamsala bleiben, weil der Platz begrenzt ist. Die meisten werden anschließend in einer der großen tibetischen Enklaven Südindiens angesiedelt; sofern sie nicht wieder in ihre Heimat zurückkehren.

Vieles hat sich gewandelt in Dharamsala in den letzten Jahren und Jahrzehnten. »Genau wie in Lhasa«, könnten Freunde Chinas einwenden, wo auch neue, moderne Stadtteile und Kommunikationsmittel das Leben bestimmen. Warum dann also die Aufregung über die Entwicklung in Tibet, wenn es in »Klein-Lhasa« ähnlich zugeht?

Ein solches Argument übersieht etwas Entscheidendes. Natürlich hat es schon immer Veränderungen gegeben; nur müssen sie selbstbestimmt sein. Das ist in Dharamsala der Fall, während über Lhasa und den Rest von Tibet in Beijing bestimmt wird – das aber ist nicht akzeptabel.

# 2. TEIL:

# EXILTIBETER IN NEPAL

# Einführung Nepal

Mit offiziell etwa 20.000 Tibetern, deren Zahl langsam zurückgeht, beherbergt Nepal nach Indien die größte tibetische Exilgemeinschaft und es ist die Anlaufstelle für alle, denen die schwierige Flucht über das Himalaya-Zentralmassiv gelingt. Landeskenner gehen jedoch davon aus, dass mindestens noch weitere 10.000 bis 15.000 Tibeter in Nepal leben, die nicht erfasst sind. Für sie alle verschlechtert sich die Situation in dem Himalaya-Staat zusehends. Das hat innen- und außenpolitische Gründe.

Nepal bemüht sich schon lange um eine Annäherung an die Volksrepublik China. Ein Grund dafür ist das Bedürfnis, sich aus der Abhängigkeit des übermächtigen indischen Nachbarn zu lösen. Die Anbindung an Indien geht weit zurück. Einwanderungswellen aus dem Süden führten seit dem 13. Jahrhundert zur Dominanz der hinduistischen Kultur. 1962 wurde Nepal sogar zum hinduistischen Königreich erklärt; der König selbst galt als eine Inkarnation des Gottes Vishnu. Zudem beherrscht die Elite des Landes Sanskrit, die alte indische Gelehrtensprache, daran hat sich auch nach dem Ende der Monarchie im Mai 2008 nicht viel geändert.

Die kulturelle Dominanz hat auch politische und wirtschaftliche Konsequenzen. Indien betrachtet Nepal als seinen Hinterhof. Kalkutta (Kolkata) war bis vor wenigen Jahren der einzige Ausfuhrhafen für den Himalaya-Staat. Erst seit 1997 kann Nepal auch über Bangladesch Waren exportieren.

Im Norden war das unabhängige Tibet jahrhundertelang ein Puffer zwischen China und Nepal. Seit der chinesischen

Besetzung Tibets verbindet Nepal eine 1.000 Kilometer lange und schwer zu kontrollierende Grenze mit dem chinesischen Machtbereich. Bereits am 1. August 1955, als die Volksrepublik international noch völlig isoliert war, haben die ungleichen Nachbarn diplomatische Beziehungen aufgenommen. Nepal unterstützt die Ein-China-Politik sowie die Anerkennung Tibets als integralen Bestandteil Chinas und akzeptiert »chinesische Sicherheitsinteressen«.

Auch wirtschaftlich intensivieren Nepal und China ihre Kontakte. Der Handel nimmt zu und im Agrarsektor sieht die nepalesische Wirtschaft gute Exportchancen. China ist vor allem an Reis interessiert, um damit eine Grundlage für die Ansiedlung weiterer Chinesen in Tibet zu schaffen. Insofern treffen sich die Interessen von Peking und Kathmandu. Den Preis für die Annäherung zahlen die Tibeter.

Die Rechte der Tibeter in Nepal sind sehr eingeschränkt. Seit 1990 dürfen sich keine neu ankommenden Tibeter mehr in dem Himalaya-Staat niederlassen. Diejenigen, die dennoch dort bleiben, haben keine Papiere und können jederzeit abgeschoben werden. Dabei ist das *Tibetan Refugee Reception Centre* (TRRC) in der Hauptstadt Kathmandu für sie der vorläufige Endpunkt der Flucht. Wenn die Tibeter dort angekommen sind, dürfen sie sich halbwegs sicher fühlen. Das Sammellager befindet sich seit 1991 in den nordwestlichen Außenbezirken der Stadt. Unmittelbar oberhalb liegt der Swayambunath-Stupa, ein für Buddhisten wie Hindus gleichermaßen heiliger Ort. Für die Flüchtlinge ist es jedoch streng verboten, den Stupa aufzusuchen, weil sie das Lager nicht verlassen dürfen.

Die tibetische Fluchtbewegung ist Peking schon lange ein Dorn im Auge. Korrupte nepalesische Grenzpolizisten, die von ihren chinesischen Kollegen ein stattliches Kopfgeld für gefangene und ausgelieferte Tibeter bekommen, tun ihr

Übriges, um den Flüchtlingen selbst nach Verlassen des chinesischen Hoheitsgebietes das Leben schwer zu machen. Für internationales Aufsehen sorgte die Auslieferung von 18 Flüchtlingen im Frühsommer 2003, die bereits Kathmandu erreicht hatten. Dabei arbeiteten die nepalesischen Behörden der chinesischen Botschaft zu.

Am 21. Januar 2005 schlossen die Behörden die Vertretung des Dalai Lama sowie das *Tibetan Refugee Welfare Office* (TRWO), das die Flüchtlinge administrativ unterstützt hat. Es gibt deshalb zurzeit keine Vertretung des Dalai Lama in Nepal. Anstelle des TRWO wurde ein Verein gegründet, der dessen Arbeit fortsetzen soll. Obwohl alle notariellen Schritte erledigt sind, verschleppt das Innenministerium die Anerkennung.

Niemand weiß so recht, wie es weitergeht, denn China erhöht den Druck auf Nepal ganz offen. Der frühere chinesische Botschafter in Nepal, Sun Heping, hat die tibetischen Flüchtlinge als »illegale Grenzüberschreiter und damit Kriminelle« bezeichnet, die »im Namen der Religion antichinesische Aktivitäten in Nepal durchführen«. Sein Nachfolger Zian Xenglin diffamiert die Demonstrationen der Exiltibeter als »Konspiration, um Tibet von China abzutrennen«. Peking möchte, dass alle Neuankömmlinge ausgeliefert und die Freiheiten für die übrigen drastisch eingeschränkt werden.

Der unerwartet klare Wahlsieg der Maoisten im April 2008 und ihre Einbindung in den politischen Entscheidungsprozess verheißt den Tibetern nichts Gutes.

# Wangchuk Tsering – Geheimagent, Geschäftsmann und Diplomat

Ich bin im alten Tibet aufgewachsen, das nur noch in der Erinnerung existiert. Das Land meiner Kindheit ist heute unwiederbringlich zerstört.

Ich wurde 1939 geboren und habe meine frühe Kindheit in der Region Gonggar verbracht, wo die Chinesen später den großen Flughafen von Lhasa errichtet haben. Gonggar liegt ungefähr 120 Kilometer südwestlich der Hauptstadt und wir benötigten damals zwei Tagesritte, um dorthin zu gelangen. Meine Familie besaß etwas Land, das sie teilweise selbst bebaut und teilweise an Bauern weiterverpachtet hatte. Neben der Landwirtschaft hielten wir auch einige Tiere auf unseren Ländereien.

Mein Vater führte dieses Erbe nicht fort, sondern trat in den Dienst der Regierung. Unsere Familie siedelte deshalb nach Lhasa über, wo ich geboren wurde. Ich war das vierte von fünf Kindern und habe noch eine ältere Schwester sowie zwei ältere Brüder und einen jüngeren.

Meine Mutter stammt aus Lamo in der Nähe des Klosters Ganden und mehrere ihrer Brüder dienten der Regierung als Mönchsbeamte. Mein Vater starb bereits mit 26 Jahren an einer langwierigen Krankheit und damit lag die ganze Verantwortung für unsere große Familie in den Händen meiner Mutter. Ich war damals gerade fünf Jahre alt und habe kaum noch Erinnerungen an ihn.

Während meiner Kindheit bin ich viel herumgekommen und ich habe sie sehr schön in Erinnerung, trotz des frühen Verlustes meines Vaters. Ich genoss eine sehr gute Schulbildung in privaten weltlichen Schulen. Häufig wird der Eindruck vermittelt, in Tibet hätten nur die Klöster eine Ausbildung ermöglicht. Das ist ein vollkommen falsches Bild. Es gab viele weltliche Schulen im ganzen Land, die allerdings nicht vom Staat unterhalten wurden, sondern von Privatpersonen. Natürlich gab es auch religiöse Unterweisungen in den Schulen, denn die Religion spielte in unserer alten Gesellschaft eine wichtige Rolle, aber die Schulen waren unabhängig und unterrichteten auch die weltlichen Fächer.

## Eine fundierte Ausbildung

Mit acht Jahren wurde ich eingeschult, das war ein großer Moment in meiner Kindheit. Meine Schule wurde Kashag Lho (IV) genannt. Der Initiator und Lehrer war auch ein ehemaliger Beamter der Regierung, die bei uns Kashag heißt.

Die Schule stand Jungen und Mädchen offen, man musste nur von dem Lehrer angenommen werden. Zur Einschulung wurden Spenden in Form von Geld, Tee oder Nahrungsmitteln erwartet, eine regelmäßige Schulgebühr fiel jedoch nicht an. Familien, die es sich leisten konnten, ließen der Schule zu bestimmten Ereignissen wie dem Neujahrsfest Spenden zukommen, aber das war nicht verpflichtend. Es hing viel am Idealismus der Lehrer. An meiner Schule gab es 150 Schüler, die größten wurden sogar von 300 bis 400 Schülern besucht. In Lhasa existierten zwischen 20 und 30 Schulen dieser Art, manche hatten jedoch nur zehn oder 15 Schüler.

Auch als ich einige Zeit in Gonggar, dem Heimatdorf meines Vaters, gelebt habe, gab es dort einen Lehrer. Er war ein tibetischer Arzt, der uns Kindern allgemeinen Unterricht erteilte.

Von 1951 bis 1953 lebte ich in Shigatse, wo ich ebenfalls eine gute Schulbildung genoss. Nach Shigatse kam ich über meinen Onkel Lobsang Gyaltsen, einen Bruder meiner Mutter, der als hoher Mönchsbeamter zum Gouverneur von Shigatse ernannt worden war. Er residierte im Dzong. Der Ehemann meiner Schwester, die wie eine Mutter für mich war, fungierte als sein Privatsekretär und kümmerte sich zudem um die familiären Angelegenheiten, für die der Gouverneur keine Zeit hatte. Mein Lehrer in Shigatse war Herr Tara, der später im Exil zum Privatsekretär Seiner Heiligkeit des Dalai Lama ernannt wurde. Er unterhielt eine sehr kleine Schule mit zehn bis zwölf Jungen. Die Schulen außerhalb von Lhasa waren in der Regel nicht größer.

Als die chinesische Volksbefreiungsarmee Zentraltibet erreichte, lebte ich in Shigatse. Im November 1951, zwei Monate nach dem Einmarsch in Lhasa, nahm sie Shigatse ein. Mein Onkel war dafür verantwortlich, ihre Unterbringung und Versorgung sicherzustellen. Bei einer so großen

Zahl bewaffneter Kräfte war das natürlich nicht einfach. Mein Onkel hatte also von Beginn an Schwierigkeiten mit den Chinesen, es gab häufig Zusammenstöße und er war bei den Chinesen bald äußerst unbeliebt.

Die Chinesen beschwerten sich beim Kashag über ihn und erklärten, sie könnten mit ihm nicht zusammenarbeiten. 1954 wurde er schließlich von seiner Position abberufen, denn der Kashag bemühte sich damals sehr um einen Ausgleich mit den Chinesen. Um ihn gänzlich aus der Kritik zu nehmen, wurde er zum Handelsbeauftragten der Regierung für Indien ernannt und im nordindischen Kalimpong stationiert. Sein Titel lautete Khenchung. Er war damit der einzige offizielle Auslandsvertreter unseres Landes.

Mit seiner Abberufung war meine Zeit in Shigatse ebenfalls vorbei. Ich ging zunächst zurück nach Lhasa, um meine Ausbildung abzuschließen. Dafür schrieb ich mich in das Men-Tsee-Khang-Institut für Medizin und Astrologie ein. Dort wurde ein umfassendes Bildungsprogramm angeboten und ich wählte den Zweig für tibetische Literatur. Unterkunft fand ich bei meinem älteren Bruder. Nach zwei Jahren brach ich mein Studium ab, um meinem Onkel nach Kalimpong zu folgen, denn die Verbindung zu ihm war sehr eng.

Es war eine höchst interessante Zeit, denn es gab in Tibet bereits eine wachsende Widerstandsbewegung gegen die Chinesen. Schon damals mussten viele Tibeter das Land verlassen und Kalimpong wurde zu ihrem Sammelbecken. Mein Onkel unterhielt gute Beziehungen zu ihnen.

Gleichzeitig schränkten die Chinesen die Befugnisse des Kashag immer weiter ein. Sie sprachen nur noch von der »lokalen Regierung« und etablierten, nachdem Seine Heiligkeit aus Beijing zurückgekehrt war, ein »Vorbereitendes

Komitee zur Gründung der Autonomen Region«. Dieses Komitee, dem Chinesen und ausgewählte Tibeter angehörten, wurde immer einflussreicher. Es entschied unter anderem, dass eine »lokale Regierung« keine Auslandsmissionen unterhalten könne. Dies falle allein unter die Befugnisse von Beijing. Der Kashag musste das akzeptieren und damit hatte mein Onkel erneut eine wichtige Position verloren. Er wurde nach Lhasa zurückbeordert, doch er dachte nicht daran, diesem Ruf zu folgen, denn er war bereits tief in die Widerstandsbewegung integriert und arbeitete eng mit dem älteren Bruder Seiner Heiligkeit, Gyalo Thondup, sowie mit Tsepon Shakabpa zusammen. Die drei wurden zur Keimzelle des Widerstands und sie waren bei den Chinesen bald als die »drei Reaktionäre von Kalimpong« bekannt. China übte viel Druck auf den Kashag aus, sie nach Lhasa zurückzuholen, doch sie widersetzten sich dem erfolgreich.

## Tor zur Welt

1956 kam ich nach Kalimpong. Zu der Zeit hatten die Chinesen einen Erlass herausgegeben, dass keine Tibeter unter 18 Jahren das Ausland besuchen durften. Sie wollten damit die Praxis vieler reicher Familien unterbinden, ihre Kinder zur Ausbildung nach Indien zu schicken und sie dem chinesischen Einfluss zu entziehen. Ich war erst 17 Jahre alt, also hätte ich keine Ausreisepapiere von der chinesischen Vertretung in Lhasa bekommen. Sicherheitshalber machte ich mich gleich zwei Jahre älter, was nicht so schwer war, da es bei Tibetern keine genauen Papiere über die Geburt gibt. So erhielt ich die Reisedokumente und verließ gemeinsam mit meiner Schwester Lhasa. Ich ahnte nicht, dass es ein

Abschied für immer war. Ich hatte die feste Absicht, nach Tibet zurückzukehren.

Kurz nach meiner Ankunft in Kalimpong trat der Dalai Lama auf Einladung der indischen Regierung seine berühmte Reise zu den Feierlichkeiten anlässlich des 2.500. Geburtstags von Buddha in Delhi an. Um den Tibetern diese Pilgerreise zu ermöglichen, erteilten die Chinesen Ausreisegenehmigungen etwas großzügiger. Viele Tibeter nahmen die Gelegenheit wahr, um sich und vor allem ihre Kinder aus Tibet herauszubringen; unter ihnen befand sich auch meine Frau. Alle reisten sie über Kalimpong und viele kehrten nicht mehr zurück.

In Kalimpong erhielt ich zuerst Unterricht von einem alten pensionierten englischen Colonel; dann besuchte ich eine Schule, auf der ich mein Englisch verbesserte, und nach einigen Monaten wechselte ich nach Darjeeling. Ich war dort, als 1959 die große Fluchtbewegung begann, die Seiner Heiligkeit nach Indien folgte. Zu der Zeit wurden alle, die etwas Englisch beherrschten, benötigt, um die Flüchtlinge zu betreuen und bei ihrer Integration zu unterstützen. Auch ich arbeitete als Übersetzer und gleichzeitig als Journalist für die erste tibetischsprachige Zeitung in Indien mit dem Namen »rangwang sarshog«, was Freiheits-Zeitung bedeutet. Der Gründer war Gyalo Thondup.

Die Zeitung erschien in Darjeeling, zunächst einmal im Monat, dann alle zwei Wochen, und als ich nach drei Jahren die Redaktion verließ, war es eine Tageszeitung geworden; so groß war das Interesse.

Noch während meiner Zeit als Redakteur rekrutierten Gyalo Thondup und sein Sekretär Lhamo Tsering junge Tibeter für die Widerstandsbewegung, und ich meldete mich sofort für das Ausbildungsprogramm der CIA für tibetische Guerillakämpfer. 1962 war es dann so weit. An meinem Arbeitsplatz in der Redaktion erhielt ich einen Anruf, dass ich mich umgehend für das Training bereit machen solle. Noch am Abend des gleichen Tages ginge es los.

Ich zögerte keinen Augenblick und fand mich zusammen mit anderen jungen Tibetern am genannten Treffpunkt ein. Wir leisteten den Eid: »Von diesem Tag an müssen wir alles tun, was zu tun ist, und wir sind bereit dazu.« Kurz danach saßen wir in einem Flugzeug, das uns aus Indien herausbrachte; wohin es ging, wussten wir damals nicht. Wir wussten nur, dass es zu einem speziellen Trainingsprogramm ging. Erst viel später erfuhren wir, dass wir in die USA gebracht worden waren, und zwar nach Camp Hale in Colorado. Von den USA selbst haben wir gar nichts gesehen.

Im Ausbildungslager begann gleich ein intensives Training im Guerillakrieg. Wir übten das Morsealphabet, die Ver- und Entschlüsselung von Nachrichten, die Bedienung von Funkgeräten, den Umgang mit Kompass und topografischen Karten, dazu Sabotage- und Nahkampftechnik, Tarnung, einen Hinterhalt legen und psychologische Kriegsführung. Meine Trainingseinheit bestand aus etwa 100 Tibetern.

Neben dem Training diente ich als Übersetzer, denn niemand der anderen Kämpfer sprach etwas anderes als Tibetisch. Die Ausbildung dauerte knapp ein Jahr, danach wurden wir nach Indien zurückgebracht und zu verschiedenen Operationen eingeteilt. Mein Operationsgebiet lag in Indien und Nepal. Ich gehörte keiner Kampf-, sondern einer Spionageeinheit an, die unter dem unmittelbaren Kommando von Gyalo Thondup stand. Unser Hauptquartier befand sich in Delhi, wo ich tätig war, doch reiste ich auch häufig bis ins Grenzgebiet. Unterbrochen wurde die

Zeit nur von einem Studienjahr an der amerikanischen Cornell-Universität 1965/66. Ich war in all der Zeit sehr viel unterwegs. 1970 wurde ich nach Kathmandu geschickt und operierte von dort aus bis ins nepalesische Grenzgebiet. Unsere wichtigste Aufgabe war es, geheime Kontakte, Widerstandsstrukturen und Informationskanäle in Tibet aufzubauen. Das Land war zu der Zeit vollkommen von der Außenwelt abgeschnitten, also war es besonders wichtig, Informationen aus Tibet zu erhalten. In den frühen 1960er-Jahren hatten wir wirklich die Hoffnung, mithilfe der Amerikaner eine Guerillabewegung innerhalb von Tibet aufbauen zu können, der es gelingen würde, die Chinesen zu vertreiben. Ungeachtet all der Repression und Reiseeinschränkungen reichten unsere Kontakte bis nach Kham und Amdo.

Ein wichtiger Teil unserer Operation war der Kontakt zu den Bergvölkern im Grenzgebiet. In den unwegsamen Regionen war es am ehesten möglich, unentdeckt von den Chinesen die Grenze zu überschreiten und Kontakte in Tibet zu knüpfen.

Auch unter ihnen gab es viele Familien und Dorfgemeinschaften, die Opfer der chinesischen Repression geworden waren und Angehörige verloren hatten. Es war also nicht so schwer, sie für uns zu gewinnen.

Eine zweite wichtige Basis war die nepalesische Vertretung in Lhasa. Während all der Jahre der Repression war Nepal der einzige Staat, der ein Konsulat in Lhasa unterhielt. Dadurch gab es immer Mitarbeiter, die sich relativ frei über die Grenze bewegen konnten. Unter den niederen Rängen in dem Konsulat befanden sich viele, die tibetischer Abstammung waren, oder auch Tibeter mit nepalesischer Staatsbürgerschaft. Wir nannten sie die Nepali-Tibeter. Sie waren zumeist Nachkommen von nepalesischen

112

Geschäftsleuten, die vor Generationen als Händler nach Tibet gekommen waren und sich inzwischen wie halbe Tibeter fühlten. Zu ihnen haben wir enge Kontakte geknüpft und viele von ihnen haben für uns gearbeitet, denn sie fühlten sich eng mit uns Tibetern verbunden. Die Chinesen behandelten sie wie Ausländer, das heißt, sie durften sich unkontrolliert zwischen Lhasa und Kathmandu bewegen. Aufgrund dieser Kontakte wussten wir genau, was in Tibet vor sich ging, von den ganzen Zerstörungen in Lhasa und anderswo.

Ich arbeitete zehn Jahre lang für das Programm, bis die USA uns fallen ließen. Die Nixon-Administration stoppte die Unterstützung, weil sie freundschaftliche Beziehungen zu China aufbauen wollte. Wir fühlten uns von den USA schändlich verraten. Wir hatten zuvor geglaubt, die USA würden den tibetischen Freiheitskampf aus ernsten Motiven unterstützen, doch nach den Besuchen von Außenminister Kissinger und Präsident Nixon in der Volksrepublik China mussten wir merken, dass es ihnen niemals um uns gegangen war.

Nach dem Rückzug der USA führten wir das Programm auf eigene Faust im kleinen Rahmen noch eine Zeit lang weiter, doch es wurde immer schwieriger. Auch in Nepal arbeitete die Regierung immer offener mit China zusammen und übte Druck auf die Kämpfer aus, sich zu ergeben. Zudem wollte Seine Heiligkeit, dass wir die Waffen niederlegten, und er schickte eine entsprechende Botschaft an die Guerillakämpfer, in der er sie bat, den Kampf zu beenden. Während die Kämpfer in Mustang 1974 die Waffen niederlegen mussten, konnten wir unsere Geheimdienstoperationen bis 1980 fortsetzen.

# Erfolgreiche Geschäfte

Mit der Kapitulation in Mustang stellte sich uns die Aufgabe, 2.000 Kämpfer in die Zivilgesellschaft zu integrieren. Wir mussten etwas finden, das ihnen den Lebensunterhalt sicherte. Die Widerstandsbewegung unter der Führung von Gyalo Thondup entschied, in Kathmandu eine Teppichmanufaktur aufzubauen, die den ehemaligen Widerstandskämpfern eine Lebensgrundlage bot.

Allerdings war es schwierig, den Männern das Teppichweben beizubringen. Sie waren großartige Kämpfer und vor der Zeit überwiegend Bauern gewesen. Mit der Fabrikarbeit waren sie nicht vertraut und es war zunächst meine Aufgabe, ihnen das nahezubringen. Ich arbeitete also nicht länger nur im Spionagebereich für den Widerstand, sondern zunehmend mehr in der Legalität.

Das Rehabilitationsprojekt wurde schließlich in die Hände unserer Exilregierung gelegt und so war sie mein direkter Auftraggeber. Schon nach kurzer Zeit war ich nicht mehr unmittelbar für den Produktionsprozess verantwortlich, sondern für die Vermarktung.

Tibet-Teppiche hatten damals noch keinen Namen auf dem westlichen Markt, sodass ich echte Pionierarbeit leisten musste. Wir benötigten ziemlich viel Zeit, um geeignete Partner in Übersee zu finden. Nachdem dies jedoch gelungen war, wurden wir sehr erfolgreich. Wir konnten nicht nur den ehemaligen Kämpfern eine Lebensgrundlage schaffen, sondern unsere Teppiche wurden sogar der erfolgreichste Exportartikel Nepals. Mitte der 1970er-Jahre waren sie ein echter Exportschlager geworden, der sogar Tausenden von Nepalesen ein Auskommen verschafft hatte; von den Devisen für den Staat ganz zu schweigen.

Doch dieser Erfolg wurde uns auch zum Verhängnis. Als Flüchtlinge war es uns verboten, eigene Geschäfte in Nepal zu besitzen. Wir mussten unsere Teppichfabriken deshalb unter dem Namen nepalesischer Freunde anmelden.

Trotz dieser Hürde gab es damals in jeder tibetischen Gemeinde Nepals eine Teppichmanufaktur. Sie waren unsere wichtigste Einnahmequelle für alles, was die Gemeinden benötigten. Je mehr Erfolg wir hatten, desto größer wurde allerdings das Interesse der Nepalesen, die Fabriken selbst zu betreiben. Juristisch war das kein Problem. So wurden wir vollständig aus dem Geschäft gedrängt. Heute gibt es nur noch eine Fabrik in Kathmandu, die noch der tibetischen Gemeinde gehört. Anders ist es mit den Tibetern, die inzwischen die nepalesische Staatsbürgerschaft besitzen. Für sie gelten die gleichen Rechte wie für die Nepalesen, und deshalb sind sie noch im Geschäft. Diejenigen, die den Flüchtlingspass besitzen, haben keine Rechte und die Situation hat sich im Laufe der Zeit immer mehr verschärft.

Ende der 1970er-Jahre hörte ich zum ersten Mal wieder von meiner Familie in Tibet. Meine Mutter lebte zu der Zeit noch, ebenso meine drei Brüder. Sie befanden sich jedoch alle in einem grauenhaften Zustand, körperlich, gesundheitlich und auch finanziell. Ich musste mich jetzt um sie kümmern. 1983 beendete ich deshalb meine Arbeit im Dienst unserer Regierung und gründete mein eigenes Geschäft. Die Regierungsgehälter waren nicht sehr üppig, damit hätte ich meine Familie nicht unterstützen können. Ich blieb dem Geschäft mit den Teppichen treu, obwohl ich selbst keinen nepalesischen Pass besitze. Ich hatte jedoch einen vertrauenswürdigen einheimischen Partner, über den ich meine Geschäfte abwickeln konnte.

Während der Zeit gründete ich mit einigen Vertrauten den Verband der Nepalesischen Teppichindustrie. Ich war der erste Präsident des Verbands und übte mein Amt für neun Jahre aus. Ich vertrat sogar die nepalesische Regierung auf internationalen Messen. In dieser Funktion hatte ich keine Schwierigkeiten, Reisepapiere zu erhalten. Es war ziemlich verrückt, denn mit dem Erfolg des Verbands wiederholte sich die Geschichte unserer Diskriminierung. Zu Beginn des Geschäfts gab es kaum Regeln und Vorschriften für die tibetischen Flüchtlinge; alles hing von der Haltung der Regierungsbehörden ab, die damals direkt dem König unterstanden. Die Situation gab den Bürokraten eine große Machtfülle. Aber die Behörden sahen auch, welche Vorteile die Teppichindustrie ihnen bot, also kamen sie uns zunächst entgegen. Als aber immer mehr Nepalesen in das Geschäft drängten, wurde auch meine Position als Verbandspräsident unhaltbar. Die nepalesische Konkurrenz bedrängte die Regierung mit dem Argument, es sei unakzeptabel, wenn Nichtnepalesen den nepalesischen Staat in der Teppichindustrie vertreten würden. So wurden alle tibetischen Flüchtlinge, die zu den Gründungsmitgliedern des Verbands gehörten, aus ihren Ämtern entfernt, mich eingeschlossen. Ich hatte keinen Rückhalt mehr im Verband.

## Diplomatischer Einsatz

Schon während meiner Zeit als Geschäftsmann hatte ich große Probleme mit den nepalesischen Behörden, da ich nebenbei weiterhin ehrenamtlich für die tibetische Sache sehr aktiv war.

Unsere Spionagetätigkeiten und Infiltration nach Tibet hatten wir aufgeben müssen, doch wir arbeiteten auf der politischen Ebene für Tibet.

Dadurch wurden wir den Behörden, aber auch der chinesischen Botschaft bekannt. Wir wurden ständig überwacht, eingeschüchtert und sogar häufig verhaftet, wenn hochrangige Besuche aus China auf dem Programm standen. Damit sollte verhindert werden, dass wir Proteste organisierten; Anklagen gab es nie, wir wurden auf Basis der Sicherheitsgesetze verhaftet und hätten für Monate festgehalten werden können, doch irgendwie sind wir noch glimpflich davongekommen, denn wir waren nie länger als zwei Wochen in Haft. Die Situation verschärfte sich für mich ebenso wie für meine Frau, die in der tibetischen Frauenvereinigung sehr aktiv war. Wir fühlten uns in Nepal deshalb zunehmend unsicher. Meiner Frau wurde es irgendwann zu viel, und deshalb beschlossen wir im Jahr 2000, in Kanada um Asyl zu bitten. Sie siedelte als Erste über und ich befand mich ebenfalls in den Vorbereitungen, als ich eine Botschaft vom Kashag erhielt: Seine Heiligkeit wünschte, dass ich sein Repräsentant in Nepal werden sollte. Damit hatte sich meine Emigration nach Kanada natürlich für die nächsten Jahre erübrigt, auch wenn das bedeutete, dass ich von meiner Frau getrennt sein würde. 2001 trat ich das Amt an und ich sollte der letzte Repräsentant sein.

Die Vertretung Seiner Heiligkeit wird zwar in Nepal nicht offiziell anerkannt, doch die Arbeit war trotzdem gewährleistet. Meine Aufgabe war es, formelle Kontakte zu den Politikern zu unterhalten, in Zusammenarbeit mit dem UN-Hochkommissariat für Flüchtlinge die Lage der Exiltibeter zu verbessern und ganz allgemein für die tibetische Sache Lobbyarbeit zu leisten.

Meine Arbeit als Repräsentant war von Beginn an durch einen ständig zunehmenden Druck der chinesischen Botschaft auf die nepalesische Regierung geprägt, der ich schon immer ein Dorn im Auge war.

Mir blieben deshalb nur knapp vier Jahre in meinem Amt. Am 21. Januar 2005 gaben die nepalesischen Behörden dem chinesischen Druck nach und schlossen mein Büro. Als Begründung gaben sie an, wir hätten uns nicht ordnungsgemäß registrieren lassen – und das, obwohl die Vertretung bereits seit den 1960er-Jahren existierte. Für mich gab es danach keinen Grund mehr, noch länger im Land zu bleiben.

Der Abschied von Nepal war freudig und traurig zugleich. Auf der einen Seite konnte ich in einem sicheren Land wieder mit meiner Frau und unseren Kindern zusammenleben, auf der anderen Seite bedeutete es aber auch das Ende meiner jahrzehntelangen Verbindungen mit der tibetischen Flüchtlingsgemeinde in Nepal. Auch meine Schwester, die in den 1950er-Jahren mit mir aus Tibet ausgereist war und den Platz meiner Mutter in meinem Leben eingenommen hatte, ließ ich zurück. Sie darf Nepal nicht verlassen, weil sie keine Papiere besitzt; für sie ist es beinahe wie ein Gefängnis, denn sie kann nirgends hin. Das alles hat mir den Abschied sehr schwer gemacht.

Nun leben wir in Toronto, meine Frau wird in Kürze die kanadische Staatsbürgerschaft erhalten und für mich ist es vermutlich 2010 so weit. Wir werden in Toronto bleiben, aber ich bin sehr häufig in Nepal und Nordindien. Meine Verbindungen dorthin sind noch immer sehr eng und ich nehme großen Anteil an der dortigen Entwicklung. Ich bin nicht wirklich von Nepal weg und dennoch in einer sehr viel sichereren und angenehmeren Situation als zuvor.

# Ani Choying –
## die Stimme Tibets

Meine Eltern stammen aus dem Ort Nagchen in Kham, aber ich habe zur Herkunft meiner Familie keinen Bezug mehr, ich weiß nicht einmal genau, wo Nagchen liegt. Ich hatte auch nie das Bedürfnis, dorthin zu gehen. Da die Zerstörung unserer Kultur durch die chinesische Volksbefreiungsarmee in Osttibet in den 1950er-Jahren begann, sind meine Eltern bereits 1957 geflohen. Ich habe nie etwas darüber erfahren, ob sie im Widerstand waren. Sie haben sich im Exil kennengelernt und in der nepalesischen Hauptstadt Kathmandu eine neue Heimat gefunden.

Ich wurde 1971 in Kathmandu geboren und habe eine ältere Halbschwester aus der ersten Ehe meiner Mutter und einen Halbbruder aus der ersten Ehe meines Vaters. Dazu kommen noch drei jüngere Brüder.

Mein Vater war ein Bildhauer und ein ganz besonderer Künstler. Er schuf religiöse Gegenstände und Instrumente, kümmerte sich aber nie um die Vermarktung. Er wollte keinen Laden betreiben, sondern verkaufte einfach an die Kunden, die gerade auf seine Werke stießen. Meine Mutter unterstützte ihn und sorgte dafür, dass seine Werke Käufer fanden.

## Bittere Erfahrungen ...

Meine Kindheit war sehr hart. Da beide Eltern arbeiteten, musste ich schon früh für meine jüngeren Brüder sorgen. Mit fünf Jahren musste ich kochen, putzen, die Kleinen versorgen und erledigen, was so anfällt in einem Haushalt mit Kindern. Meine älteren Halbgeschwister lebten nicht bei uns, sondern in Indien, also war ich für alles verantwortlich. Ich wurde nie wie ein Kind behandelt und habe mich auch nie so gefühlt. Ich habe meine Kindheit jedoch sehr vermisst. Wenn ich den Anforderungen nicht gerecht werden konnte, wurde ich ermahnt »Du bist die Große, du musst die Verantwortung übernehmen.« Ich bin dadurch sehr früh reif geworden. Meine Brüder wurden dagegen niemals angehalten, im Haushalt oder bei anderen Tätigkeiten zu helfen.

Schlimmer noch als die viele Arbeit war die Aggression meines Vaters. Das war der größte Schatten meiner Kindheit. Mein Vater war eine sehr zwiespältige Persönlichkeit und in gewisser Weise krank und hilfsbedürftig. Aber das habe ich erst viel später im Zuge meiner spirituellen Praxis erkannt. In meiner Kindheit waren die Gewaltausbrüche gegenüber meiner Mutter und mir fürchterlich. Er schlug uns heftig, während meine Brüder weitgehend verschont wurden. Wenn er in seiner Aggression war, verlor er völlig die Kontrolle über sich.

Das hat früh mein Bild von Männern geprägt und schon als kleines Mädchen sagte ich mir, dass ich niemals heiraten würde. Bereits damals fasste ich deshalb den Entschluss, Nonne zu werden. Mein Vater war übrigens keine besondere Ausnahme. Ich erlebte in unserer Nachbarschaft, einer gemischten tibetisch-nepalesischen Siedlung, viele Männer, die ihre Frauen rücksichtslos und respektlos behandelten und immer erwarteten, von ihnen bedient zu werden.

Natürlich weiß ich heute, dass es auch anders sein kann, aber diese Erfahrungen meiner frühen Kindheit brachten mich dazu, mich für ein Leben ohne Mann an meiner Seite zu entscheiden.

Meine Mutter war eine wunderbare Frau. Sie war 25 Jahre jünger als mein Vater und sie war sehr stark, deshalb konnte sie ihn die ganze Zeit ertragen. Sie war zudem eine sehr spirituelle Frau. Die Gewalt ihres Mannes nahm sie als ihr Karma an. Als wir Kinder noch jung waren, dachte sie, wenn sie ihn verließe, dann nehme sie den Kindern ihren Vater. Das wollte sie auf keinen Fall, und deshalb opferte sie sich selbst. Als wir dann erwachsen waren, wollte sie ihn auch nicht verlassen, denn sie dachte, er sei alt und brauche sie. Sie begegnete ihm immer mit Liebe und Mitgefühl.

Mein Vater war übrigens körperlich sehr stark. Er erfreute sich bis ins hohe Alter hinein bester Gesundheit und sah 20 Jahre jünger aus. Er starb im Januar 2006 mit 87 Jahren. Meine Mutter wurde nicht so alt. Sie litt unter einem Nierenleiden und starb mit 63 Jahren im Dezember 2007.

Als ich mich mit der Brutalität meines Vaters intensiver befasste, entwickelte ich zunächst ganz viel Hass, Wut und Frustration ihm gegenüber. Darum ging ich auch früh von zu Hause weg. Ich fragte mich sogar, ob er überhaupt wirklich mein Vater sei. Meine Mutter war sich da aber ganz sicher. Ich habe von ihm wohl auch die Eigenschaft geerbt, dass ich sehr wütend werden kann.

## … und neue Sichtweisen

Die schlimmen Erfahrungen haben meine Erinnerungen an die Kindheit lange überlagert. Inzwischen sehe ich aber auch das Positive. Ich hielt meinen Vater früher für egoistisch und selbstsüchtig, doch damit wurde ich ihm nicht gerecht. Er hat in sehr großzügiger Weise für uns gesorgt. Es gab immer reichlich und gut zu essen, vor allem viel Fleisch. Das war ihm sehr wichtig und dafür arbeitete er sehr viel, viel mehr als notwendig gewesen wäre. Auch gegenüber anderen war er der hilfsbereiteste Mensch, den man sich vorstellen kann. Und er war zutiefst religiös. In den guten Zeiten war er auch sehr liebevoll zu mir; er nannte mich »Papas Mädchen«, brachte mir Gebete bei und achtete darauf, dass ich sie praktizierte.

Durch meinen späteren geistlichen Lehrer Khamtrul Rinpoche lernte ich, die Aggression meines Vaters unter einem ganz anderen Aspekt zu betrachten. Ich hatte ihn als kranken Menschen gesehen, der keine Kontrolle über seine Aggressionen hat. Wenn er seine Aggressivität auslebte, war er nicht er selbst und er handelte nicht aus Freude. Als ich sein Verhalten später unter der Anleitung meines Lehrers analysierte, lernte ich, dass die Eltern die Ersten sind, denen man mit Güte begegnen sollte, denn ihnen verdanken wir das kostbare Geschenk des Lebens.

Mein Lehrer verstand meine negativen Gefühle meinem Vater gegenüber und unterstützte mich sehr, sie zu überwinden. Er sagte: »Stell dir vor, du gehst durch die Straßen und siehst, wie jemand, der dir völlig fremd ist, gleichzeitig sehr krank und leidend ist und wirklich Hilfe benötigt. Würdest du den einfach ignorieren und links liegen lassen?« »Natürlich würde ich ihm helfen«, antwortete ich ihm spontan. »Dem Fremden würdest du helfen, dann denk daran, dass auch dein Vater krank ist. Warum willst du ihm nicht helfen?« Daraufhin half ich ihm, indem ich ihm all meine Liebe gab und mich um ihn kümmerte. In seinen späteren Jahren entwickelten wir ein äußerst harmonisches Verhältnis zueinander und er starb in Frieden. Jetzt vermisse ich ihn sehr.

Ihm war im Grunde bewusst, was er getan hat, und manchmal schämte er sich dafür, aber meistens ließ sein Ego es nicht zu, sich zu entschuldigen. Hin und wieder bat er mich um Verzeihung, meine Mutter allerdings nie.

## Glück im Kloster

Mit 13 Jahren endete das Drama meiner Kindheit und ich trat in das Nagi-Kloster ein. Meine Eltern waren darüber sehr glücklich, weil sie den religiösen Aspekt sahen.

Für mich gab es natürlich auch die Motivation, dadurch einer Hochzeit zu entgehen. In einer sehr konservativen und traditionellen Familie wie der meinen war es in den 1980er-Jahren noch üblich, dass die Eltern, in erster Linie der Vater als Oberhaupt, den Partner für ihre Tochter aussuchten, und man konnte sich dem nicht entziehen. Dem wollte ich mich auf keinen Fall aussetzen. Ich habe meinen Eltern nicht verheimlicht, dass ich nie heiraten will und auch deshalb Nonne wurde, und sie fanden auch diese Motivation ganz in Ordnung, insbesondere meine Mutter.

Das Leben im Kloster erschien mir wie im Paradies. Hier konnte ich zunächst einmal Kind sein, hier konnte ich nachholen, was ich all die Jahre nicht bekommen hatte. Ich war nicht gleich in Pflichten und viel zu große Verantwortlichkeiten eingespannt.

Bis zum Eintritt ins Kloster hatte ich fünf Jahre lang eine staatliche nepalesische Schule für Tibeter besucht. Das Niveau war nicht sonderlich hoch und im Kloster wurde auf die intellektuelle Bildung nicht viel Wert gelegt. Die Ausbildung konzentrierte sich vor allem auf den spirituellen Bereich und das Geistestraining. Meditation nahm großen Raum ein. Wir praktizierten viele Pujas und andere Rituale. Zudem wurde ich eine Art Hilfskrankenschwester für meinen Lehrer Khamtrul Rinpoche, der unter Diabetes und Bluthochdruck litt. Ich hatte zwar im akademischen Sinn keine Ausbildung in diesem Bereich erhalten, aber ich sprach etwas Englisch, und der Arzt, der nach ihm sah, brachte mir Grundkenntnisse in der Krankenpflege bei und ich lernte sehr schnell, worauf es bei der Pflege ankam. Khamtrul Rinpoche verstarb 1996, doch wir haben inzwischen seine nächste Inkarnation gefunden.

Im Nagi-Kloster leben etwa 60 Nonnen. Ende 1996, nach dem Tod meines Lehrers, verlegte ich meinen Lebensmittelpunkt aus dem Kloster, ohne damit auch meine Gelübde abzugeben. Ich bin noch immer eine Nonne, lebe aber nicht mehr nach den Vorgaben des Klosters. Ich wohne im Haus meiner Eltern und habe sie gepflegt, bis sie gestorben sind. Mit mir leben dort einige Verwandte, ein Junge, den ich adoptiert habe, und einige Nonnen aus meiner Schule kommen in den Ferien – es ist wie in einer großen Familie.

Das Leben als Nonne hat mir sehr viel Selbstbewusstsein verliehen. Ich bin davon überzeugt, dass ich das, was Mönche können, ebenfalls kann. So bin ich zum Beispiel die erste Jeep fahrende Nonne in Kathmandu.

Mein wichtigstes Anliegen ist die Ausbildung junger Nonnen. Es gibt gerade eine intensive Debatte im tibetischen Buddhismus um die volle Ordination von Nonnen. Doch das interessiert mich nicht sonderlich, denn darauf kommt es meines Erachtens zurzeit nicht an. Viel wichtiger ist es, jungen Mädchen und Nonnen überhaupt eine Ausbildung und Gleichberechtigung zukommen zu lassen. Das ist die Basis und die ist noch nicht gewährleistet. Es besteht keine Frage, dass junge Nonnen viel weniger Chancen auf eine gute Ausbildung haben als junge Mönche, und solange das nicht geändert wird, sind alle darüber hinausgehenden Fragen zweitrangig.

Bei der Frage nach der vollen Ordination der Nonnen geht es nicht um grundlegende Rechte, es geht um die religiöse Praxis. Wenn man sich für den monastischen Weg entscheidet, dann ist das eine Frage der Hingabe und des Verständnisses für das Dharma. Ich habe gelernt, dass die größtmögliche Kontemplation von Buddhas Lehren das Wichtigste ist. Die volle Ordination ist noch lange keine Gewähr dafür, die Erleuchtung zu erreichen. Es ist ein möglicher Weg dorthin, aber es gibt noch andere. An der Debatte beteilige ich mich also nicht.

## Neue Wege

Um die jungen Nonnen zu unterstützen, gründete ich im Jahr 2000 eine Schule nur für sie, die Arya-Tara-Schule. Sie wird getragen von der *Nuns Welfare Foundation*. Das ist eine einmalige Einrichtung in Nepal, denn dort erhalten die Mädchen eine kostenlose weltliche und geistliche Ausbildung. Im frühen 21. Jahrhundert ist die weltliche Ausbildung für Mönche und Nonnen auch deshalb sehr wichtig, weil niemand garantieren kann, dass jemand, der in jungen Jahren in ein Kloster eintritt, dort ein Leben lang bleiben wird. Ich habe viele Mönche und Nonnen erlebt, die in ihren Klöstern eine fundierte geistliche Ausbildung absolviert und Rituale praktiziert haben, was ihnen gewiss hilft, ein besserer Mensch zu werden, Mitgefühl zu entwickeln und die Natur des Entstehens und Vergehens zu verstehen. Wenn sie dann aber das Kloster verlassen, müssen sie in der modernen Welt überleben. Dafür benötigt man Kenntnisse aus dieser Welt. Eine weltliche Ausbildung ist dafür unerlässlich. Deshalb lege ich großen Wert darauf, dass Nonnen eine umfassende Ausbildung erhalten.

In der Arya-Tara-Schule lernen die Nonnen neben Englisch, Tibetisch und Nepalesisch auch Mathematik, Naturwissenschaften und buddhistische Philosophie. Der Lehrplan für die weltlichen Fächer orientiert sich an den staatlichen Vorgaben, sodass sie nach der 12. Klasse einen höheren Abschluss vorweisen können, der ihnen sogar ein Studium ermöglicht. Das ist mehr als nur ein Traum. Drei der Nonnen, die von Beginn an die Arya-Tara-Schule besucht haben, studieren heute an der renommierten indischen Universität von Varanasi.

Wichtig ist mir neben der allgemeinen Bildung, das Selbstvertrauen und die Führungsqualitäten der jungen Frauen zu stärken. Viele kommen aus abgelegenen Gebieten, in denen die Situation der Frauen noch weit schlechter ist als in den Städten. Ich wünsche mir, dass sie möglichst dorthin zurückkehren und ihre Kenntnisse weiterreichen.

Begonnen hat das ganze Projekt seinerzeit mit sieben Schülerinnen. Mitte 2008 sind es 53 und die Zahl wird weiter steigen. Die Arya-Tara-Schule steht ganz bewusst nur Nonnen offen, da sie in Nepal wie überhaupt in der buddhistischen Gesellschaft, besonders diskriminiert werden. In Nepal erhalten 60 Prozent der Jungen, aber nur ein Viertel aller Mädchen eine Ausbildung, und hinsichtlich der Klöster sind die Zahlen nicht besser. Gegen diese tief verwurzelte Diskriminierung will ich ein Zeichen setzen, das Schule machen soll.

Die Resonanz auf mein Projekt war so groß, dass wir fünf Jahre nach der Gründung bereits expandieren konnten. Wir verließen Kathmandu und bezogen ein großes, neues Gebäude in Pharping, das eigens für uns errichtet worden war. Es liegt etwa 18 Kilometer vor den Toren der Hauptstadt in südwestlicher Richtung.

Meine Karriere als Sängerin ermöglichte mir diese Initiative. Dass es dazu kommen würde, hatte ich nie geplant. Alles begann 1994, als der amerikanische Musiker Steve Tibbets, ein Buddhist, in unser Kloster kam, um unseren Lehrer Khamtrul Rinpoche zu besuchen. Er hörte mich Mantren rezitieren, was Teil unserer Praxis war, und meinte sofort, wir müssten ein Album produzieren. Ich habe mich darauf eingelassen und es stieß auf große Resonanz. Rasch bekam ich Einladungen zu Konzerten und so kam alles in Gang.

Ich singe moderne spirituelle Lieder. Seit 2004 auch populäre Lieder, mit denen ich sogar in die Hitparaden komme, obwohl es sich nicht um Liebeslieder handelt. Letztlich geht es darum, den Menschen die Lehren Buddhas in modernem Gewand nahezubringen, zum Beispiel den Grundsatz, dass das Bewusstsein das Sein bestimmt und wir mit unseren Gedanken unsere Welt schaffen. In diese Richtung gehen die Texte meiner Lieder.

Trotz alledem betrachte ich mich letztlich nicht als Sängerin. Ich habe nie darum gekämpft, eine zu werden, und würde das auch nie tun. Ich tue, was zu meinen Pflichten als Nonne gehört, nämlich den Menschen etwas Gutes zu tun. Statt in der Ehe zu leben, leiste ich soziale Arbeit, was für mich in erster Linie bedeutet, jungen Nonnen eine Ausbildung zu ermöglichen. Und um diese Arbeit verwirklichen zu können, singe ich. Es ist nur das Werkzeug, aber ich bin dadurch in der glücklichen Situation, diese Arbeit erheblich ausweiten zu können. Ich unterstütze andere Schulen, in denen nicht nur Nonnen unterrichtet werden, sondern Mädchen aus armen Verhältnissen, die sonst kaum eine Chance im Leben hätten. Nebenbei mache ich die Menschen in aller Welt mit meinem Gesang glücklich, was ebenfalls zur buddhistischen Praxis gehört. Diese Praxis findet nicht nur in den Klöstern statt, indem man die Trommel und die Glocken schlägt oder Mantras anstimmt. Jeder Moment des Lebens ist spirituelle Praxis. Seine negativen Gefühle zu kontrollieren, von allen Mitmenschen nur positive Gedanken zu haben, das ist die große Herausforderung der spirituellen Praxis. Der oberflächliche Erfolg bedeutet mir nichts.

Mein Alltag in Kathmandu ist dadurch bestimmt, dass ich morgens die Menschen treffe, die mich gerne sehen wollen, vielleicht weil sie Freunde meiner Lieder sind oder Bekannte. Dann gehe ich in meine Schule und schaue, wie alles läuft. Ich halte den Kontakt mit sozialen und Regierungseinrichtungen, wie dem sehr angesehenen Lumbini-Entwicklungsfond, der die Gegend um Buddhas Geburtsort fördern will. Ich gehöre dessen Vorstand an. Ich kümmere mich auch um Projekte für alte Menschen.

1994 war ich das erste und einzige Mal in Tibet, aus rein privaten Gründen; ich wollte meinen Vater zurückholen. Er war bereits Anfang 70 und hatte das dringende Bedürfnis verspürt, seine Heimat noch einmal zu besuchen, und war daher nach Kham gereist, um Verwandte zu besuchen. Nachdem er dort angekommen war, hörten wir nichts mehr von ihm. Meine Mutter begann, sich zu sorgen. Schließlich erfuhren wir über Bekannte, dass er in Lhasa war. Er hatte sich eigentlich auf dem Rückweg befunden, doch dann gefiel ihm das Leben in Lhasa so gut, dass er kein Interesse mehr hatte, zu uns zurückzukehren. Also bat meine Mutter mich, nach Lhasa zu gehen, um ihn zu holen. Es war nicht schwierig, ihn zu überzeugen, und so kam er sofort mit mir nach Kathmandu zurück.

# Bodnath –
# Tibets Erbe in Nepal

Der Fahrer weiß genau, wo er anhalten muss; jeder kennt den Ort, der früher ein wenig außerhalb von Kathmandu lag, doch die Stadt hat ihn längst umschlungen. Ein Eingangstor trennt den Komplex von der Hauptstraße und macht aus dem Zutritt einen kleinen symbolischen Akt. Dann führt eine enge Gasse, gesäumt von kleinen Läden, zum Ziel der Reise. Noch bevor man Bodnath erreicht, empfängt den Besucher ein vertrautes »Om mani padme hum«, »Oh du Juwel in der Lotosblüte«. Die alte Lobpreisung des Dalai Lama ertönt unablässig aus Lautsprechern – nicht aufdringlich oder gar aggressiv, sondern sanft, wie Hintergrundmusik zu einer heiligen Handlung.

Dann tut sich ein großartiger Blick auf: ein Stupa im Zentrum eines großen, runden Platzes. Vier überdimensionale

Augenpaare begrüßen den Besucher aus allen Himmelsrichtungen. Ein wenig erinnern die Augen an eine allumfassende Gottheit, unter deren Blick alles Geschehen seinen Platz findet. Nichts bleibt, was von ihnen nicht erfasst werden könnte. Ein Gefühl der Erhabenheit macht sich breit, ein Gefühl, angekommen zu sein.

Der Platz um den Stupa herum ist großzügig bemessen. Er wird durch Läden und Restaurants begrenzt, die ebenfalls kreisförmig angelegt sind. Von tibetischer Musik bis hin zu Buddha- oder Tara-Statuen, von Thangkas, den religiösen Rollbildern, bis zu Porträts des Dalai Lama, von Gebetsmühlen bis Räucherstäbchen, es gibt alles, was das Herz der Tibeter und vor allem der zahlreichen Tibetfreunde begehrt. Die meisten Tibeter zeigen sich in der Tat wenig beeindruckt von den Devotionalienständen bei ihrem Heiligtum. Unbeirrt bewegen sie sich im Uhrzeigersinn um den Stupa herum und drehen dabei ihre Gebetsmühlen. Tagsüber sind es – von den Touristen abgesehen – vor allem alte Tibeter, die das Heiligtum besuchen. Viele Frauen tragen die typische Chuba, das eng geschnittene traditionelle Kleid, und wäre da nicht der berühmte Bodnath-Stupa von Kathmandu, könnte es sich um einen heiligen Ort in Tibet handeln. Abends füllt sich der Platz zusehends und es sind nicht länger nur die Alten, die sich hier einfinden. Auch Männer, Frauen und Jugendliche, die tagsüber einer Beschäftigung nachgehen, verbringen den Feierabend in Bodnath zu Buddhas Ehren. Viele von ihnen sind westlich gekleidet und haben ihre Kinder mitgebracht, die wie selbstverständlich und ohne zu murren ihren Eltern bei den Umrundungen folgen. Einige umkreisen den Stupa auch durch Niederwerfungen. Sie legen sich lang hin, berühren mit der Stirn den Boden und bewegen sich fort, indem sie dann mit den Füßen an jene Stelle treten, an der zuvor die

Stirn lag. Dadurch messen sie die Umrundung mit ihrer Körperlänge ab, eine besondere Form der Ehrerbietung.

Hier in Bodnath, auf einer kleinen Anhöhe an einem alten Handelsweg nach Tibet, etwa acht Kilometer nordöstlich vom Zentrum der nepalesischen Hauptstadt, lebt die tibetische Tradition, hier haben die Flüchtlinge ihr geistliches und kulturelles Zentrum.

## Religiöses Zentrum

Der Bodnath-Stupa ist indes weit älter als das Drama der Tibeter. Den Grundstein legten nepalesische Buddhisten im 5. Jahrhundert. Der Legende nach gab eine königliche Mätresse den Anstoß dazu. Als überzeugte Buddhistin bat sie den Monarchen, ihr außerhalb der Hauptstadt ein Stück Land zur Verfügung zu stellen, das mit einer Kuhhaut abgesteckt werden konnte. Der König stimmte leichten Herzens zu, doch dann schnitt die kluge Mätresse die Kuhhaut in dünne Streifen, die ein stattliches Areal umschlossen, auf dem sie den Stupa über einer Quelle errichten ließ.

Schon immer fühlten sich Buddhisten aus Tibet von dem Stupa angezogen und mit der Besetzung ihrer Heimat durch die Volksrepublik China hat er eine ähnliche Bedeutung bekommen wie Lumbini, der Geburtsort des Siddharta Gautama, im abgelegenen Süden Nepals.

Interessanterweise finden sich fast nur noch tibetische Buddhisten in Bodnath ein, während die nepalesischen Buddhisten den Swayambunath-Stupa in den nordwestlichen Außenbezirken der Stadt aufsuchen, wo ebenfalls viele Tibeter anzutreffen sind.

Der Bodnath-Stupa überragt mit 40 Metern Höhe alle anderen Sakralbauten im Kathmandu-Tal. Nach traditioneller Art wurde er in sieben Etagen mit sehr unterschiedlichen architektonischen und geometrischen Formen errichtet; manche unterteilen den Bau auch in 20 verschiedene Teile. Die Basis ist quadratisch und besteht aus drei übereinanderliegenden Terrassen, die auch erklommen werden können. Ganz unten sind große Gebetsmühlen angebracht, an denen die Gläubigen vorbeilaufen und die permanent von ihnen gedreht werden.

Die vierte Etage besteht aus einer Halbkugel. Auf weißem Untergrund schimmern safranfarbene Strahlen, die zum Losar (Neujahrsfest), das zumeist in den Februar fällt, neu gestrichen werden. Darauf folgt ein weiteres Viereck mit den durchdringenden Augen nach allen Seiten. Zwischen den Augenpaaren ist ein Ornament zu sehen, das wie eine Nase erscheint, jedoch die nepalesische Eins darstellt, das Symbol für die Einheit. Die sechste Etage ist ein Turmaufsatz aus 13 sich verjüngenden Scheiben, auf dem schließlich als krönender Abschluss ein goldener Schirm ruht. Unterhalb des Schirms sind Gebetsfahnen angebracht, die den Platz in alle Richtungen überspannen.

Der Stupa ist kein Tempel oder Ort, an dem Rituale vollzogen werden, sondern dient der Kontemplation. Der deutsche Buddhist Lama Anagarika Govinda schrieb darüber: »Als eine der ältesten architektonischen Formen, ist (er) ein allgemeingültiges Symbol für den erleuchteten Geist und ein gewohnter Anblick in allen Kulturen, in denen der Buddhismus blühte. Einst altertümlicher, monumentaler Reliquienschrein für Helden und Könige, erfahren wir den Stupa als einen Ausdruck tiefen Wissens. Mit Weisheit und Intuition interpretiert und verstanden, spiegelt er die Harmonie und Perfektion universeller Prinzipien wider und lädt den menschlichen Geist ein, zu seinen vollen Möglichkeiten zu erwachen.«

So lässt die Symbolik eines Stupa viele Interpretationen zu. Er gilt als Weg der Erleuchtung vom Element der Erde als Basis bis hin zur goldenen Spitze, der Höhe der geistigen Erkenntnis des vollständig Erwachten. Auch der mystische Berg Meru, das Zentrum des Universums nach buddhistischer und hinduistischer Tradition, wird in Form eines Stupa versinnbildlicht.

## Kontemplation und Proteste

Der Bodnath-Stupa bietet verschiedene Perspektiven der Betrachtung. Besonders beliebt sind die Dachterrassen der umliegenden Restaurants. Wenn nicht gerade Regenzeit ist, kann man dort stundenlang bei einem Lassie, einem indischen Tee oder ein paar Momos sitzen und die Gläubigen bei ihren Umrundungen beobachten. Der Zauber dieser Stimmung macht selbst das Zuschauen zu einem kontemplativen Akt, wenn man sich bewusst darauf einlässt.

Um den Stupa herum ist so etwas wie »Klein-Tibet« entstanden. Enge Gassen führen zu zahlreichen Tempeln der verschiedenen tibetischen Schulen. Hier finden Pujas, Segnungen und Belehrungen statt. Fremde sind herzlich willkommen, die Atmosphäre ist offen und freundlich, wenn die grundlegenden Vorschriften eingehalten werden, wonach Schuhe und Kopfbedeckung im Tempel abgelegt werden müssen. Tagsüber ergibt sich häufig die Gelegenheit zu Gesprächen, insbesondere mit jüngeren Tibetern, die mit der englischen Sprache vertraut sind.

Nach den Unruhen vom März 2008 demonstrierten Hunderte Tibeter monatelang täglich vor der chinesischen Visaabteilung, der weiter entfernt liegenden Botschaft oder der UN-Vertretung; andere versammelten sich ebenso ausdauernd zum Gebet. Als das olympische Feuer durch Tibet getragen wurde – eine besondere Provokation der Machthaber in Peking gegenüber dem besetzten Land –, intensivierten sich die Proteste noch. Brutale Polizeieinsätze und Massenverhaftungen konnten die Tibeter nicht davon abhalten.

Die Willkür und die Gewalt ertragen sie mit stoischer Gelassenheit. In einem der Restaurants hat sich eine kleine Gruppe zusammengefunden. Frauen wie Männer strahlen die gleiche Entschlossenheit aus. Die meisten haben an den Demonstrationen teilgenommen, um ihre Solidarität mit ihren Landsleuten in Tibet zu zeigen. Dabei ist es ihnen nicht gut ergangen: »Die Polizei zögert nicht lange, sondern schlägt gleich zu, wenn wir gegen China demonstrieren, aber wir kennen ihre Strategie inzwischen. Wir müssen einfach schauen, dass wir ihnen keine verletzlichen Teile zum Schlag anbieten«, die junge Frau lacht auch noch dabei und es klingt beinahe, als ginge es um einen sportlichen Wettkampf. Für die meisten endet die Haft gewöhnlich am Abend, Anklage wird selten erhoben. Bei der nächsten Gelegenheit finden sie sich wieder zu den Demonstrationen ein; zwischendurch nutzen sie die Zeit, in Bodnath etwas für ihr Seelenheil zu tun und Zuversicht zu tanken.

Aber es gibt auch Tibeter, die einfach nur der Religion wegen kommen – oder der Geschäfte. In Bodnath ist Platz für alle, für die Aktivisten, die Frommen, die Weltzugewandten und die Weitgereisten.

# 3. Teil:

# Exiltibeter in
# Europa und Nordamerika

# Einführung Europa und Nordamerika

Von Beginn an bemühte sich die tibetische Regierung im Exil, die Flüchtlinge nicht nur in den unmittelbaren Nachbarstaaten anzusiedeln, doch ihre Hilferufe stießen zunächst auf wenig Resonanz. Die einzige Ausnahme bildete die Schweiz. Dort herrschte eine allgemeine Stimmung der Sympathie und Solidarität mit den Tibetern, nach dem Motto »Bergvolk hilft Bergvolk«. Aber auch bemerkenswerte Einzelinitiativen führten dazu, dass die Schweiz als einziges Land außerhalb von Asien eine größere Zahl tibetischer Flüchtlinge aufnahm. Bis zu Beginn der 1990er-Jahre waren es etwa 2.000; heute liegt ihre Zahl bei 3.500.

Die Initiative ging maßgeblich auf Toni Hagen zurück, einen Geologen, der 1950 an der ersten Schweizer Entwicklungsdelegation nach Nepal teilnahm. Hagen wurde so vertraut mit dem Himalaya-Staat, dass ihn die nepalesische Regierung zwei Jahre später als Geologen anstellte. Seine Position ermöglichte es ihm, auch abgelegene, für Ausländer gesperrte Gebiete des Landes aufzusuchen. Dadurch konnte er das ganze Drama der Fluchtbewegung von 1959 erfassen. Er traf auf Flüchtlingsgruppen, die, völlig auf sich gestellt, kaum eine Überlebenschance hatten.

Durch seinen Einfluss beim nepalesischen König ermöglichte er die Aufnahme Tausender Flüchtlinge, doch war ihm klar, dass Nepals Ressourcen begrenzt waren. Deshalb bemühte er sich – in Absprache mit der tibetischen Regierung im Exil – intensiv um eine Aufnahme der Flüchtlinge in Europa.

In der Schweiz empfing die Flüchtlinge eine große Welle der Hilfsbereitschaft. Kinderdörfer öffneten ihre Tore, private Vereine entstanden, Firmen schufen Arbeitsplätze. Die Exilregierung unterstützte diese Bewegung, indem sie Prominente zur Begleitung mitschickte, darunter den ehemaligen Kanzler des Dalai Lama, Phala, der dessen Flucht aus Lhasa organisiert hatte.

Die meisten Tibeter wurden in der Ostschweiz angesiedelt, vor allem in den Kantonen Appenzell und St. Gallen. Der 2.501 Meter hohe Säntis wurde ihr Hausberg. Im August 2001 fand dort – in Anwesenheit von Toni Hagen, der 2003 verstorben ist – eine große Feier anlässlich des 40. Jahrestags der Ankunft der ersten Tibeter in der Schweiz statt. »Tibet auf dem Säntis« ist seitdem ein regelmäßiges kulturelles Ereignis.

Die vorbildliche soziale und kulturelle Perspektive für die Tibeter in der Schweiz hat sie zu den besonders Privilegierten unter den Flüchtlingen gemacht; eine zweischneidige Entwicklung: Auf der einen Seite gehören die Schweizer Tibeter weltweit zu den aktivsten Kämpfern für die tibetische Sache. Auf der anderen Seite ist der Verlust der Sprache, und damit eines wichtigen Elements der kulturellen Identität, besonders groß. Das beklagte bereits der im Januar 2002 verstorbene tibetische Pädagoge Gyaltsen Gyaltag: »Die Sprache war schon immer ein Problem für uns, denn das Hauptkommunikationsmittel sollte Tibetisch sein. Aber von Anfang an hatten wir damit Schwierigkeiten, da viele tibetische Kinder, die in Schweizer Familien aufwuchsen, sich dann ausgeschlossen fühlten … Im letzten November war ich in Bylakuppe in Südindien, als eines Tages ein junger Mann zu mir kam und sagte, dass ein jüngerer Bruder aus der Schweiz ihn gerade besuchte, und ob ich nicht so nett wäre und einmal zu ihnen käme – der Bruder sprach weder Tibetisch noch Englisch und sie benötigten einen Dolmetscher. Es war eine sehr traurige Situation.

Vater und Mutter weinten, dass sie sich mit ihrem Sohn durch einen Übersetzer unterhalten mussten.«

Andere westliche Staaten folgten dem Vorbild der Schweiz lange Zeit nicht. In Deutschland, Österreich, England oder Frankreich lebten bis in das 21. Jahrhundert hinein nur wenige Tibeter, die zumeist durch Lehraufträge an Universitäten oder binationale Partnerschaften dorthin gelangt waren. In den letzten Jahren hat sich dieses Bild gewandelt. Unter den gegenwärtigen Flüchtlingen findet eine zunehmende Zahl auch in anderen europäischen Staaten eine Heimat. Dabei zeigt sich besonders Belgien großzügig mit der Erteilung von Aufenthaltsgenehmigungen, sodass dort heute mit 800 Personen neben der Schweiz die meisten »europäischen« Tibeter leben.

Stark zugenommen hat die Ansiedlung von Tibetern in Nordamerika, nachdem die USA und Kanada ihre restriktive Politik gegenüber den Flüchtlingen aufgegeben haben. Es begann mit der Clinton-Administration, die in den frühen 1990er-Jahren 1.000 Tibetern die Einreise in die USA ermöglichte. Inzwischen erhalten Tibeter relativ unbürokratisch die sogenannte Green Card, das heißt eine zeitlich unbeschränkte Aufenthalts- und Arbeitserlaubnis. Vor allem Tibeter aus Indien machen davon Gebrauch, da sich ihnen dort bessere soziale Perspektiven bieten. In den USA leben heute etwa 10.000 Tibeter, in Kanada 3.500.

# Kelsang Gyaltsen –
# Tibets Chefdiplomat

Die Erinnerungen an meine Heimat sind seltsam selektiv. An viele Dinge oder Begebenheiten des Alltags kann ich mich gar nicht mehr erinnern, nicht einmal mehr an unser Haus. Ich weiß nur noch, dass es ein großes Haus war. An mein Zimmer oder die Einrichtung erinnere ich mich ebenso wenig. An meinen Großvater väterlicherseits kann ich mich dagegen gut erinnern. Er war ein kräftiger Mann mit einem großen Bauch. Er hatte die Angewohnheit, immer den oberen Teil seiner Chuba herunterzuziehen und um seine Hüfte zu binden, sodass der Oberkörper nackt war. Häufig schlief ich auf seinem Bauch.

Ich kann mich auch erinnern, dass ich mit einigen Spielkameraden oftmals in die Umgebung aufbrach, um Vogelfallen aufzustellen. Diese Technik beherrsche ich heute noch. Wir stiegen außerdem gerne auf Passhöhen, denn dort lagen immer Patronenhülsen herum. Es war Sitte bei uns, dass die Männer, wenn sie die Passhöhe erreicht hatten, Freudenschüsse in die Luft abgaben und »Lha gyal lo!«, »Die Götter werden siegen!«, riefen. Die dort zurückgelassenen Patronenhülsen waren bei uns Kindern als Tauschobjekte sehr begehrt. Ich hatte mit den anderen Jungen auch eine gute Zeit, wenn wir auf den Weiden Schafe und Ziegen hüteten und dabei miteinander spielten.

Außerdem besuchte ich häufig meine Großeltern mütterlicherseits. Ihr Dorf war etwas weiter entfernt und auf halbem Weg zu ihnen musste ich einen Fluss überqueren. Dort legte ich immer eine Rast ein, auch daran erinnere ich mich sehr lebhaft. Beim tibetischen Neujahrsfest war es üblich, dass wir Kinder unser eigenes Fest feiern konnten, eine Kinderparty, könnte man sagen. Es gab eigenes Essen für uns; auch diese Bilder sind noch in meinem Kopf, doch über diese eher isolierten Ereignisse hinaus weiß ich nichts von meiner frühen, unbeschwerten Kindheit.

Ich wurde Anfang 1952 in dem Dorf Rasi in der Provinz Kham geboren. Zwölf Tage nach meiner Geburt feierte man das tibetische Neujahrsfest, und da wir immer zu Neujahr ein Jahr älter werden, war ich mit zwölf Tagen bereits ein Jahr alt. Meine Eltern waren Bauern und Landbesitzer. Uns gehörten sogar einige Weideflächen, auf denen wir Tiere hielten.

Insgesamt war es eine sehr traditionelle, konservative Gesellschaft, in der ich aufwuchs. Mein Vater erzählte mir einmal, dass er als junger Mann Handel treiben wollte, doch sein Vater war entschieden dagegen. Wer Land besitzt, muss nicht solchen Geschäften nachgehen, erklärte er. Ein Onkel, der ein Lama war, wollte ihm gerne Lesen und Schreiben beibringen, doch mein Großvater sträubte sich dagegen. Mein Vater hatte als Ältester unseren Hof vom

Großvater übernommen und der hatte immer gesagt, wer Lesen und Schreiben kann, verliert das Interesse an seinem Land. Mein Großvater fühlte sich verantwortlich dafür, dass alle mithalfen, die Felder zu bestellen und die Ernte einzufahren. Da wollte er niemanden durch Bildung verlieren.

Auch tief sitzende Vorbehalte gegenüber den Städtern prägten mein Umfeld. Rasi gehört zur Region Batang. Es liegt östlich vom Drichu-Fluss (chin. Jangtse) und man benötigte einige Tagesreisen, um bis Batang zu kommen. Ich war nie in Batang, aber man erzählte sich von den dortigen Menschen, sie seien gerissen und unzuverlässig. Wir hatten wenig Vertrauen zu ihnen.

Rasi bildete mit drei anderen Dörfern eine Gemeinschaft, in der 125 alteingesessene Familien den Gemeinschaftsrat bildeten. Es gab eine Vereinbarung innerhalb der Gemeinschaft, dass jede Familie Unterstützung schicken musste, wenn einem anderen Mitglied Gefahr drohte. Auch wenn es Krieg gab, musste jede Familie einen Kämpfer stellen, Vater oder Sohn. Ende der 1980er-Jahre erzählte mir mein Vater, dass es von seiner Generation nur noch drei oder vier Überlebende in Tibet gab.

## Beginn des Krieges

Seit 1956 waren mein Großvater und mein Vater häufig unterwegs und es hieß immer, sie wären im Krieg. Tatsächlich waren zu der Zeit alle wehrfähigen Tibeter zusammengerufen worden, um die Chinesen zurückzuschlagen. Zunächst waren unsere Truppen sehr erfolgreich. Sie vertrieben die Volksbefreiungsarmee aus Batang; nur zwei Gebäude konnten die Besatzer halten, in denen sie sich verschanzt hatten. Die Jungen wollten die Gebäude stürmen und anzünden, doch die Älteren hielten sie davon ab. In den Gebäuden befanden sich nämlich die Vorräte der Chinesen an Waffen und Munition. Sie wollten die Truppen aushungern, um sich der Waffen zu bemächtigen. Nach zwölf Tagen Belagerung tauchte jedoch die chinesische Luftwaffe auf. Es geschah etwas Seltsames, als ob es zu regnen anfing. Unsere Kämpfer merkten, dass kleine Zettel und Flugblätter von oben auf sie herabrieselten. Auf diesen stand, sie sollten aufgeben und nach Hause gehen. Beim nächsten Angriff warfen die Flugzeuge Bomben ab, und als unsere Kämpfer dennoch nicht aufgaben, gab es wieder eine Flugblattaktion mit der Botschaft: Wenn die Tibeter sich immer noch nicht in ihre Dörfer zurückzögen, würde die Volksbefreiungsarmee noch mächtigere Waffen einsetzen und alle auslöschen. Das zeigte Wirkung und eine Gruppe nach der anderen zog sich zurück. Unsere Truppen wurden immer mehr in die Defensive gedrängt, aber es war klar, dass wir uns den Chinesen niemals unterwerfen würden. Lieber würden wir unsere Heimat verlassen und fliehen. Da bei einem Rückzug nichts in die Hände der Chinesen fallen sollte, gaben unsere Oberhäupter die Order heraus, vorher das Haus und allen Besitz, der nicht mitgenommen werden konnte, zu verbrennen. Häufig war es jedoch so, dass die Chinesen dem zuvorkamen, da die Kämpfer die Dörfer schon lange verlassen hatten. So war es auch in unserem Dorf. Der jüngste Sohn des Oberhaupts kehrte jedoch zurück und zündete den Familienbesitz an. Von einer Passhöhe aus sahen wir während der Flucht eine Rauchwolke. Ich kann mich erinnern, dass die Frauen und Kinder bei diesem Anblick weinten, aber es gab keine Alternative; verloren war das Dorf ohnehin.

Die Bewaffnung unserer Truppen war sehr schlecht. Kaum jeder Zweite besaß Feuerwaffen und Munition; die anderen dienten vor allem als Lastenträger. Auch mein Vater, der lange mitkämpfte, besaß nie mehr als 20 oder 25 Schuss Munition. Es gab zu der Zeit keinen Sold, keine Verpflegung, keine Ausrüstung. Die Kämpfer mussten für alles selbst sorgen.

## Die Flucht

Uns rettete mein Großvater mütterlicherseits vor den Chinesen. Er war ein sehr bekannter Kämpfer, der seit seinem 18. Lebensjahr immer wieder in den Krieg gezogen war – gegen andere Clans, gegen die Kuomintang, gegen die Kommunisten; er war einfach ein Krieger und Befehlshaber von Truppen. Als der Krieg gegen die Volksbefreiungsarmee in unserer Region eskalierte, war er krank und deshalb nicht an der Front. Das war unser Glück. Als er hörte, dass die Chinesen ein Nachbardorf eingenommen hatten, kam er mit seiner Frau und seinem Sohn in unser Dorf, um mich abzuholen; wir machten uns sofort auf den Weg und überquerten den Drichu-Fluss, während meine Mutter zurückblieb, weil sie auf meinen Vater warten wollte, der noch an der Front war. Sie erwartete ihn bald im Dorf und sie sollte recht behalten. Ein paar Tage nach unserem Aufbruch stießen sie zu uns. Es war das Jahr 1958, also war ich sechs Jahre alt.

Wir flohen zunächst nicht weit, denn in der Region westlich des Drichu-Flusses waren die Chinesen nicht so stark. Wir hatten noch die Hoffnung, dass wir sie zurückschlagen könnten oder sie sich zurückziehen würden.

Zeitweilig waren wir eine Gruppe von 200 bis 300 Menschen. Eines Tages kamen wir an einen großen Fluss. Normalerweise war darüber ein Seil gespannt, über das man

145

auf die andere Seite gleiten konnte. In diesem Fall war das Seil auf der anderen Seite durchtrennt; vermutlich von unseren Kämpfern, um den Vormarsch der Chinesen aufzuhalten. Nun standen wir dort und wussten nicht weiter, es gab keinen anderen Weg.

Wie es unsere Tradition ist, waren neben den Seilen Gebetsfahnen über den Fluss gespannt. Die waren nicht durchgeschnitten. Zwei Mönchen gelang es, sich an den Seilen der Gebetsfahnen auf die andere Seite zu hangeln. Dort verknoteten sie die eigentlichen Seile wieder miteinander, sodass die ganze Gruppe den Fluss überqueren konnte. Es war ein so dramatischer Übergang, dass ich mich noch heute gut daran erinnere.

Das Ziel unserer Flucht war Lhasa, nicht Indien, doch zwei Tagesmärsche vor unserer Hauptstadt erhielten wir von anderen Flüchtlingen die niederschmetternde Nachricht, dass Lhasa gefallen war. Also entschlossen wir uns, uns der Chushi-Gangdruk-Guerillabewegung anzuschließen.

Zu der Zeit bewegten sich die Kämpfer in der Region Lhoka, die sich zwischen Lhasa und der indischen Grenze erstreckte. Wir Kinder und die Frauen waren immer bei der Vorhut der Truppen, die »das Büro von Chushi Gangdruk« genannt wurde, während die Kämpfer zurückblieben, um chinesische Übergriffe abwehren zu können. Ich sah meinen Vater und meinen Großvater während der Flucht tagelang überhaupt nicht.

Für den Kontakt mit der Chushi Gangdruk sprach auch, dass sie zu der Zeit den Kämpfern einen Sold zahlen konnte. Unsere Vorräte waren von der langen Flucht natürlich längst aufgebraucht. Sogar die Pferde und Waffen, die wir mit uns hatten, waren verkauft worden, um damit unterwegs Nahrungsmittel erwerben zu können. Um nach den langen Entbehrungen etwas besser versorgt zu sein, hatte mein Vater sogar mich als Kämpfer auf die Soldliste eintragen lassen. So wurde ich natürlich eingeteilt, weil niemand ahnte, dass ich ein sechsjähriger Knirps war. Wenn ich also Wache schieben oder auf Patrouille gehen musste, übernahm mein Vater die Aufgabe noch zusätzlich zu seinen, damit nicht herauskam, was für ein Kämpfer ich war.

Im April 1959 gelangten wir über den Bomdila-Pass nach Assam in Indien. Von dort wurden wir in ein großes Auffanglager in Missimarie geschickt. Dort starben sehr viele Menschen. Gleichzeitig warb die Chushi Gangdruk sehr erfolgreich Kämpfer für den Widerstand, der im nepalesischen Mustang seine Basis hatte.

Unsere Familie wurde nach Gangtok in Sikkim weitergeschickt. Dort entschied sich mein Großvater, in die Lager der Chushi Gangdruk nach Mustang zu gehen, während mein Vater bei der Familie bleiben würde, bis wir einen sicheren Aufenthaltsort gefunden hatten. Dann sollte auch er sich der Chushi Gangdruk in Mustang anschließen. Trotz der Flucht waren wir damals noch sehr optimistisch: Wenn unsere Guerillabewegung wieder siegreich in Tibet einmarschieren würde, sollte auf jeden Fall jemand von unserer Familie dabei sein; das war unser Plan.

Die Wirklichkeit sah leider ganz anders aus. Wir blieben zwei bis drei Jahre in Sikkim, wo mein Vater und meine Mutter im Straßenbau arbeiteten. Ich besuchte eine tibetische Schule, die *Namgyal School*, die von unserer Regierung im Exil mit Unterstützung der sikkimischen Behörden getragen wurde. Mein Vater sah darin jedoch keine gute Perspektive für mich und brachte mich deshalb nach Dharamsala in eine sogenannte *Transit School*. Kaum war ich dort angekommen, erschienen Vertreter vom schweizerischen Roten Kreuz, die eine Gruppe von zehn Kindern für die Ausbildung in der Schweiz zusammenstellten. Ich meldete mich kurz entschlossen bei ihnen und so siedelte ich mit elf Jahren in die Schweiz über.

## Eine neue Heimat

Unsere Flüchtlingsgruppe bestand aus Familien, die in Nepal Zuflucht gefunden hatten, und den zehn Kindern aus der *Transit School* in Dharamsala, zu denen auch ich gehörte. In der Schweiz wurden wir in Toggenburg untergebracht, Ortsteil Unterwassser, einem typischen Bergdorf. Es war ein privater Verein der Tibeter Heimstätten gegründet worden, der beim Bundesrat die Aufnahme von 1.000 Flüchtlingen durchgesetzt hatte. Dahinter stand der Gedanke, dass die Tibeter ein Bergvolk sind und man sie daher in den Bergen ansiedeln sollte. Einzige Bedingung war, dass der Verein mit einem anerkannten Hilfswerk zusammenarbeiten musste, und da fand sich das Schweizer Rote Kreuz. Die große Spendenbereitschaft unter der Schweizer Bevölkerung sicherte dem Projekt zunächst eine Basis.

Bald wurde uns bewusst, dass uns die wirtschaftliche Perspektive fehlte, um wirklich in den Bergen Fuß zu fassen. So mussten die Menschen in die Fabriken ins Tiefland gehen, wenn sie ihren Lebensunterhalt selbst bestreiten wollten. Nach einigen Jahren, als sich die Tibeter mit der neuen Heimat vertraut gemacht hatten, verabschiedete sich eine Familie nach der anderen aus dem Tibeterheim in Unterwasser und zog in die Gegenden, wo die Arbeitsbedingungen besser waren. Letztlich blieben fast nur noch wir Kinder zurück, die keinen Familienanschluss in der Schweiz hatten; einige von uns waren ohnehin Waisen.

Nach einigen Jahren wurde das Heim deshalb aufgelöst und wir Kinder in Schweizer Pflegefamilien untergebracht. Ich selbst kam zu einer Familie in Zürich, wo ich meine Schulausbildung fortsetzen konnte. Die Sekundarstufe (Oberstufe) absolvierte ich allerdings in einem katholischen Internat.

Nach dem Abschluss der Schule stand die Berufswahl an. Gleichzeitig verspürte ich das wachsende Bedürfnis, mehr mit anderen Landsleuten in Kontakt zu sein und in der eigenen Kultur zu leben. Da hörte ich, dass in Horgen eine neue Gruppe von etwa 60 Tibetern aus Indien ankommen würde. Der Ort war ausgewählt worden, weil die dortige Firma Feller AG den Flüchtlingen eine Anstellung versprochen hatte. Ich entschloss mich deshalb, ebenfalls bei dieser Firma eine kaufmännische Lehre zu beginnen. Damit konnte ich gleichzeitig den Neuankömmlingen als Übersetzer dienen, was für alle sehr hilfreich war. Feller war eine Elektrofirma, die vor allem Steckdosen produzierte. Es war ein Familienunternehmen und die Besitzerin hatte großes Interesse an Tibet; deshalb kam es zu der Aufnahme der Gruppe. Die Unterkünfte, die Feller ebenfalls zur Verfügung stellte, waren zunächst sehr einfach, eher wie Baracken, aber die Menschen hatten eine Basis, auf die sie aufbauen konnten.

## Politische Aktivitäten

In dieser Zeit wuchs auch mein politisches Interesse an Tibet. Solange ich in Indien war, konnte ich nicht vollständig ermessen, wie und wofür mein Vater und meine Großväter gekämpft hatten; die ersten Jahre in der Schweiz waren auch nicht gerade von politischen Anregungen geprägt, doch als junger Erwachsener fand ich von allein wieder zur Tradition meiner Familie zurück; auch wenn die Art meines Kampfes natürlich eine ganz andere ist.

Mit zwei Freunden zusammen gründete ich 1968 die erste tibetische Zeitschrift in der Schweiz mit dem Namen »Junges Tibet«. Wir diskutierten auch über die Gründung eines Vereins von jungen Tibetern, doch es war sehr schwierig, die über das Land verstreuten jungen Tibeter organisatorisch zu vereinigen. Einige von uns wandten sich deshalb an den Vertreter Seiner Heiligkeit in der Schweiz, damit er uns bei den Bemühungen unterstützen sollte. Das Büro war bereits 1964 gegründet worden und der Repräsentant war höchst prominent: Es war Phala, der frühere Kanzler des Dalai Lama, der seine Flucht organisiert hatte.

Herr Phala unterstützte die Idee von der Gründung eines Jugendvereins von Beginn an. Ich kann mich noch gut an eine Zusammenkunft im Tibeterheim in Oetwil am See unter seiner Leitung erinnern, die zwecks Vorbereitung eines Tibeter-Jugendtreffens abgehalten wurde. Dort wurde beschlossen, im April 1970 eine große Zusammenkunft im Evangelischen Tagungszentrum Boldern in Männedorf zu organisieren. Sie stand unter dem Motto: »Fest der jungen Tibeter in Europa«. Tatsächlich fanden sich junge Tibeter aus ganz Europa – England, Deutschland und der Schweiz natürlich – dort ein. Zusammen beschlossen wir, den Verein Tibeter Jugend in Europa zu gründen. Alle waren dafür, doch als der Vorstand gewählt werden sollte, zierten sich plötzlich alle. Keiner traute sich diese Aufgabe zu, überall hieß es nur: »Vorstand, das ist eine sehr schwierige Aufgabe ...« Stattdessen wurde Herr Phala gebeten, selbst die Präsidentschaft zu übernehmen. Dies lehnte er strikt ab, doch er brachte einen schönen Vergleich: »Es ist wie beim Fußballspiel. Ich habe euch einen Pass zugespielt, den müsst ihr jetzt aufnehmen und selbst spielen.« Wir zögerten jedoch immer noch und einige machten den Vorschlag, wenn Phala schon nicht selbst die Präsidentschaft übernehmen wolle, dann solle er doch die entsprechenden Personen für den Vorstand auswählen. Damit war er einverstanden und ernannte Geshe Wangyal zum Präsidenten, einen Gelehrten und Mönch, der allerdings seine Gelübde zurückgegeben hatte und als Laie lebte. Er war bereits über 40 Jahre alt, also nicht unbedingt ein Repräsentant der jungen Tibeter.

Ich war von dem Vorgehen sehr enttäuscht, denn unser Engagement hatte ich mir anders vorgestellt. Deshalb trat ich zunächst gar nicht in den Verein ein, der auch nicht sonderlich aktiv war. Der Vorstand verteilte zwei- oder dreimal im Jahr in Zürich Flugblätter oder organisierte eine Versammlung, das war auch schon alles.

Mit meiner Kritik an dem Verein und seiner Struktur war ich nicht allein. Auf einer Mitgliederversammlung in Boldern wurde der Unmut in konstruktive Kritik umgesetzt und Geshe Wangyal trat ab. So konnte ein neuer Vorstand gewählt werden, zu dem auch ich gehörte, und so wurde ich dann im Jugendverband aktiv. Ich war sehr lange im Vorstand und es war nicht nur politisch, sondern auch persönlich eine sehr produktive Phase. Ich lernte viele junge Tibeter kennen, die ebenso aktiv waren wie ich, und es entstanden enge Freundschaften, zum Beispiel mit Gyaltsen Gyaltag.

Gleichzeitig setzte ich meine kaufmännische Lehre bei der Feller AG fort und beendete sie 1973. Der Abschluss der Lehre bot eine gute Gelegenheit, mich in unserer Kultur weiterzubilden. Ich ging deshalb für ein halbes Jahr in das klösterliche Institut nach Rikon. Dort konnte ich an Ver-

trautes anknüpfen, denn in der Gruppe, mit der ich seinerzeit in die Schweiz gekommen war, befanden sich zwei Lehrer. Vor allem einer von ihnen, Geshe Khedup, der heute
noch in Rikon lehrt, hatte sich wie ein Vater um uns
gekümmert. Deshalb ging ich zu ihm, um mein Tibetisch,
aber auch meine Kenntnisse im Buddhismus zu verbessern.
Ich nahm eine Halbtagsstelle in Turbenthal an und studierte die übrige Zeit im klösterlichen Institut Rikon. Ein Jahr
später vermittelte mich mein Lehrer an die Universität
Cambridge in England. Es ging darum, meine Englisch-
kenntnisse zu verbessern, und ich studierte auch englische
Literatur.

Anfang 1975 kehrte ich in die Schweiz zurück und fand
eine Anstellung bei der Bank UBS. Ich hatte dort eine interessante Karriere vor mir, denn ich wurde nach wenigen
Jahren in den Nachwuchskader der Führungskräfte aufgenommen. Das Schicksal meines Volkes lag mir jedoch
näher und der Wunsch, nach Indien zu gehen, wurde
immer stärker. Meine Arbeit für den Jugendverband lief die
ganze Zeit nebenher, aber Ende 1978 stand es dann endlich
an, mich meinen Wurzeln wieder anzunähern. Ich ging für
drei Monate nach Indien, um meinen Vater zu besuchen,
der in Rajpur wohnte, und meine Mutter in der Siedlung
Byalakuppe im Süden. Meine Eltern waren inzwischen
geschieden.

## Nach Indien, zum Ersten ...

1983 besuchte Seine Heiligkeit der Dalai Lama Deutschland. Wir erhielten vom Jugendverband eine Audienz, bei
der er eindringlich betonte, dass es nicht nur die Pflicht der
Tibeter in Indien sei, für die Exilregierung zu arbeiten und

zum Überleben der tibetischen Kultur beizutragen, sondern aller Tibeter, die das Privileg hatten, eine gute Ausbildung zu erhalten. Unsere Gesellschaft habe qualifizierte Kräfte sehr, sehr nötig. Diese Audienz beeindruckte mich so sehr, dass ich mich entschloss, nach Dharamsala zu gehen und dort zu arbeiten. Während dieser Zeit wollte ich auch schauen, welche Perspektive es für mich in unserem Freiheitskampf geben könnte. Damals hatte ich noch nicht die Vorstellung, mich mein ganzes Leben lang in den Dienst der Exilregierung zu stellen, aber es ist eben nicht immer alles planbar. Zunächst war ich jedenfalls für ein Jahr in Dharamsala. Natürlich besuchte ich auch meine Eltern, aber die meiste Zeit war ich im *Information Department* der Exilregierung.

Bevor ich Indien wieder verließ, fragten Seine Heiligkeit und das Kabinett, ob ich bereit sei, im Tibet-Büro in der Schweiz zu arbeiten, unserer offiziellen Vertretung. Ich willigte ein und verabschiedete mich endgültig von meiner aussichtsreichen Bankkarriere. Im März 1985 trat ich in den Dienst des Büros ein, zunächst als Assistent des Repräsentanten. Nur ein halbes Jahr später legte der Repräsentant aus gesundheitlichen Gründen sein Amt nieder und ich übernahm die Leitung.

Bis 1992 war ich in dieser Funktion für alle politischen Kontakte unserer Regierung in Mitteleuropa zuständig. Es war eine sehr spannende Zeit, denn es war der Beginn der organisierten Tibet-Solidaritätsarbeit. Inspiriert durch die Demonstrationen in Lhasa zwischen 1987 und 1989 entstanden die wichtigsten Tibet-Gruppen, die nicht von Tibetern, sondern von unseren Freunden getragen wurden; Tibet wurde erstmals auch Thema in den Parlamenten. Wir wurden eingeladen und man hörte uns zu. Ich erinnere mich besonders gut an die großartige Bundestagsanhörung von Petra Kelly und Gert Bastian im April 1989, die weit über Deutschland hinaus eine Initialwirkung für die Tibet-Arbeit hatte. In gewisser Weise konnte ich also noch Pionierarbeit für unser Volk leisten.

## Nach Indien, zum Zweiten …

Doch nachdem die wichtigsten Strukturen geschaffen waren, zog es mich wieder zu neuen Ufern. Ich siedelte 1992 nach Dharamsala über, weil ich ins Privatbüro Seiner Heiligkeit berufen worden war. Das war natürlich eine besonders reizvolle Herausforderung. Seine Heiligkeit ist die einfachste und gleichzeitig komplizierteste Persönlichkeit, die ich kenne. Immer in seiner Nähe zu sein, ist etwas ganz Besonderes. Je mehr man mit ihm zu tun hat, desto größer wird die Achtung vor seiner Weisheit und auch vor der Authentizität, Disziplin und Konsequenz, mit der er seine eigenen Ansprüche von Mitgefühl, Gewaltfreiheit und Nichtverletzen erfüllt.

Durch die Zeit als Privatsekretär kam ich natürlich auch mit anderen großen Persönlichkeiten der Welt zusammen, wie Papst Johannes Paul II., dem späteren Papst Benedikt XVI., Bill Clinton, Al Gore, Angela Merkel, Václav Havel, Nelson Mandela, Desmond Tutu usw.

Aber auch diese Zeit endete, und zwar 1999. Nach sieben Jahren kehrte ich als Gesandter für die Europäische Union in die Schweiz zurück. Von Herbst 2005 bis April 2008 übernahm ich zusätzlich die Leitung des Tibet-Büros, das inzwischen von Zürich nach Genf umgezogen war.

Das sind die äußeren Stationen, aber in den letzten Jahren forderte mich vor allem meine Rolle als Beauftragter

Seiner Heiligkeit für den Dialog mit der Volksrepublik China. In dieser Eigenschaft bereiste ich zwischen 2002 und 2007 mit meinem Kollegen Lodi Gyari China und Tibet und traf mit hohen Funktionären bis zur Ministerebene zusammen. In dieser Zeit wurden sechs Gesprächsrunden abgehalten, ohne dass es zu Verbesserungen der traurigen Situation in Tibet gekommen wäre oder dass Fortschritte in den Gesprächen für eine einvernehmliche Lösung des Tibet-Problems erzielt worden wären.

Nach den Unruhen vom März 2008 wurden die Konsultationen wieder aufgenommen, doch über das Resultat kann ich jetzt noch nichts sagen.

Selbstverständlich ist es für mich eine große Ehre, aber auch eine große Verantwortung, dass ich zu einem der zwei Gesandten Seiner Heiligkeit ernannt wurde, um die Gespräche mit China zu führen. Ich habe sehr starke persönliche Ansichten zu Tibet und die Tibet-Frage war für mich immer ein zentrales Element meines Lebens. An entscheidender Stelle einen Beitrag zu leisten, ist einerseits befriedigend, andererseits habe ich manchmal auch eine gewisse Angst davor, denn es ist eine sehr, sehr schwierige Aufgabe, bei der man nichts erreichen kann, das die Zustimmung von allen Seiten finden wird. Bestenfalls werden wir einen Kompromiss erreichen, der alle Beteiligten wenig befriedigen wird. Ich lasse mich aber dennoch darauf ein, weil Seine Heiligkeit und die exiltibetische Führung Personen benötigen, die ihnen bei ihrer schwierigen Aufgabe tatkräftig zur Seite stehen und helfen, diese Aufgabe so gut wie möglich zu lösen. Und wenn Seine Heiligkeit und die Exilregierung mir diese Aufgabe anvertrauen, dann kann ich mich nicht davor drücken, nur weil es schwierig und mit viel Kritik verbunden ist. Solange ich tief überzeugt bin, dass die tibetische Führung alles tut, um das Bestmögliche für Tibet zu erreichen, und solange sie Vertrauen und Glauben in mich setzt, so lange bin ich gerne bereit, diese Aufgabe zu übernehmen und mein Bestmögliches zu tun, um sie zu erfüllen.

# Lama Tenzin Phuntsog Jottoshang –
# Pionier und Organisationstalent

Meine Familie stammt aus Konjo in der Provinz Kham. Mein Vater Pema war ein recht erfolgreicher Kaufmann und zog Anfang der 1940er-Jahre nach Lhasa, wo ich 1942 geboren wurde. Ich war ein Einzelkind. In Lhasa besuchte ich eine öffentliche Schule, doch diese Zeit endete bereits, als ich acht Jahre alt war, denn da starb mein Vater. Er war noch sehr jung, knapp 30 Jahre alt. So war meine Mutter Pema Choeden plötzlich ganz allein mit mir und wir machten uns auf zu einer Pilgerreise nach Westtibet. Wir waren einige Zeit in Tashi Lhunpo und gingen dann noch weiter nach Westen. In den dortigen Klöstern verrichtete meine Mutter Trauergebete für meinen Vater. Wir waren etwa ein Jahr unterwegs. Als wir nach Lhasa zurückkamen, entschied sie, dass ich in ein Kloster eintreten solle.

Es gibt im Raum Lhasa drei wichtige Klöster, Drepung, Sera und Ganden. Ich kam nach Sera, wo ich meine Ausbildung fortsetzen konnte. Damals war ich gerade zehn Jahre alt geworden.

Ich lernte tibetische Schrift und Kalligrafie, die von den meisten Mönchen nicht beherrscht wird. Eine typische Ausbildung als Mönch erfordert eher, Texte auswendig zu lernen, aber nicht so viel Übung im Schreiben und schon gar nicht in Schönschrift. Meine Mutter war besser begütert durch das Erbe meines Vaters und überließ dem Kloster großzügige Spenden, die es mir ermöglichten, von der eigentlichen Arbeit freigestellt zu werden. Darum konnte ich eine intensivere Ausbildung absolvieren. Ich bin meiner Mutter sehr dankbar für die Möglichkeiten, die sie mir eröffnet hat. Ein- bis zweimal im Monat konnte ich meine Mutter besuchen und für eine Nacht bleiben. In den ersten Jahren im Kloster, als ich noch ein Kind war, vermisste ich meine Eltern sehr.

Nach zwei Jahren begann ich mit meinem Studium der buddhistischen Philosophie. Mir blieben dafür noch fünf Jahre, was nicht reicht, um ein so umfangreiches Studium abzuschließen. Doch dann kam es zum Volksaufstand gegen die Chinesen in Lhasa. Wir verharrten im Kloster und sahen von dort aus am frühen Morgen Gewehrfeuer und Rauch. Einen Tag warteten wir ab, dann flohen viele Mönche aus dem Kloster; sie wollten den Chinesen entkommen. Mein damaliger Lehrer war bereits 70 Jahre alt und auch noch verantwortlich für einige Kindermönche. Er forderte mich auf, mit den flüchtenden Mönchen zu gehen. Ich wollte aber, dass er und die Kinder auch mitkamen. Ich machte ihm deutlich, dass die Chinesen bald auch das Kloster Sera einnehmen würden, aber er entgegnete, er selbst sei zu alt für die Flucht und die Kinder zu jung, ich solle mich ohne sie auf den Weg machen, solange noch die Möglichkeit dazu bestehe. Davon ließ ich mich überzeugen und brach allein auf. Mein Lehrer gab mir noch einen kleinen Beutel mit Gegenständen mit, die er in Sicherheit wissen wollte.

Auch meine Mutter blieb in Lhasa zurück, denn es gab keine Möglichkeit mehr für sie, aus der Stadt herauszukommen.

## Beschwerliche Flucht mit Hindernissen

Als Erstes traf ich auf zwei alte Mönche. Sie hatten ihr Kloster ebenfalls verlassen, doch keiner von uns hatte genaue Informationen, wie die Situation in Lhasa war. Einer von ihnen meinte, er sei auf eine Flucht gar nicht vorbereitet, er habe weder Geld noch Verpflegung und wolle deshalb nicht weiter fliehen. Sie wollten sogar nach Lhasa zurückkehren, doch dann kamen uns große Gruppen von Flüchtlingen entgegen, die uns von den dramatischen Ereignissen in Lhasa berichteten und uns eindringlich aufforderten, nicht mehr dorthin zurückzukehren. Wir schlossen uns daraufhin einer Gruppe an, zu der einige Bekannte von mir gehörten. Aber wir wussten immer noch nicht, wohin wir uns wenden sollten. Sollten wir uns in die Berge flüchten und warten, bis sich die Krise gelegt hatte, oder sollten wir versuchen, aus Tibet herauszukommen? Weil uns die Entscheidung schwerfiel, befragten wir das Mo, unser traditionelles Orakel. Wir benutzten Knochen dazu und die Antwort war klar: Wir sollten weitergehen. Auch wenn wir unterwegs nicht mehr wussten, welcher Weg der richtige war, befragten wir das Mo und erhielten eine Antwort.

Dennoch war die Reise für mich sehr beschwerlich. Es war noch Winter, sehr kalt und an manchen Stellen lag Schnee. Unterwegs traf ich einen Jungen, der kein richtiges Schuhwerk hatte. Ich gab ihm meine Stiefel und erhielt dafür seine Schuhe, die aus Stoff und mir viel zu klein waren, sodass ich darin nicht laufen konnte. Am nächsten Morgen waren die Schuhe gefroren und nicht mehr zu gebrauchen. Zum Glück trafen wir auf eine Gruppe, in der jemand noch ein zusätzliches Paar Schuhe hatte. Er gab sie mir sofort, aber auch diese passten mir nicht. Ich bekam Entzündungen und wunde Stellen an meinen Füßen und konnte am Abend gar nicht mehr weitergehen. Das war natürlich ein Problem für die ganze Gruppe. Wir berieten, was zu tun war. Obwohl ich nur wenige Menschen aus der Gruppe kannte, fühlten sich alle für mich verantwortlich und keiner wäre auf die Idee gekommen, mich meinem Schicksal zu überlassen. Schließlich fanden wir eine Lösung. Die Gruppe führte ein Pferd mit, das die Vorräte und Kochgeräte trug. Es wurde beschlossen, diese Lasten auf alle zu verteilen, damit ich auf dem Pferd reiten konnte. Doch auch das funktionierte nicht richtig. Das Pferd war ausgesprochen dürr und kaum in der Lage, mich zu tragen. Nur mit Mühe trug es mich bis zum Kloster Samye im Süden unseres Landes. Dort fand ich eine vorübergehende Unterkunft und wir verabredeten, dass die Gruppe ihren Weg ohne mich fortsetzen würde. Ich gab das Pferd zurück.

Damals war ich sehr verzweifelt und mir kamen die Tränen. Der Abschied von meinem Lehrer und meiner Mutter wurde mir schmerzlich bewusst. Ich fühlte mich völlig allein. Einer der Mönche von Samye tröstete mich und unterstützte mich ganz direkt. Er besorgte mir nämlich ein gutes Pferd, mit dem ich meine Flucht fortsetzen konnte.

## Hoffnung und Wirklichkeit

Schließlich erreichte ich Indien und kam zunächst nach Buxar, einer Stadt am Ganges im nordindischen Bundesstaat Bihar. Die Umgebung war sehr fremd für mich, vor allem die Hitze im Sommer. In Buxar war zu der Zeit eine große klösterliche Gemeinschaft von etwa 1.500 Mönchen angesiedelt. Es war mehr ein Provisorium, denn wir hofften damals noch auf eine rasche Rückkehr nach Tibet. Wir waren in einem Gebäude untergebracht, das während des antikolonialen Kampfes der Inder von den Engländern als Gefängnis genutzt worden war. Das Provisorium zog sich jedoch lange hin. Ich studierte sechs Jahre in Buxar, war aber gleichzeitig auch Lehrer für jüngere Mönche. Ich unterrichtete sie in tibetischer Schrift und Grammatik.

Im Laufe der Zeit wurde klar, dass es nicht nur ein kurzer Aufenthalt in Indien werden würde. Das Lager löste sich deshalb allmählich auf, da immer mehr Mönche andere Orte suchten, an denen es Arbeit gab. Viele ließen sich vom Straßenbau anwerben, der von der indischen Regierung im Norden des Landes betrieben wurde. Neben Arbeit und Lohn sprach auch dafür, dass die klimatischen Bedingungen besser und vertrauter für uns waren.

Ich blieb recht lange in Buxar, bis ich im Januar 1967 einen Brief vom Büro des Dalai Lama erhielt, in dem ich gebeten wurde, in die Schweiz zu gehen. Dort sollte ein neues Kloster aufgebaut werden. Fünf von uns wurden persönlich vom Dalai Lama ausgesucht, darunter als unser Leiter der Abt Geshe Ugyen Tseten, der bis dahin in einem Kloster in Dalhousie gelebt hatte. Einen genauen Grund, warum ich ausgewählt wurde, kenne ich nicht; ich sage mir einfach, es war mein Karma, in die Schweiz zu gehen.

# Eine neue Heimat

Am 12. Juli 1967 landeten wir in der Schweiz, wo damals etwa 1.000 Tibeter lebten. Sie sollten die Möglichkeit erhalten, unsere Kultur zu bewahren. Dazu benötigten sie geistlichen Beistand durch Mönche.

Wir waren zunächst davon ausgegangen, dass wir in der Schweiz nebenbei auch ganz normal in einer Fabrik arbeiten würden, wie die anderen Tibeter. Doch daran war gar nicht zu denken, denn unsere Ankunft sprach sich bald herum und es gab einen für uns in dem Rahmen unerwarteten Ansturm von Gläubigen. Sie kamen zu uns, weil es endlich ein Kloster gab, in dem wieder religiöse Zeremonien stattfanden, sie kamen, weil sie in persönlichen Fragen Rat benötigten, wir mussten die Totengebete sprechen und -zeremonien durchführen. Auch Herr Phala, der Kanzler des Dalai Lama und sein erster Vertreter in der Schweiz, starb in einem Spital in Winterthur, wurde kremiert und auf dem Friedhof Rosenberg beigesetzt.

Den Kindern brachten wir die tibetische Sprache und Schrift bei; das war vor allem für die wichtig, die als Waisen in die Schweiz gekommen waren und in Pflegefamilien aufwuchsen. Dort gab es sonst keine Möglichkeit, mit unserer Kultur in Kontakt zu bleiben. Ich hatte bis zu 40 Kinder in meinem Unterricht, der häufig am Wochenende stattfand. Aber auch Erwachsene gehörten zu meinen Schülern.

Seit meiner Ankunft vor über 40 Jahren ist der Unterricht ein wesentlicher Teil meiner Tätigkeit im Kloster. Meine wichtigste Aufgabe aber ist die Leitung von Gebeten und Zeremonien, welche die Mönchsgemeinschaft auf Wunsch von Tibetern in ihren Häusern oder im Kloster abhält. Darüber hinaus unterrichte ich buddhistische Philosophie und Ethik.

Im Laufe der Jahre zeigte sich, dass nicht nur die Tibeter großes Interesse an den religiösen Unterweisungen bei uns im Kloster hatten, sondern auch immer mehr Europäer. Also boten wir ihnen ebenfalls unsere Dienste an. Sogar für den Tibetisch-Unterricht interessieren sich zunehmend mehr Schweizer. Ich gebe ein bis zwei Sprachkurse pro Woche in unserem Kloster.

Zu meinen Aktivitäten gehört auch eine Vollmond-Meditation, zu der ich möglichst regelmäßig einlade. Das ist für uns ein besonderes Ereignis, denn nach unserer Tradition wurde der historische Buddha bei Vollmond geboren, bei Vollmond erlangte er die Erleuchtung und bei Vollmond ging er ins Nirwana ein. Bei Vollmond sind unsere Sinne besonders offen für spirituelle Erfahrungen. An einem solchen Abend führe ich in die meditative Praxis ein, wir meditieren gemeinsam und ich erkläre den Teilnehmern, was im Leben zählt, was wir benötigen und wie das Gesetz des Karmas im Alltag funktioniert. Die Resonanz darauf ist sehr groß.

Für mich ist dieser Abend immer wieder eine neue Herausforderung, weil ich die Belehrungen auf Deutsch gebe. Ich habe Deutsch nicht systematisch gelernt, und es war deshalb schon bei den Sprachkursen für Nichttibeter schwierig, denn ich spreche auch kein Englisch, und manchmal muss man etwas in einer Sprache erklären, die Schüler und Lehrer verstehen. Im Laufe der Zeit habe ich mir etwas Deutsch angeeignet, sodass es für die Sprachkurse reicht, aber die Belehrungen sind schwierig.

Neben meiner Lehrtätigkeit organisiere ich auch Veranstaltungen, Vorträge und Ähnliches, manchmal auch für andere Tibet-Organisationen. Als der Dalai Lama 2005 einige Tage in Zürich war, unterstützte ich das Team, das seinen Besuch vorbereitete. Zudem gibt es eine Tibeter-

Gemeinschaft in der Schweiz, in der ich die Mönchsgemeinschaft schon seit 1973 vertrete. Auch zum Verein Tibeter Jugend unterhalte ich Kontakt.

Da ich inzwischen den Ruf habe, recht gut organisieren zu können, bringt es meine Arbeit mit sich, dass ich viel unterwegs bin. Ich pflege enge Kontakte zum Tibetischen Zentrum in Hamburg und war schon ein paar Mal dort.

Unterbrochen wurde meine Zeit in Rikon nur durch eine Vertretung im Büro Seiner Heiligkeit von 1980 bis 1982. Damals befand sich das Büro in Winterthur, zog dann aber nach Zürich um. Der damalige Leiter, Tsering Dorje, nahm an der ersten Delegation des Dalai Lama teil, die sich in Tibet ein Bild von der Situation machen konnte. Das war eine sehr ehrenvolle Aufgabe und für die Zeit seiner Abwesenheit suchte er einen Vertreter. Die Wahl fiel auf mich, und ich übernahm deshalb die Verwaltung, während er in Tibet und Indien war.

Es gibt auch einen interreligiösen Dialog hier in der Schweiz, an dem ich teilnehme. Wir treffen uns mit Vertretern der Christen, der hinduistischen Tamilen, der Juden und der Moslems zum Austausch.

Traurig ist, dass ich meine Mutter nach meiner Flucht nicht mehr wiedergesehen habe. Sie starb 1973. Ich war gerade auf dem Weg zu einer geistlichen Tätigkeit, als ich einen Brief erhielt. Ich sah, dass er aus Lhasa war, steckte ihn aber zunächst ein. Als ich ihn öffnete und las, dass meine Mutter gestorben war, war dies ein sehr trauriger Moment. Auch meine Onkel und Tanten sind inzwischen gestorben, doch ihre Kinder, meine Cousins und Cousinen, leben noch in Lhasa. Sie haben mich mehrfach gebeten, sie zu besuchen, doch ich habe es bis jetzt noch nicht geschafft. Ich wünsche es mir schon, weiß aber auch um die Schwierigkeiten. Man kann nicht frei reden und sich nicht frei bewegen und der Gedanke daran hält mich noch von einem Besuch ab.

Indien habe ich häufig besucht, aber ich habe nicht vor, mich wieder dort niederzulassen. Ich habe keinerlei Verwandte dort, zudem ist das heiße Klima sehr ungewohnt, sodass das Leben sehr schwierig ist. Die Schweiz gefällt mir besser, sie ist mehr wie Tibet. Ich betrachte sie jetzt als mein Vaterland.

Heimweh nach Tibet verspüre ich wohl, und wenn wir Tibeter jemals unsere Freiheit wiedererlangen sollten, würde ich mich sehr freuen und dorthin zurückkehren, aber ansonsten liegt meine Zukunft in der Schweiz.

Ich bin der Schweizer Regierung und dem Roten Kreuz sehr dankbar, dass sie uns die Möglichkeit gegeben haben, in die Schweiz zu kommen. Die Tätigkeit im Kloster ist mir eine Freude und ich bin sehr glücklich, hier zu sein.

# Tsewang Norbu –
# vom Bauernsohn zum Weltbürger

Ich wurde 1949 in Lhodak (Südtibet), nicht weit von der bhutanischen Grenze, geboren. Mein Dorf heißt Sengeri, auf Deutsch Löwenberg. Womöglich hat meine Vorliebe für Löwen, Tiger oder Katzen dort ihren Ursprung.

Da ich bereits zehn Jahre alt war, als wir unsere Heimat verlassen mussten, kann ich mich an meine Kindheit in Tibet gut erinnern. Ich bin als Kind nicht sehr weit über meine Heimat hinausgekommen. Entfernungen wurden bei uns in Form von Tagesmärschen gemessen. Nur selten war ich mehr als einen Tagesmarsch von meinem Dorf entfernt; meistens erstreckten sich meine Reisen über höchstens einen halben Tagesmarsch. Die wichtigsten Zielpunkte waren Lhakhang Dzong, wo der Distriktverwalter seinen Sitz hatte, und Kharchu Gönpa, ein Kloster der Nyingma-Schule, welches über die Region hinaus bekannt war.

Unser Dorf, wie auch meine Eltern, lebte in erster Linie vom Ackerbau. Wir bewirtschafteten Felder, auf denen wir Gerste und Weizen anbauten, es gab auch Wälder, die wir rodeten, um anschließend Buchweizen und Rettich anzubauen. Zudem besaßen wir einige Kühe und Yaks; Letztere lebten frei in den Bergen. In den Sommermonaten zogen einige Dörfler mit ihnen herum, das heißt, es gab auch eine halbnomadische Tradition.

In unserem Dorf lebten etwa 80 Menschen. Da Namnying Rinpoche, ein ganz hoher religiöser Würdenträger der Nyingma-Schule, in Sengeri wohnte, zogen wir viele Pilger aus ganz Tibet an, insbesondere zu religiösen Festen. Die Vorführungen der Cham-Tänze standen in der ganzen Region hoch im Kurs und entsprechend voll war stets der Hof des Namnying Labrang bei den Cham-Festen, zu denen die Maskentänze dargeboten wurden.

Sechs Hauptfamilien in unserem Dorf gehörten zu den Trälpa, darunter auch meine. Wir waren Bauern, die Land von Adeligen gepachtet hatten. Interessanterweise haben die Chinesen in einem Weißbuch über Tibet die Trälpa als »Leibeigene« bezeichnet. Aus chinesischer Sicht war ich also ein Leibeigener im alten Tibet, aber das zeigt nur, wie unsinnig und tendenziös es ist, das alte Tibet pauschal als eine Gesellschaft von Leibeigenen und Feudalherren abzustempeln. Trälpa heißt wörtlich nichts anderes als »Steuerzahler«.

Die Trälpa-Familien unseres Dorfes pachteten das Land von der Phala-Familie, die ihren Stammsitz in Gyantse hatte und eine Vertretung in der Hauptstadt Lhasa. Wir mussten eine jährliche Abgabe aus Naturalien leisten. Sie bestand aus einem Bambuskorb voll getrocknetem Tee pro Familie. Das war nicht besonders schwierig, ja, wir waren durch unsere geografische Lage recht privilegiert. Unser

Dorf lag relativ niedrig und deshalb wuchsen Pflanzen in der Umgebung, die sehr beliebt in Lhasa waren, wie Bambus und Tee. Das Teuerste an den Abgaben war der Träger, den man engagieren musste, um die Güter nach Lhasa zu transportieren, falls man es selbst nicht konnte. Das war ein Marsch von zwölf bis zu 14 Tagen für eine Strecke, also ein durchaus aufwendiges Unternehmen. Meine Familie brachte die Abgabe häufig selbst nach Lhasa und verband damit gleich eine Pilgerreise. Wenn die Gruppe in Lhasa ankam, stellte ihr die Phala-Familie in ihrem großen Anwesen kostenlos einen Platz zum Übernachten sowie Tee zur Verfügung. Nur ihr Tsampa, das geröstete Gerstenmehl, das Hauptnahrungsmittel der Tibeter, musste sie selbst mitbringen. So kam meine Familie mit der Erfüllung ihrer steuerlichen Pflichten zu einer sehr kostengünstigen Pilgerreise in die heilige Stadt. Die Abgabe war letztlich kaum der Rede wert, aber natürlich war das nicht bei jedem Bauern in unserem Dorf so; die sechs Trälpa-Familien hatten in der Beziehung viel Glück.

Es gab noch eine andere soziale Schicht, die Düchung, die eine Stufe unter den Trälpa standen. Ihr Leben war zweifellos härter. Einer meiner Onkel gehörte zu den Düchung. Das Land, das sie bearbeiteten, pachteten sie nicht direkt von dem Besitzer, der fern in einem der größeren Zentren lebte, sondern von einem Mittelsmann, dem sogenannten Dzongpön (Distriktverwalter), der ebenfalls abkassieren wollte. Solche Mittelsmänner lebten zumeist in der unmittelbaren Umgebung und versuchten, möglichst viel aus den Düchung herauszupressen.

Der Dorfälteste, der immer von den Trälpa gestellt wurde, hatte gewisse Möglichkeiten, dieser Willkür entgegenzuwirken. Wurden von den Dzongpöns hohe Zusatzabgaben gefordert, versuchte er, die Übergabe hinauszuzögern, und schickte gleichzeitig einen Boten nach Lhasa zur Phala-Familie. Da sie eher Verständnis für die sozialen Nöte der Menschen hatte, intervenierte sie und verbot die willkürlichen Abgaben. Einer so hohen Adelsfamilie konnte sich niemand widersetzen.

Als Kinder hüteten wir vor allem die Tiere. Wir trieben sie morgens auf die Weide, blieben den ganzen Tag bei ihnen, machten dort Picknick und vergnügten uns. An diese Zeit habe ich eine ausgesprochen schöne Erinnerung, zumindest im Sommer. Zur Regenzeit war es weniger angenehm, weil uns dann Schwärme von Mücken drangsalierten. Um sie zu vertreiben, verbrannten wir den Dung der Rinder, denn den Rauch mögen die Mücken nicht. Viel genutzt hat es jedoch nicht; es waren zu viele Schwärme, da es in unserer Region sehr viel Regen gab.

## Die Flucht

Im Frühjahr 1959 erfuhren wir zum ersten Mal, was sich in Lhasa ereignet hatte. Unser Dorf lag auf dem Weg Richtung Bhutan und deshalb zogen einige Flüchtlingsgruppen bei uns vorbei. Sie blieben leider nicht die einzigen Gäste. Kurze Zeit später, im Sommer kurz vor der Erntezeit, erschienen erstmals Soldaten der Volksbefreiungsarmee. Wie in anderen Gebieten auch waren die Soldaten zunächst extrem freundlich. »Wir sind hier, um euch zu helfen«, erklärten sie uns und gingen uns in der Tat bei der Ernte zur Hand.

Die Älteren hegten gleichwohl ein großes Misstrauen ihnen gegenüber, doch andererseits hatten wir den Eindruck, wir müssten uns mit ihnen arrangieren, denn wir wussten, dass Lhasa gefallen war und sie nun die neuen

Herren waren. Aber die Chinesen machten sich sehr schnell unbeliebt. Es fing damit an, dass sie die Bauern zur politischen Schulung nötigten. Das war für alle äußerst langweilig und unergiebig. Zunächst fanden solche Sitzungen einmal in der Woche statt, dann zwei- und dreimal, schließlich täglich und am Ende – nach nur wenigen Monaten – sogar morgens und abends. Da die Chinesen sich auch darüber hinaus als äußerst unsensibel gegenüber unserer Tradition erwiesen, entschieden die Dorfältesten, das Land zu verlassen.

Die Flucht begann am 13. Tag des 8. Monats (etwa Anfang Oktober) 1959 und über 50 der 80 Bewohner beteiligten sich daran. Das Problem war, die Aktion vor den Chinesen geheim zu halten. Unser Dorf lag an einem Fluss und es gab zwei Übergänge oberhalb und unterhalb der Siedlungen, auf die wir angewiesen waren. Der untere Weg war der leichtere und es wäre naheliegend gewesen, ihn zu nehmen. Von dort waren es weniger als acht Stunden bis nach Bhutan, unserem ersten Ziel. Die Dorfältesten entschieden sich jedoch für den schwierigeren Weg. Um die Chinesen zu täuschen, begannen sie heimlich oberhalb der Siedlung einen Steg zu bauen. Als wir dann in der vereinbarten Nacht aufbrachen, ließen wir zunächst die Tiere aus den Ställen; es war klar, dass wir sie nicht mitnehmen konnten, deshalb sollten sie in Freiheit für sich selbst aufkommen und nicht in die Hände der Chinesen fallen. Dann geschah etwas Schreckliches: Eine Tante von mir hatte sich bereit erklärt, für die Chinesen zu arbeiten. Jeder im Dorf hatte ihr deshalb misstraut und sie war in die Vorbereitungen für die Flucht nicht einbezogen worden. In Wirklichkeit hatte sie sich aber auch längst entschlossen zu fliehen, nur wusste das niemand. Als sie sah, dass wir aufgebrochen waren, war sie fürchterlich enttäuscht, von uns nicht eingeweiht worden zu sein. Sie fing deshalb laut an zu schreien und alarmierte dadurch die Chinesen. Zum Glück waren wir aber schon so weit weg, dass sie nicht direkt unsere Fährte aufnehmen konnten, und tatsächlich begaben sie sich in Richtung des unteren Übergangs. Erst am nächsten Morgen bei Tageslicht bemerkten sie, dass sie getäuscht worden waren und umkehren mussten; dadurch hatten wir einen ganzen Tag gewonnen.

Es war eine sehr beschwerliche Flucht, insbesondere für meine Familie. Meine Mutter war hochschwanger; mein Vater trug alle Vorräte, meine älteste Schwester meine jüngere Schwester, meine zweitälteste Schwester meine jüngste Schwester, ich lief zu Fuß. Ein Onkel führte die Gruppe an, und da es nachts im Wald sehr dunkel war, streute er helles Tsampa-Mehl auf den Weg, an dem wir uns orientieren konnten.

Wir liefen die ganze Nacht hindurch den steilen Berg hoch und machten erst am nächsten Morgen halt. In der Dämmerung konnten wir erkennen, dass unsere List gegenüber den Chinesen funktioniert hatte; sie waren uns nicht auf der Spur. Vor Erschöpfung, aber auch aus Sicherheitsgründen, versteckten wir uns im Wald. Bei Einbruch der Dunkelheit brachen wir wieder auf und erreichten am nächsten Morgen die bhutanische Grenze. Aber uns war klar, dass wir selbst nach Überschreiten der Grenze noch nicht in Sicherheit waren. Als wir im Laufe des Tages endlich den ersten bhutanischen Grenzposten erreichten, regnete es fürchterlich und wir mussten dort warten, bis wir weiter durften. Unsere Nahrungsvorräte waren längst verbraucht. Das war schlimm für uns, denn wir mussten eine Woche bei dem Posten ausharren, bevor er eine Nachricht von seiner Regierung erhielt. An diesem Grenzposten waren wir die erste Flüchtlingsgruppe überhaupt. Als wir endlich weitermarschieren durften und das nächste Dorf erreichten, ging es uns besser, denn dort lebten Menschen, die wir kannten und die uns mit Lebensmitteln versorgten.

Gern wären wir in Bhutan geblieben, doch die Behörden erlaubten es nicht. Die nächste Station unserer Flucht war die Distriktverwaltung. Da meine Mutter hochschwanger war, durfte meine Familie dort zurückbleiben, während die anderen gleich weiter mussten. Es war eine verrückte Situation: Obwohl sich meine Mutter dort ein wenig entspannen konnte, setzten die Wehen einfach nicht ein. Zwei Wochen hatten die Behörden Geduld mit uns, dann forderten sie uns auf weiterzuziehen; sie wollten nicht länger auf die Niederkunft warten. Nachdem wir dann drei Tage unterwegs waren, setzten die Wehen ein und auf der Spitze des Berges Mängyäl Dongla kam meine jüngste Schwester zur Welt. Alle haben es überlebt und heute ist sie selbst Mutter von drei Kindern.

Kurz darauf trafen wir auf eine weitere Flüchtlingsfamilie, die den ganzen Weg von Osttibet aus zurückgelegt hatte. Gemeinsam mit ihnen zogen wir weiter, Woche für Woche, und schließlich überschritten wir die Grenze nach Indien. Es war kurz vor dem tibetischen Neujahr, als wir in einem Flüchtlingslager in Missimarie im Bundesstaat Assam ankamen. Unsere Flucht hatte also ziemlich genau ein halbes Jahr gedauert.

Nach dem Neujahrsfest, das im Februar/März liegt, wird es unerträglich heiß in der indischen Tiefebene. Dadurch verschlechterten sich die hygienischen Bedingungen in dem Lager und sieben bis acht Menschen starben pro Tag an Infektionskrankheiten. Um dem zu entkommen, fuhren wir etwa eine Woche nach Neujahr mit einem Sonderzug über Siliguri nach Pathankot. Die Fahrt dauerte sechs Tage und Nächte. Währenddessen wurde meine fünfjährige

Schwester krank. In der Nacht unserer Ankunft im Chamba-Tal starb sie. Heute erinnere ich mich nicht einmal mehr an ihren Namen, denn traditionell war es bei uns so, dass mit dem Tod Namen und Bilder ausgelöscht wurden. Deshalb gibt es auch keine Bilder von meinem Vater, der nur wenige Jahre nach unserer Ankunft in Indien gestorben war. Von meiner jüngeren Schwester haben wir nur noch als »die Verstorbene« gesprochen.

Meine Eltern entschieden sich, mit etwa 950 Landsleuten nach Ladakh zu gehen. Doch die Pässe in den Bergen waren im März noch nicht passierbar. Die Menschen heuerten deshalb für den Straßenbau an und dieser Tätigkeit gingen sie noch in Ladakh nach. Die Inder waren zu der Zeit sehr ambitioniert im Straßenbau und alle tibetischen Flüchtlinge waren willkommene Arbeitskräfte.

Bevor unsere Familie jedoch nach Ladakh aufbrach, erschienen Gesandte unserer Regierung im Exil aus Dharamsala. Sie hatte gerade damit begonnen, die ersten Schulen aufzubauen, um eine moderne Erziehung kombiniert mit unserer Tradition zu ermöglichen. Deshalb fragten sie nach, ob meine Eltern bereit seien, uns auf diese Schulen zu schicken. Sie sagten gleich zu, doch ich war damals der Einzige aus der Familie, der in den Genuss kam. Meine jüngeren Schwestern waren noch zu jung, die älteste mit 18 war anscheinend zu alt, die zweitälteste mit 14 hätte gehen können, aber die Eltern wollten dies nicht zulassen. Etwa 70 Kinder zwischen vier und 20 Jahren wurden mit zwei Bussen abgeholt und nach Dharamsala gebracht. Als wir dort ankamen, war es Nacht. Am nächsten Morgen sah ich, dass die gesamte Umgebung, Flur, Veranda und selbst der Vorgarten mit Kot und Erbrochenem bedeckt war. Die Fahrt hatte den meisten offenbar sehr zugesetzt.

Aber Dharamsala war noch nicht das endgültige Ziel für mich. Nach kurzer Zeit in einer provisorischen Schule der *Tibetan Children's Nursery*, dem Vorläufer der heutigen *Tibetan Children's Villages* (TCV) in Dharamsala, hieß unser Ziel Mussoorie im Bundesstaat Uttar Pradesh, wo am 3. März 1960 die erste umfassende tibetische Schule ihre Tore geöffnet hatte. Herr Jigme Taring war der Schulleiter. Am 6. Juni 1960 kamen wir dort an.

In Mussoorie begann für uns der Schulalltag. Neben Tibetisch lernten wir Englisch. Ein sympathischer Inder unterrichtete uns in Hindi. Ansonsten bestand das Lehrpersonal nur aus Tibetern, bunt gemischt, was das Alter anging, manche selbst noch im Grundschulalter. Noch bunter gemischt waren die Klassen. Die Schüler in meiner Klasse waren zwischen acht und 50 Jahre alt, bei den älteren handelte es sich überwiegend um ehemalige Soldaten und Mönche, die allerdings im Tibetischen viel weiter waren.

## Leben im Palast

Weihnachten 1961 hatte ich ein ganz besonderes Erlebnis. Etwa 30 Kinder von unserer Schule wurden ausgesucht und mit dem Zug nach Delhi gebracht. Wir waren von indischen Familien eingeladen worden, um Weihnachten und das westliche Neujahr in einer anderen Umgebung feiern zu können. Ich gehörte zu diesen Auserwählten, und das Schicksal meinte es besonders gut mit mir. Am Bahnhof wurden wir von mehreren Autos abgeholt und in eine Prachtvilla im Herzen Neu-Delhis gebracht. Heute weiß ich, dass es sich um das Patiala House handelte. Dort wurden wir in Gruppen aufgeteilt und nach und nach abgeholt.

Auf mich und einen anderen Schüler in meinem Alter wartete eine Inderin, die uns zunächst in eine Hütte am Rand
von Delhi brachte. Sie gab uns keinerlei Informationen
darüber, was mit uns geschehen sollte. Wir fühlten uns sehr
einsam und weinten bitterlich. Anschließend wurden wir
wieder zurück in die Prachtvilla gebracht. Doch gegen
Abend wendete sich das Blatt. Eine ausgesprochen hübsche
und elegante junge Frau holte uns in einer Buick-Limousi-
ne ab. Sie war die Tochter des Maharadschas von Patiala
und eine leibhaftige Prinzessin. Wir waren etwa fünf Stunden mit ihr unterwegs und kamen schließlich vor dem
Palast an. Am Eingang wurden wir von salutierenden Soldaten begrüßt. Wir konnten nicht fassen, was wir sahen.
Alles war aus Marmor, die Lampen aus Kristall und so sau-
ber, wie wir es noch nie gesehen hatten. Außerdem gab es
fließendes Heißwasser, das Luxus pur war und das wir von
unserer Schule natürlich nicht kannten. Vor Staunen und
Aufregung konnten wir die erste Nacht kaum schlafen. Am
nächsten Morgen wurde es noch schöner. Die hübsche
Prinzessin kam wieder und mit ihr einige elegant gekleidete
Diener. Sie brachten ein Frühstück mit heißer Milch, Tee,
Keksen, Obst und allem, was wir uns wünschten. Davon
hatten wir noch nicht einmal zu träumen gewagt. Wir
konnten uns auch im Hof, im Park und am Swimmingpool
bewegen, wo überall Bedienstete mit Obst, Tee und Keksen
bereitstanden. Es muss ein verrücktes Bild gewesen sein:
Dieser fürstliche, überaus edle und saubere Palast und
darin wir zwei Tibeterjungen, vollkommen verdreckt, ver-
rotzt und ziemlich heruntergekommen. Die Prinzessin klei-
dete uns neu ein, allerdings war es schwierig, die passende
Größe für uns zu finden. Ich war klein, aber ziemlich kräf-
tig, solche Maße waren in der indischen Konfektion nicht
vorgesehen. Im Palast gab es auch ein eigenes Kino, in dem

wir allein mit der Prinzessin Abenteuerfilme mit Errol Flynn und anderen Helden sehen konnten. Und einmal wurden wir auch in das Jagdschloss der Fürstenfamilie mitgenommen, aber das hat mir nicht gefallen, obwohl es eine interessante Gesellschaft war.

Zwei Wochen hielten wir uns in dem Palast auf, dann brachte uns die Prinzessin zurück nach Delhi. Als sich alle Kinder im Patiala House wiederfanden, wurde natürlich erzählt, was alle erlebt hatten. Und es war bald klar, dass mein Kumpel und ich es am besten erwischt hatten.

Leider konnte ich den Kontakt zu der Familie nicht halten. Später habe ich erfahren, dass der Palast vom Indischen Sportverband genutzt wurde, nachdem Indira Gandhi den ehemaligen Herrschern Indiens ihre Privilegien entzogen hatte. Inzwischen ist er leider ziemlich heruntergekommen.

Ende 1964 hatte ich einen wunderschönen Traum. Herr und Frau Taring ließen einen schönen kleinen Tempel für unsere Schule bauen und darin gab es eine sehr schöne kleine Buddha-Statue. Im Traum betrat ich den Tempel, in dem diese Buddha-Statue stand. Als ich mich ihr näherte, stieg sie vom Altar herunter und kam auf mich zu. Seit jenem Traum war ich bei fast allen Prüfungen der Klassenbeste bis zum Schulabschluss und ich war ein Allrounder im Sport.

Die Schule beendete ich im März 1969 mit dem optimalen »First Degree«, was in Deutschland einem Einser entspricht. Fünf von den acht Klassenkameraden bekamen ein Stipendium von der indischen Regierung. Leider kam die Nachricht erst zwei Tage vor Ende der Frist für die Einschreibung. Doch wiederum kam mir ein günstiges Schicksal zu Hilfe. Der akademische Direktor unserer Schule, Herr Mittal, stammte aus Delhi. Er kannte sich bestens aus mit den verschiedenen Colleges an der Universität. Um keine Zeit zu verlieren, fuhr er mit uns im Taxi nach Delhi und stellte uns bei verschiedenen Colleges vor; zuerst bei dem besten, dann bei dem zweitbesten und so weiter. Mir gelang tatsächlich, gemeinsam mit zwei weiteren Tibetern aus meinem Jahrgang, die Aufnahme ins St. Stephen's College, ein indisches Elite-College. Aber der Anspruch war hoch. Am ersten Tag fragte mich unser Tutor: »Was hast du gelesen?« Ich war etwas eingeschüchtert und antwortete: »Harrer: ›Sieben Jahre in Tibet‹ und Dalai Lama: ›Mein Land und mein Volk‹.« Das war ihm aber nicht genug und er fragte nach richtiger Literatur. Ich erwiderte: »Ich habe ›Die Schatzinsel‹ von Stevenson gelesen«. Doch auch das war nur die Schulversion, während meinen Mitstudenten die englische Literatur von Shakespeare bis zur Gegenwart bereits vertraut war. Dadurch bekam ich einen ziemlichen Minderwertigkeitskomplex. Auch sportlich wurde es schwieriger in meinen beiden Paradedisziplinen Kugelstoßen und Stabhochsprung. So sprangen die Inder zum Beispiel mit einem Aluminium- oder gar einem Kunststoffstab, während ich immer noch den Bambusstab benutzte.

Ich studierte englische Literatur und hatte prominente Kommilitonen. Zwei Jahrgänge unter mir studierte zum Beispiel Jigme Thinley, der 2008 zum Ministerpräsident von Bhutan gewählt wurde, und in meiner Klasse war Dawa Norbu, der bedeutendste tibetische Intellektuelle seiner Zeit. Schon während seiner Studentenzeit war er sehr vergeistigt und hochgebildet. Da es im St. Stephen's College zum ersten Mal überhaupt vier Tibeter gab, und in meiner Klasse gleich zwei mit dem gleichen Nachnamen, unterschied man uns dadurch, dass es einen Norbu gab, der es im Kopf hatte, und einen Norbu, der es in den

Armen hatte. Dawa Norbu interessierte sich auch sehr für die politische Entwicklung und Theorie, denn zu der Zeit schwappten die Ideen der europäischen und amerikanischen Studentenbewegung nach Indien über.

Auf dem Elite-College tat ich mich viel schwerer als an der Schule. Nach drei Jahren schaffte ich meinen Abschluss in englischer Literatur ziemlich notdürftig mit »Third Division«, aber selbst Dawa Norbu hatte nur die »Second Division« erreicht, insofern war ich doch glücklich.

Neben den harten Anforderungen des Studiums war es mir aber auch wichtig, für den tibetischen Freiheitskampf zu arbeiten. 1970 wurde der *Tibetan Youth Congress* in Dharamsala gegründet, in dem ich mich gleich engagierte. Ich wurde zunächst zum stellvertretenden Sprecher und dann zum Sprecher der Ortsgruppe in Delhi gewählt. Nach meinem Studienabschluss im April 1972 gab ich dieses Amt auf, als ich anfing, als »Deputy Secretary« im Büro Seiner Heiligkeit in Delhi zu arbeiten.

## Nach Deutschland

Deutschland hat mich schon immer besonders fasziniert. Während meiner Schulzeit hatte ich ein deutsches Entwicklungshelfer-Ehepaar in Tibetisch unterrichtet. Der Kontakt mit Herrn Dr. Gustav und Waltraud Schreinert blieb auch während meines Studiums an der Universität Delhi erhalten und über sie hatte ich die Adresse von einer Organisation in Deutschland bekommen, dem Ökumenischen Studienwerk in Bochum, das auch Stipendien für Ausländer vergibt. Dort bewarb ich mich, und zwar mit Erfolg. Am 31. Mai 1973 war es so weit, ich konnte endlich nach Deutschland fliegen.

Was genau diese Faszination für mich ausmacht, kann ich nur zum Teil logisch erklären. Vermutlich spielt das sehr idealisierte Bild von Deutschland in Indien eine Rolle. Deutschland war der Gegner der britischen Kolonialmacht und es war in der Lage, die übermächtige Kolonialmacht in Bedrängnis zu bringen. Die Verbrechen der Nazis wurden und werden kaum thematisiert. Stattdessen gab es auch ruhmreiche Schilderungen von den deutschen Blitzkriegen in Westeuropa und als Tibeterkinder dachten wir mit einer gewissen Sehnsucht, wie schön es wäre, wenn auch wir so mächtig wären, dann könnten wir die Chinesen in wenigen Tagen aus unserer Heimat vertreiben. Wenn man solche Ohnmachtserfahrungen gemacht hat wie wir, ist die Identifizierung mit dem Starken schon faszinierend.

Meine erste Station war die Ruhruniversität in Bochum. Ich hatte dort keinerlei Anbindung an Tibeter oder andere Bekannte, aber es war eine herrliche Zeit. In meinem Studentenwohnheim lebten Inder, Pakistanis, Bangladeschi und andere Asiaten. Während sich diese Völker in ihrer Heimat bekämpften, verbrachten wir fast jedes Wochenende fröhlich miteinander, kochten zusammen und diskutierten über dies und das.

In Bochum blieb ich allerdings nur für ein halbes Jahr, absolvierte noch einen Deutsch-Sprachkurs und wechselte dann an die Universität Frankfurt. Mein Stipendium hatte ich für das Studium der Pädagogik erhalten. In Frankfurt bekam ich noch die Nachwirkungen der 68er-Bewegung mit; die Studenten waren äußerst politisiert und ich hatte das dringende Bedürfnis, Soziologie zu studieren; hinzu kamen Indologie und Japanologie als Nebenfächer. Da ich Soziologie wegen Statistik sehr schwer fand, wechselte ich nach einem Semester zur Sinologie und wollte nach Bonn gehen, wo einige Tibeter waren.

Während meiner Zeit in Frankfurt deutete sich etwas sehr Bedrohliches an. Ich bekam große Schmerzen im oberen Rücken- und Brustbereich. Die Ärzte vermuteten eine Bronchitis und behandelten mich entsprechend, doch die Schmerzen wurden unerträglich, bis ich nach einem Besuch in Indien nicht mehr laufen konnte. Dann wurde ich im Februar 1975 endlich zum Röntgen geschickt und die Ärzte diagnostizierten Tuberkulose in einem weit fortgeschrittenen Stadium. Ich wurde sofort ins Krankenhaus und kurz darauf ins Sanatorium nach Todtmoos (Schwarzwald) geschickt. Nach einer schwierigen Operation im Dezember 1975 wurde ich Ende März 1976 geheilt entlassen. Vermutlich hatte ich mir die Krankheit bereits früher in Indien eingefangen und sie ist in Deutschland zum Ausbruch gekommen. Ich war dem Tod sehr knapp entronnen.

Erst im Sommersemester 1976 konnte ich mein Studium an der Bonner Universität wieder aufnehmen, wo ich Sinologie, Tibetologie und Politikwissenschaft studierte. In dieser Zeit intensivierte ich meine Kontakte mit Tibetern in Deutschland, denn die meisten Tibeter lebten im Raum Köln-Bonn. Nach dem zweiten Studienfachwechsel musste ich allerdings befürchten, dass ich aus dem Stipendiatsprogramm gestrichen wurde, und um dem zuvorzukommen, kündigte ich von mir aus. Zur Überbrückung erhielt ich Unterstützung für neun Monate von einer privaten deutschen Fördergemeinschaft.

Danach entschied ich mich, mir meinen Lebensunterhalt selbst zu verdienen, doch das war sehr hart. An der Bonner Uni lernte ich 1978 Ute kennen und im Frühjahr 1982 sollten wir heiraten. Mit der Zeit trat das Studium immer mehr in den Hintergrund. 1979 gründeten wir den Verein der Tibeter in Deutschland und 1982 die Deutsch-Tibetische Kulturgesellschaft.

Wir wohnten in einem Hochhaus in St. Augustin und eines Morgens, Sommer 1982, als ich zur Uni gehen wollte, traf ich den Hausmeister mit einem kleinen Katzenbaby, das er im Keller gefunden hatte. Wir nahmen es sofort bei uns auf. Wir fanden es so süß und tauften es Catania, nach dem verlorenen Baby der Löwin Elsa. Am Tag darauf kamen zwei Mädchen aus dem Haus und sagten, dass die Kleine einem alten Mann gehörte. Mit schwerem Herzen gingen wir mit Catania zu ihm. Als die Tür aufging, kam uns eine spindeldürre Katzenmutter freudig entgegen und begrüßte ihre verlorene Tochter. Auf dem Bett des alten Mannes, der kaum sehen und laufen konnte, saß ein fetter, runder roter Kater, den er Peter nannte. Wir wollten den Opa später bitten, uns die Kleine zu geben, doch da war es zu spät. Eine Betreuerin vom Sozialamt hatte die Katze und ihre beiden Jungen in ein Katzenasyl in Bad Godesberg gebracht, von wo Catania und ihre Schwester schnell vermittelt wurden. Die Mutter war noch zu haben und wurde gerade sterilisiert. So entschlossen wir uns, sie zu uns zu holen. Am 16. August 1982 war es so weit. Als wir am Bonner Bahnhof mit ihr auf die S-Bahn warteten, kam ein Inder und sagte: »She is very beautiful and looks like our Indian cat.« Daraufhin gaben wir dieser lieben spindeldürren Katzenmutter den indischen Namen Niguma, eine bedeutende Dakini aus der indisch-buddhistischen Tradition. Als der Opa ins Altersheim geschickt wurde, nahmen wir Peter auch noch dazu. Niguma und Peter haben uns so viel Liebe und Zuneigung geschenkt, dass wir über diese Entscheidung sehr glücklich waren. Als Peter 1987 starb, nahmen wir einen kleinen Perserkater zu uns, damit Niguma nicht so allein war. Wir nannten in Khyungpo, nach dem berühmten tibetischen Schüler von Niguma. Khyungpo überlebte seine Meisterin um knapp sechs Jahre und starb im Juni 2008.

## Politik für Tibet

Wir organisierten Veranstaltungen, um in Deutschland über Tibet zu informieren, denn kaum jemand wusste damals etwas von meiner Heimat. Seit Anfang der 1980er-Jahre organisierten wir die Besuche des Dalai Lama in Deutschland und versuchten Einfluss auf Politiker zu nehmen. Diese Arbeit erfuhr einen erheblichen Aufschwung, als ich 1982 bei einer großen Demonstration gegen die NATO-Raketenstationierung im Bonner Hofgarten mit 400.000 Beteiligten erstmals Petra Kelly und Heinrich Böll hörte. Ich fühlte mich ihnen sehr verbunden. Als der Dalai Lama 1985 Deutschland besuchte, hatten Grüne Abgeordnete eine Audienz bei ihm. Da ich in Bonn lebte, war es naheliegend, dass ich mich unter anderem um die Kontakte zu den Politikern und speziell zur Grünen Fraktion kümmerte. Das war eine sehr fruchtbare Arbeit. 1986 war meine besetzte Heimat zum ersten Mal Thema im Deutschen Bundestag. Petra Kelly brachte das größte Interesse an Tibet mit und Ute und ich arbeiteten ihr viel zu, vor allem im Zusammenhang mit der großen Tibet-Anhörung im Bundestag im April 1989. Das Ereignis wurde für die parlamentarische Arbeit für Tibet weltweit eine Initialzündung.

Da Kellys Mitarbeiter häufig wechselten, bot sie mir 1990 eine Stelle an. Leider hatte ich nicht viel davon, denn die Grünen scheiterten bei der Bundestagswahl im Dezember 1990 an der Fünf-Prozent-Klausel.

Doch wer bei Petra Kelly zu ihrer Zufriedenheit gearbeitet hat, verfügt über beste Referenzen für die Stellensuche. So wurde ich von der Grünen Europa-Abgeordneten Eva Quistorp übernommen, die ein Büro im Bundestag unterhielt. Als ich 1992 erfuhr, dass die Heinrich-Böll-Stiftung in Köln einen Mitarbeiter für das Bürgerrechtskomitee suchte, bewarb ich mich und bekam die Stelle. Seitdem arbeite ich für die Heinrich-Böll-Stiftung. 1997 zog ich mit der Stiftung in die deutsche Hauptstadt. Heute arbeite ich in deren Themenreferat für Internationale Politik.

Zu den politischen Aktivitäten für meine Heimat gehörte eine besonders erfolgreiche Aktion im Zusammenhang mit einem Deutschlandbesuch von Chinas Ministerpräsident Li Peng 1994. Wo immer er auftauchte – ob in Berlin oder in Bonn –, wurde er mit tibetischen Demonstranten konfrontiert. Als Bundeskanzler Helmut Kohl im November 1995 China besuchte und gemeinsam mit Ministerpräsident Li Peng eine Ehrengarde der Volksbefreiungsarmee abschritt, war ich Vorsitzender des Vereins der Tibeter in Deutschland. Ich gab eine Presseerklärung heraus, die besagte, dass der Besuch des Bundeskanzlers bei der chinesischen Armee, die für die Niederschlagung des Studentenaufstands von 1989 verantwortlich war, den Tiefpunkt der deutschen Außenpolitik darstellen würde. Dieser Satz gefiel den deutschen und internationalen Medien so gut, dass er in allen großen deutschen Zeitungen auf der ersten Seite zitierte wurde und auch von allen Nachrichtenagenturen aufgegriffen wurde. Daraufhin lud mich sogar die Redaktion von Erich Böhmes Sendung »Talk im Turm« zu einer Diskussionsrunde ein.

Ich kann noch sagen, dass ich in Deutschland nie schlechte Erfahrungen mit Rassismus gemacht habe, und wenn, dann war es eine positive Diskriminierung. Zweimal wurde ich angepöbelt: einmal in St. Augustin und einmal am Bahnhof Siegburg. Das war in der Zeit, als die vietnamesischen Boat People nach Deutschland kamen. Die aggressiven Männer hielten mich wohl für einen Vietnamesen und ich vermute, sie hatten durch einen Vietnamesen ihre Stelle verloren. Als sie merkten, dass ich ein Tibeter bin, waren sie plötzlich überaus freundlich. Einerseits war ich natürlich froh über diese Deeskalierung, andererseits fand ich es erschreckend, dass die Deutschen auch noch Unterschiede zwischen den Ausländern machen und wir Tibeter offenbar zu den »Guten« gehören.

Meine Ehe mit Ute scheiterte und wir trennten uns 1994. Im Zuge meiner Tibet-Arbeit lernte ich Ende 1996 Ingrid kennen und wir heirateten 1997. 1998 habe ich die deutsche Staatsbürgerschaft angenommen; die Voraussetzungen dazu hatte ich schon vorher erfüllt, doch ich habe lange gezögert, denn mein ungewöhnlicher tibetischer Flüchtlingspass war immer ein guter Anlass, über Tibet zu reden, etwa an der Grenze bei der Kontrolle. Irgendwann überwog jedoch der Pragmatismus.

Meine Heimat Tibet habe ich seit meiner Flucht nicht wiedergesehen, allerdings war ich 2001 in Peking und Shanghai – aus rein touristischen Gründen, denn schließlich hat die chinesische Kultur auch ihre faszinierenden Seiten.

# Jampa und Dekyi Phukhang –
# gemeinsam auf ungewöhnlichen Wegen

Dekyi und ich (Jampa) haben uns im Exil getroffen und dort zueinander gefunden. In Tibet wäre das nicht möglich gewesen, denn dort waren wir in unseren Rollen sehr viel festgelegter – jeder auf seine Weise. Die Tragödie unseres Volkes hat uns als Individuen und als Paar Freiräume eröffnet, die wir in unserer Heimat nicht gehabt hätten. Offenbar war das unser Karma.

Ich wurde 1942 in Chonggyal im Chonggyal-Tal geboren, unserem alten Königstal in der Region Lhoka in Südtibet. Von dort stammt auch der 5. Dalai Lama. Als Kind hieß ich Lobsang Choeden, so hatten meine Eltern mich genannt. Ich habe noch zehn Geschwister, meinen ältesten Bruder habe ich gar nicht gekannt; er war 37 Jahre älter als ich. Streng genommen war er mein Halbbruder aus der ersten Ehe meines Vaters. Alle meine älteren Geschwister waren Halbgeschwister, ich war das einzige Kind meiner Mutter. Sie war zwei Jahre jünger als mein ältester Bruder und eine einfache Bäuerin, während mein Vater der Verwalter eines Grundbesitzers war. Er war ein ausgesprochen gebildeter Mensch, von dem ich als kleiner Junge viel über die Welt jenseits von Tibet erfuhr, auch über Deutschland und den 2. Weltkrieg. Damit weckte er frühzeitig mein Interesse an der Welt.

Zunächst schien es allerdings nicht so, als würde ich davon viel zu sehen bekommen, denn als ich sechs Jahre alt geworden war, kamen einige Mönche aus dem Kloster Ganden zu uns. Sie erklärten meiner Familie, ich sei die Wiedergeburt eines hohen Abtes, des Phukhang Khenpo, und es wurde vereinbart, dass ich mit sieben Jahren ins Kloster Ganden übersiedeln sollte. Mein Vater hatte den Ehrgeiz, dass ich vorher noch Lesen und Schreiben lernen sollte, deshalb schickte er mich auf das Kloster Tengpoche, unser Heimatkloster. Dort lebten bereits zwei meiner Brüder als Mönche, von denen mir einer Unterricht erteilte, und zwar sowohl in weltlichen als auch in religiösen Fächern. Mein Mönchsname war Jampa Kalsang. Nach einem Jahr wurde ich dann abgeholt. Mit dem Pferd war es eine Reise von vier Tagen nach Ganden, wo ich als Inkarnation des Phukhang Khenpo inthronisiert wurde. Der Dalai Lama hat die Inkarnation bestätigt.

Das Kloster Ganden besteht aus zwei Fakultäten, der Phukhang Khenpo ist das Oberhaupt der Shartse-Fakultät. In Ganden ging meine Ausbildung weiter, aber sie wurde natürlich erheblich erweitert, man kann sagen, ich begann mit meinem Studium der buddhistischen Philosophie und Logik. Bis 1959, als es zum Aufstand gegen die Chinesen kam, war mein Leben damit ausgefüllt.

# Beim Aufstand in Lhasa

Schon in den Jahren vor dem Aufstand war ich regelmäßig zum Monlam-Fest, dem großen Gebetsfest nach unserer Neujahrsfeier, in Lhasa. Dort war ich hin und wieder auch bei Audienzen von unserem Kloster mit dem Dalai Lama zusammengekommen.

Im Februar und März 1959 hielt ich mich ebenfalls mit anderen Ganden-Mönchen in Lhasa auf. Wir hatten die Absicht, in diesem Jahr noch etwas länger zu bleiben, denn es gab drei Wochen nach dem Monlam-Fest noch ein weiteres Gebetsfest, das wir besuchen wollten. Zusammen mit einem Freund hatte ich mir vorgenommen, während der Zeit in Lhasa zu einem Privatlehrer zu gehen, der auf Poesie spezialisiert war.

Der Unterricht dauerte gerade erst ein paar Tage, als die Unruhen vom 10. März ausbrachen. Wir erlebten die großen Demonstrationen mit und innerhalb von einem Tag änderte sich die Atmosphäre vollkommen. Unsere Landsleute waren emotional sehr aufgebracht und die chinesischen Soldaten, die sich bis dahin eher zurückgehalten hatten, waren sehr viel verschlossener und unfreundlicher geworden. Da spürten wir, dass etwas Schreckliches in der Luft lag. Unser Lehrer war der gleichen Meinung und riet uns, Lhasa zu verlassen. Wir blieben jedoch noch drei Tage in der Stadt, bevor wir nach Ganden zurückkehrten. Dort waren wir zwei Tage, als uns die Nachricht erreichte, dass der Dalai Lama aus Lhasa geflohen sei. Wir konnten es gar nicht glauben und schickten deshalb einen Boten in die Hauptstadt, der uns genaue Informationen besorgen sollte. Innerhalb eines Tages kam er mit der niederschmetternden Nachricht zurück, dass Lhasa verloren sei. Daraufhin entschlossen auch wir uns zur Flucht.

Wir waren eine Gruppe von 90 Personen, unter denen sich auch mein Lehrer befand. Wir hatten allerdings keine rechte Vorstellung davon, wohin wir gehen sollten, auf jeden Fall dachten wir damals noch nicht daran, in Indien Zuflucht zu suchen. Zuerst wandten wir uns Richtung Lhoka, wo unsere Guerillabewegung Chushi Gangdruk große Gebiete beherrschte. Es war zudem meine Heimatregion und ich hatte gehofft, ich könnte meinen Geburtsort besuchen. Daran war jedoch nicht zu denken, denn nach der Flucht des Dalai Lama verstärkten die Chinesen ihre Truppen im Süden von Tibet erheblich; sie wollten den Dalai Lama unbedingt in ihre Gewalt bringen.

Wir konnten uns also nirgendwo länger aufhalten, sondern wurden von den heranrückenden chinesischen Soldaten, die eine Tagesreise hinter uns waren, immer weiter nach Süden gedrängt. Irgendwann sagte jemand, dass wir der indischen Grenze schon so nahe wären, dass wir sie auch überschreiten könnten, um in Indien Schutz zu suchen. Wir wollten die gleiche Route einschlagen wie die Gruppe vom Dalai Lama, doch das war nicht mehr möglich, denn die Chinesen hatten den Weg bereits gesperrt. Richtung Südwesten hielten die Chinesen einen wichtigen Pass besetzt, der auch diese Fluchtroute unmöglich machte, und aus Richtung Südosten stießen zahlreiche Flüchtlinge zu uns, die uns berichteten, dass auch dort die chinesischen Truppen die Gegend beherrschten. Wir waren also aus drei Richtungen von Chinesen umzingelt und wir hatten nur noch die Chance, uns direkt Richtung Süden nach Assam zu wenden.

# Schwierige Wege

Diese Route ist aber im späten Winter eigentlich unpassierbar, denn sie besteht nur aus Schneebergen, ohne Übergänge. Wir waren inzwischen einige Tausend Flüchtlinge und ziemlich ratlos. Manche sagten, sie wollten lieber bleiben, kämpfen und sterben. Schließlich hatten einige die rettende Idee. Sie trieben einige Yaks in die Berge, denn durch sie ist es möglich, einen Weg passierbar zu machen. Nach einem halben Tag kamen die Yak-Treiber zurück und wir konnten es wagen, den Weg über die Schneeberge zu nehmen.

Von dort, wo wir uns gesammelt hatten, wären es normalerweise zwei Tage bis zur indischen Grenze gewesen; auf unserem Weg benötigten wir drei und wir kamen viel weiter östlich an als geplant. Um überhaupt zu den Sammellagern zu kommen, mussten wir ein Urwaldgebiet durchqueren, was sich über drei Wochen hinzog. Das gab natürlich einige Probleme mit der Verpflegung, denn viele von uns waren darauf gar nicht vorbereitet. Wir teilten die Vorräte miteinander und so reichte es einigermaßen für alle.

Nach drei Wochen erreichten wir das große Flüchtlingslager Missimarie. Dort herrschten ganz ungewohnte Bedingungen für uns. Tagsüber war es so heiß, dass wir gar nicht ins Freie gehen konnten. Die indischen Behörden hatten große Bambushütten errichtet, in denen bis zu 60 Personen lebten. Auch Essen, Medikamente und Kleidung stellten sie uns zur Verfügung. Dennoch starben jeden Tag viele von uns an Krankheiten und an Bissen von giftigen Schlangen, von denen es in der Umgebung viele gab, oder einfach an der Hitze.

Ich blieb einen Monat in dem Lager, doch es kam mir vor wie Jahre, denn die Hitze war auch für mich ganz schlimm.

Dann wurde ich mit einer Gruppe von 200 Tibetern nach Dalhousie geschickt, das nicht weit von unserer heutigen Hauptstadt Dharamsala entfernt liegt. Man sagte uns, dass es wie in Tibet gebirgig und kühl sei, und das stimmte auch. In Dalhousie blieb ich insgesamt drei Jahre. Nach einem Jahr bekam ich die Gelegenheit, eine Schule zu besuchen, die von einer Engländerin, Mrs. Bady, gegründet worden war. Sie war mit einem Inder verheiratet und Buddhistin. Dort lernte ich Englisch.

Darüber hinaus lebten in Dalhousie sehr gute buddhistische Lehrer aus dem Kloster Drepung, sodass ich auch mein Studium der Metaphysik und der Mönchsregeln fortsetzen konnte, das ich in Ganden natürlich noch nicht beendet hatte.

Schließlich siedelte ich nach Dharamsala über, wo sich unsere Regierung inzwischen niedergelassen hatte. Dort konnte ich auch noch ein Studium der Pädagogik aufnehmen. Eines Tages richtete die Universität Bonn über die deutsche Botschaft eine Anfrage an unsere Regierung nach einem Sprachlehrer für Tibetisch. Ich war einer von drei Kandidaten, die in Delhi vom Kulturattaché der Botschaft sowie von Prof. Günther (Universität Varanasi), der sehr gut Tibetisch sprach, interviewt wurden. Aufgrund der Gespräche entschieden sie sich schließlich für mich, und so kam ich nach Deutschland.

Ich hatte bei dieser Entscheidung gemischte Gefühle. Durch meinen Vater wusste ich ja bereits einiges über Deutschland, über Europa und auch über Amerika, und ich war freudig gespannt, diese Welt direkt kennenzulernen. Andererseits aber musste ich mich allein auf den Weg machen, ich war nicht wie andere in einer Gruppe und ließ all meine Freunde zurück. Das machte mich sehr traurig und am Anfang war ich in der Tat sehr einsam.

Als der Dalai Lama bei der Abschiedsaudienz zu mir sagte: »Du musst mir viel schreiben und schreibe einfach so und nicht die förmliche Variante«, war ich sehr erleichtert. Es gibt nämlich im Tibetischen einen Unterschied in der Sprache. Wenn man dem Dalai Lama oder der Regierung schreibt, dann benutzt man normalerweise eine förmliche Art, die sehr kompliziert ist. Und tatsächlich schrieb ich ihm häufig und bekam auch Antwort.

## Mein Vater, der Mönch

Ich (Dekyi) war noch ein Kind, als meine Familie aus Tibet geflohen ist, aber die Flucht habe ich noch in lebendiger Erinnerung.

Ich wurde 1951 in Lamo geboren, etwa zehn Kilometer östlich des Klosters Ganden. In der Nähe gab es eine chinesische Kaserne. Meine Mutter war eine einfache Frau, sie unterhielt eine kleine Gastwirtschaft und half bei der Ernte. Einer ihrer älteren Brüder, ein Mönch, unterstützte sie sehr; er passte auch auf mich auf, wenn sie mal weg musste, denn sie zog mich in den ersten Jahren allein auf. Mein Vater war der Sohn eines Gutsbesitzers. Obwohl er mich gezeugt hatte – vermutlich irgendwo im Feld –, verhinderten die Standesunterschiede, dass er sie heiraten konnte. Mein Vater litt wohl unter dieser Situation, denn er heiratete keine andere Frau, sondern ging in das Kloster, das zu unserem Dorf gehörte.

Ich sah ihn etwa einmal im Monat, hatte aber zunächst keine Ahnung, wer er war. Ich kannte ihn nur als Mönch. Er gab mir immer kleinere Geschenke und war zurückhaltend, aber freundlich zu mir. Ich hatte zunächst sehr großen Respekt vor ihm, aber als ich dann wusste, dass er mein

Vater war, war ich immer etwas beklommen, wenn wir uns sahen.

Noch vor den Unruhen in Lhasa lernte meine Mutter einen neuen Mann kennen und lebte mit ihm zusammen, sodass er mein Stiefvater wurde. Der Mann kam aus Osttibet und war Händler, vor allem für Tee.

Über die Ereignisse in Lhasa waren wir durch die kleine Gastwirtschaft meiner Mutter recht gut informiert, denn sie wurde viel von Durchreisenden aufgesucht. Außerdem hörten wir aus der Ferne die Kanonen wie ein Grollen und wir sahen Feuer am Himmel. Viele im Dorf gerieten deshalb in Angst und liefen in die umliegenden Berge, um sich dort zu verstecken. Zunächst kamen die Kämpfe aber nicht in unsere Gegend, und deshalb kehrten sie allmählich ins Dorf zurück.

## Flucht nach Osten

Nach ein paar Monaten wurde es aber immer schlimmer, und so beschlossen meine Mutter und mein Stiefvater zu fliehen. Wir waren zu viert, denn ich hatte inzwischen noch eine Halbschwester bekommen, die damals knapp drei Jahre alt war und gerade das Laufen gelernt hatte. Wir hatten ebenfalls nicht die Absicht, Tibet zu verlassen, sondern zogen nach Osten, in die Heimat meines Stiefvaters. Auf dem Weg lag die Region Kongpo. In einem Dorf trafen wir auf einige Khampa, die mein Stiefvater kannte. Sie rieten uns, uns im Wald zu verstecken, denn ein Trupp sehr gefährlicher Khampa sei in der Nähe. Manche von ihnen waren sehr kriegerisch und unberechenbar, und deshalb befolgten wir den Rat. Es war schon merkwürdig, uns vor ihnen zu verstecken. Chinesische Truppen hatten wir bis zu der Zeit noch gar nicht zu Gesicht bekommen, denn wir liefen natürlich abseits der Hauptstraßen, die sich in der Hand der Chinesen befanden.

In Zentralkongpo hielten wir uns einige Monate auf und meine Eltern verdienten als Erntehelfer etwas Geld. Dort bekam ich mehr von der chinesischen Besatzung mit. Sie versammelten alle Kinder in der Schule und brachten ihnen ihre Lieder bei. In einen nahe gelegenen See warfen sie Granaten, um auf diese Art die Fische zu töten.

Eines Tages kam die Nachricht, es würden Sachen an die Bevölkerung verteilt werden. Wir gingen auch dorthin, aber es war ein unwürdiges Schauspiel. Eine Familie von Großgrundbesitzern wurde aus dem Haus geholt und in die Scheune eingesperrt, in der gewöhnlich die Gerste geröstet wurde. Anschließend verteilten die Chinesen das gesamte Vieh ebenso wie alles Werkzeug an die Bevölkerung. Wir bekamen ein Pferd und ein Schwein und auch etwas von dem Werkzeug, ich weiß aber nicht mehr genau, was es war. Das Pferd erwies uns später auf der Flucht gute Dienste.

Gleichzeitig machten Gerüchte die Runde, dass alle Männer fortgeholt und beim Straßenbau eingesetzt würden. Keiner wusste so richtig, was es damit auf sich hatte, aber eines Nachts weckten mich meine Eltern und sagten, wir müssten sofort aufbrechen. Es war tragisch, denn meine kleine Schwester war bei einer anderen Familie, die kinderlos war und sie sehr gern hatte. Sie lebten etwas weiter entfernt, so weit, dass wir nicht dorthin gehen und sie holen konnten. Wir brachen ohne sie auf und ich habe nie wieder etwas von ihr gehört. Das war für meine Mutter und mich sehr traurig.

# Abschied von der Heimat

Zu der Zeit hatten meine Eltern erkannt, dass es aussichtslos sein würde, in Osttibet Zuflucht zu suchen, denn das Land befand sich vollständig in chinesischer Hand. Deshalb blieb ihnen nur die Flucht nach Indien. An einem Rastplatz wurden wir Zeuge, wie zwei chinesische Soldaten einen Tibeter abführten, dem die Hände auf dem Rücken gefesselt waren. Von da an hatten wir große Angst vor den Chinesen. Zum Glück konnte man nicht gleich erkennen, dass wir auch auf der Flucht waren. Eine dreiköpfige Familie, die unterwegs war, war in Tibet nichts Besonderes.

Im letzten Ort, bevor es zur indischen Grenze abging, trafen wir einen Tibeter, der sehr freundlich zu uns war. Er gab offen zu, dass er eine Position in der chinesischen Verwaltung übernommen hatte, wollte uns aber bei der Flucht helfen. Er sagte, es sei gar nicht mehr weit bis zur Grenze, wir benötigten nicht viele Vorräte, so nah sei es. Er würde mit den Loba (ind.: Naga), einem Volk auf der anderen Seite der Grenze, Handel treiben, und er könne uns über die Grenze bringen, wir müssten allerdings etwas warten, denn er habe noch eine Sitzung.

Wir wussten nicht, ob wir ihm trauen konnten, er war zwar sehr freundlich, arbeitete aber für die Chinesen, und wenn er uns verriet, wäre unsere Flucht vorbei und wir würden vermutlich verhaftet. Nach einigem Hin und Her entschieden sich meine Eltern schließlich, vorzeitig aufzubrechen. Wir ließen das Pferd zurück und nahmen nur das Notwendigste mit. Zum Glück packten meine Eltern aber aus Vorsicht etwas mehr Lebensmittel ein, als der Mann ihnen geraten hatte. Meine Mutter war damals wieder schwanger.

Der Weg führte durch ein Urwaldgebiet und auf den Höhen lag Schnee, den wir zum Trinken schmolzen. Es stellte sich heraus, dass es viel weiter bis zur Grenze war, als der Mann uns gesagt hatte. An einer Stelle mussten wir an einem chinesischen Wachposten vorbei. Ich kann mich noch erinnern, wie die Chinesen nachts mit ihren Taschenlampen alles absuchten, vielleicht hatten sie etwas gehört. Mir schlug das Herz im Halse.

Eines Tages sahen wir im Tal eine Gruppe von Menschen nackt an einem Feuer sitzen. Ich hatte vorher gehört, dass es in der Gegend Menschenfresser gab, und hatte nun ganz fürchterliche Angst, dass wir welchen begegnen könnten. Glücklicherweise entdeckten sie uns nicht. Mit einer anderen Einheimischen kamen wir direkt in Kontakt. Sie war bekleidet und bot uns roten Reis an, doch wir hatten solche Angst vor ihr, dass wir nichts annahmen.

Ein anderes Mal sahen wir wieder eine Gruppe, bei der es sich offenbar um Tibeter handelte. Wir fürchteten, dass jemand aus dem letzten Dorf uns verpfiffen hätte und man uns suchen würde. Als Folge liefen wir noch tiefer in das Dickicht hinein, in der Hoffnung, uns dort vor ihnen verbergen zu können.

Kurz vor einer Passüberquerung trafen wir auf eine Frau und drei Männer und es stellte sich heraus, dass dies die Gruppe war, vor der wir uns versteckt hatten. Sie hatten uns ebenfalls bemerkt und geglaubt, wir seien auf der Suche nach ihnen. Darum hatten auch sie sich vor uns versteckt.

Diese Gruppe hatte gar nichts mehr zu essen, deshalb gaben wir ihnen etwas von unseren Vorräten, die zum Glück noch nicht ganz aufgebraucht waren. Das Essen reichte gerade bis zur Grenze.

Direkt an der Grenze lief uns ein Mann mit sehr kurzen Haaren entgegen und ich hatte wieder Angst, dass wir direkt in eine chinesische Patrouille hineingeraten waren. Doch meine Angst war unbegründet, mein Stiefvater kannte den Mann sogar. Er warnte uns vor dem Grenzposten, der von den Flüchtlingen alle wertvollen Sachen fordern würde, weil man diese angeblich nicht mitnehmen durfte. Einige indische Grenzposten nahmen den Flüchtlingen wirklich das wenige Wertvolle, das sie noch hatten, ab, doch da wir gewarnt waren, konnte mein Stiefvater ein gutes Messer und andere Gegenstände verstecken.

So konnten wir endlich die Grenze überschreiten und dort erhielten wir zum ersten Mal wieder richtig zu essen. Wir waren in Nagaland angekommen, einem sehr abgelegenen Teil von Nordostindien, und mussten von dort über abenteuerliche, schmale Wege die Berge hinunterlaufen, vorbei an tiefen Schluchten, bis wir in das erste Auffanglager kamen. Ich weiß gar nicht, wie lange wir unterwegs waren. In dem ersten Lager wurden wir medizinisch betreut, aber wir waren noch nicht am Ziel. Wir wanderten weiter und kamen schließlich zu einer Militärstation. Dort mussten wir auf das nächste Transportflugzeug warten. Das indische Militär wurde in der abgelegenen Gegend aus der Luft versorgt, und wenn ein Flugzeug mit Gütern kam, wurden wir Flüchtlinge auf dem Rückflug mitgenommen. Es war der erste Flug meines Lebens. Wir saßen auf Säcken, dabei wurden die Erwachsenen mit Seilen festgebunden, und ein Soldat stand während des ganzen Fluges in der offenen Tür.

Das Flugzeug brachte uns ebenfalls in das große Sammellager Missimarie, aber zum Glück mussten wir nicht lange dort bleiben. Es war schon Ende 1959 und die Inder waren etwas besser auf die Flüchtlinge eingestellt. Wir wurden ziemlich rasch in das Kullu-Tal gebracht, wo Indien dringend Arbeitskräfte für den Straßenbau benötigte. Mein Stiefvater und meine Mutter wurden ebenfalls dazu eingesetzt. Wir lebten in Zelten im Flusstal, die Bedingungen waren nicht sonderlich gut und manche Kinder wie Erwachsene starben. Dort hat meine Mutter ihr Baby geboren, aber auch das ist kurz nach der Geburt gestorben.

## Schule statt Familie

Dann wurde mein Stiefvater krank; er wurde in ein Krankenhaus in einen größeren Ort gebracht, ich vermute, es war Manali. Meine Mutter ging von unserem Lager aus häufig zu Fuß dorthin, um ihn zu besuchen; dies kostete sie einige Tagesmärsche, während ich allein zurückblieb. Während dieser Zeit kam eine Gruppe unserer Exilregierung, um Kinder abzuholen, die auf die neu errichteten Schulen gehen sollten. Ich wollte unbedingt eine Ausbildung machen, schon in Tibet, und trug mich deshalb einfach auf der Liste ein, während meine Mutter nicht da war und nichts davon mitbekam. Als das Auto der Exilregierung auftauchte, um uns einzusammeln und nach Dharamsala zu bringen, kam meine Mutter gerade wieder und wir konnten uns noch verabschieden. Sie war nicht weiter überrascht, denn sie wusste, wie groß meine Sehnsucht nach einer Schulausbildung war, sie hatte in Tibet sogar schon Geld für meine Ausbildung gespart. Ich ahnte nur nicht, dass es ein Abschied für immer sein sollte. Das ist im Nachhinein sehr tragisch.

Ich gehörte zur ersten Kindergruppe, die auf die Schule ging, die damals noch *Tibetan Children's Nursery* hieß, der Vorläufer der heutigen *Tibetan Children's Village*s. Es war alles sehr einfach und manche Kinder, die dort ankamen, machten einen sehr kranken Eindruck. Ich erinnere mich noch an ihre verklebten Augen. Die ältere Schwester des Dalai Lama, Tsering Dölma, pflegte sie aufopferungsvoll und wusch ihnen immer wieder die Augen aus. Sie hatte das Projekt gestartet und dadurch die Lage für die Kinder in kurzer Zeit sehr verbessert.

Dharamsala war aber noch nicht unser Ziel, sondern Mussoorie, wo die erste richtige tibetische Schule im März 1960 ihre Tore öffnete. Dort blieb ich drei Jahre und lernte neben Tibetisch auch Englisch und Hindi.

In dieser Zeit blieb ich mit meinen Eltern im brieflichen Kontakt. Es war für sie nicht einfach, mich zu besuchen, denn sie hatten wenig Geld. Als sie endlich genug gespart hatten, machten sie sich auf nach Dharamsala, aber trafen mich natürlich nicht an. Sie hatten nicht mitbekommen, dass ich bereits in Mussoorie war. Sie wollten dann dorthin kommen, doch ging ihr Geld verloren. Ich weiß nicht, ob es ihnen gestohlen worden war oder ob sie es verloren hatten, sie konnten jedenfalls nicht mehr weiterreisen.

Bevor ich Indien verließ, kam mein Stiefvater einmal nach Mussoorie, um mich nach Simla zu holen, wo sie damals lebten. Es war aber keine Ferienzeit mehr, und wer während der Schulzeit die Internatsdörfer verlässt, wird nicht mehr aufgenommen. Das wollte ich auf keinen Fall riskieren. Zudem bekam ich mit, dass er mich verheiraten wollte, doch danach stand mir gar nicht der Sinn. Also sagte ich ihm: »Ich will nicht heiraten, ich will die Schule zu Ende machen.« Er meinte, ich könne doch auf eine indische Schule gehen, doch das wollte ich nicht.

Meine Mutter bekam noch eine Tochter und danach war sie ein weiteres Mal schwanger. Sie gebar einen Sohn, doch gab es viele Komplikationen; der Junge ist kurz nach der Geburt gestorben, meine Mutter bereits im Wochenbett.

Zu der Familie meiner Schwester besteht heute ein enger Kontakt, sie lebt in Simla und hat zwei Söhne, denen wir die College-Ausbildung finanzieren.

Während meiner Zeit in Mussoorie wurde eine Gruppe von Kindern zusammengestellt, die nach Deutschland übersiedeln sollten, weil sich das Pestalozzi-Kinderdorf in Wahlwies bei Stockach am Bodensee bereit erklärt hatte, sie aufzunehmen. Ich befand mich in der Gruppe. Wir wurden nicht gezwungen, wer nicht wollte, konnte ablehnen, aber ich habe mich gefreut, denn ich war schon damals sehr neugierig und wollte mehr von der Welt kennenlernen. Es stand sogar im Raum, dass wir nach Australien übersiedeln sollten, doch das klappte aus irgendeinem Grund nicht und so kamen wir 1963 nach Deutschland, sechs Mädchen aus der Schule in Mussoorie und sechs Jungen aus einer Schule in Simla. Die Pflegeeltern waren aus Simla und hatten sich mit ihrem Baby Tenzin Wangmo Drongshar auf die Reise gemacht.

In Wahlwies war ich vier Jahre lang. Die Zeit war schwer und schön zugleich. Natürlich hatte ich Heimweh, wie alle Kinder dort; einige liefen sogar davon, kamen aber natürlich nicht sehr weit. Andererseits spendeten wir uns gegenseitig viel Trost. Dadurch ist eine intensive Gemeinschaft entstanden. Unsere Pflegeeltern, ebenso wie unser geistlicher Lehrer Gyalzur Rinpoche, waren sehr streng, aber wir haben viel gelernt. Wir wohnten in einem eigenen Tibet-Haus und hatten dort eine Heimat fern der Heimat.

Nach vier Jahren hatte ich einen Hauptschulabschluss und da ich noch weiter lernen wollte, wurde ich auf eine Realschule in Calw geschickt. Ein anderes tibetisches Mädchen war ebenfalls dabei; wir lebten in einem Internat und machten 1969 die Mittlere Reife.

Mein Berufswunsch war Krankenschwester und so begann ich eine Ausbildung in einem Krankenhaus in Leonberg.

## Faszination Sprache

Ich (Jampa) kam zuerst an ein Goethe-Institut in Ebersberg bei München, um vier Monate lang Deutsch zu lernen. Die Ausbildung in Grammatik war sehr gut, doch mir fehlte die Sprachpraxis, um wirklich fließend sprechen zu können. Dann kam mir ein Unheil zu Hilfe. Ich bekam nämlich die Windpocken und wurde für drei Wochen in ein Krankenhaus eingeliefert. Dort war ich mit einem elfjährigen Jungen in einem Zimmer, der mir eine große Stütze war. Ich war gezwungen, Deutsch zu sprechen, und er verbesserte mich ganz unbekümmert. Der Junge wusste übrigens erstaunlich viel über Tibet, und als ich ihn fragte, meinte er, das habe er in der Schule gelernt. Er stammte aus Wasserburg und bei der Entlassung musste ich versprechen, ihn zu besuchen, was ich tat. Wir haben noch sehr lange Kontakt gehalten.

Im Mai 1963 kam ich schließlich nach Bonn, dem Ziel meiner Reise. Zunächst gab es einige Irritationen mit den Behörden, denn ich war ja erst Anfang 20, und sie konnten nicht glauben, dass es einen so jungen Dozenten gab.

Ich fand in Bonn einen deutschen Freund, mit dem ich ebenfalls sprechen konnte, aber ansonsten fehlte mir die Praxis. Gleichzeitig begannen meine Sprachkurse, aber der Institutsleiter schlug vor, dass ich selbst auch noch studieren sollte. Ich schrieb mich deshalb für Mongolistik und vergleichende Religionswissenschaft ein und schloss das Studium später mit dem Magister ab. Es war natürlich für meine Laufbahn in Deutschland besser, einen akademischen Abschluss zu haben.

Ich habe mich schon immer sehr für Sprachen und Kommunikation interessiert und so erwarb ich noch eine Zusatzqualifikation, die mir wiederum für meinen Unterricht sehr zugute kam. Ich konnte vor allem die Phonetik der tibetischen Umgangssprache, die recht kompliziert ist, besser vermitteln, und davon profitierten diejenigen sehr, die selbst ein großes Interesse an Phonetik und Sprachverständnis mitbrachten.

Neben der reinen Sprachvermittlung unterrichtete ich auch tibetische Linguistik, übersetzte und interpretierte mit meinen Schülern buddhistische Texte. Das war mein Schwerpunkt bis zu meiner Pensionierung 2006.

Die Entwicklung unserer Sprache interessiert mich sehr. Sie müsste dringend reformiert werden, denn sie stammt in ihrer jetzigen Form noch aus der Zeit nach dem Ende des Königtums im 9. Jahrhundert. Damals zerfiel das Reich und damit fehlte auch eine einheitliche Sprache sowie eine maßgebliche Instanz, wie es in Deutschland der Duden ist. Vor einer solchen Reform fürchten sich aber viele, weil sie große Einschnitte bedeuten würde. Stattdessen ist die schlechte Sitte weit verbreitet, dass es selbst viele gebildete Geshes mit der korrekten Grammatik und Orthografie nicht so genau nehmen; sie meinen, das sei höchstens für die Literatur von Bedeutung.

Auch in der Umgangssprache fehlt häufig die nötige Aufmerksamkeit für die korrekte Grammatik, was ich sehr bedauere, denn die Sprache ist eines der wichtigsten Elemente und einer der wichtigsten Träger der Kultur.

# Das Ende des Lebens als Mönch

Eine große Herausforderung wurde für mich schon bald das Mönch-Sein. Ich habe in Deutschland gemerkt, dass es nicht passt, in einem so grundsätzlich anderen Umfeld als Mönch zu leben. Es sind ganz andere Welten. Ich war im Alltag ganz anders gefordert, hatte auch nicht die Ruhe, die ich für meine Verpflichtungen als Mönch benötigte. Die Mönchsrobe allein macht eben noch keinen Mönch und ich wollte im Einklang leben mit meinem inneren und äußeren Bild.

Zudem war ich sehr neugierig auf die neue Welt, die sich mir bot, und ich wollte reisen, was es mir ebenfalls schwer machte, nach dem Mönchsgelübde zu leben.

Mein Mönch-Sein war untrennbar mit meinem Leben in Tibet, mit meinem Leben im Kloster verbunden. Nur dort konnte ich es mir vorstellen. So kamen mir bereits in Indien erste Zweifel, die in Deutschland dann rasch zu dem Entschluss führten, meine Mönchsrobe abzulegen.

Diese Entscheidung habe ich für mich allein gefällt, ganz unbeeinflusst von anderen. Erst als sie gefällt war, habe ich mit dem Dalai Lama darüber gesprochen und er hat mich verstanden und unterstützt. Er hat mir zugestimmt, dass man das Mönch-Sein vollständig leben muss, wenn man sich dazu entschieden hat, wenn das aber aufgrund der Umstände nicht möglich ist, dann sei es besser, davon ganz Abstand zu nehmen. Einer meiner Lehrer, der jüngere Tutor des Dalai Lama, Trijang Rinpoche, hatte nicht so viel Verständnis. Er war enttäuscht über meinen Schritt.

Diese Entwicklung bedeutet natürlich nicht, dass ich meine religiöse Überzeugung ablehne oder nicht mehr zu meiner Inkarnation stehe. Das Mönch-Sein kann man aufgeben, die Inkarnation nicht. Ich bemühe mich, nach den buddhistischen Prinzipien zu leben, das kann man auch als Laie.

Welche Auswirkungen mein Schritt für die Linie des Phukhang Khenpo hat, kann ich nicht sagen. Natürlich geht der Kreislauf der Wiedergeburten weiter, aber ob die Repräsentanten des Kloster Ganden im Exil sich entscheiden, nach meinem Tod nach meiner neuen Inkarnation zu suchen, das kann ich nicht entscheiden. Ich würde sagen, es ist nicht nötig. Natürlich muss auch unter den Bedingungen des Exils nach so hohen Inkarnationen wie dem Dalai Lama oder dem Karmapa gesucht werden, das ist etwas anderes. Eine geringere Inkarnation, wie es meine ist, muss die Freiheit haben, nicht mehr in der Linie wiedergeboren zu werden. Mir erscheint es übertrieben, nach jeder Inkarnation zu suchen, die es in Tibet gab. Der Dalai Lama hat sich auch schon in dieser Richtung geäußert. Die Tibeter sagen dann immer »Ja, ja«, doch in Wirklichkeit hören sie gar nicht richtig hin und schenken dem keine wirkliche Beachtung, weil sie es nicht gerne hören.

Ich glaube, wenn ich in diesem Leben gutes Karma angehäuft habe, dann wird sich das in meinem nächsten Leben automatisch auf irgendeine Art äußern; ich werde dann die Möglichkeit zu einem Studium und zur Hilfe für andere erhalten. Insofern muss man gar nicht nach meiner Inkarnation suchen und ihr einen Namen geben.


## Gemeinsamer Weg

Weil ich mich im Raum Bonn recht allein fühlte, suchte ich den Kontakt zu anderen Tibetern in Europa. Ich erfuhr bald von der Gruppe in Wahlwies, die ich hin und wieder besuchte, und auch in die Schweiz fuhr ich häufiger. In

Wahlwies habe ich meine spätere Frau das erste Mal gesehen, aber sie war ja noch ein Kind und hatte mit meinen grundlegenden Lebensentscheidungen nichts zu tun. Da die Zahl der Tibeter in Deutschland in den 1960er-Jahren allerdings sehr begrenzt war, kannte jeder jeden und wir waren regelmäßig in Kontakt. Gefunkt hat es zwischen uns 1970 in Trogen in der Schweiz.

Zu der Zeit hatte ich (Dekyi) gerade meine Ausbildung als Krankenschwester in Leonberg begonnen und ich konnte nicht gleich von dort fort. Um jedoch näher bei meinem zukünftigen Mann zu sein, bemühte ich mich um eine Versetzung nach Bonn. 1972 hat es geklappt; ich konnte nach Bonn umziehen und an der dortigen Universitätsklinik meine Ausbildung beenden. Im Anschluss daran wurde ich gleich übernommen.

Jampa und ich heirateten 1973 in Bad Honnef und zogen Ende der 1970er-Jahre nach Hennef. Die Tätigkeit als Krankenschwester an der Universitätsklinik Bonn reichte mir mit der Zeit nicht mehr, deshalb absolvierte ich noch eine Zusatzausbildung als OP-Schwester und arbeitete lange Zeit in der Chirurgischen Abteilung. Als täglicher Weg zur Arbeit wurde mir die Entfernung zwischen Bonn und Hennef aber mit der Zeit zu weit. Es gelang mir schließlich, eine Anstellung im Kreiskrankenhaus Siegburg zu erhalten, wo ich bis zur Pensionierung meines Mannes gearbeitet habe.

## Zu unseren buddhistischen Wurzeln

Meine Lehrtätigkeit hat es mir (Jampa) erlaubt, immer wieder nach Indien zu reisen, auch wenn ich dies nicht zu häufig machte, denn das Geld für die Reise kann ich ebenso gut auch in Schulprojekte stecken. 1970 machte ich meine erste Dienstreise nach Indien zusammen mit Prof. Sagaster. Es ging um die Erforschung des tibetischen Orakels und wir machten Umfragen mit verschiedenen Orakelpriestern, darunter auch das Staatsorakel Nechung. 1975 besuchte ich Ladakh und Zanskar, buddhistische Enklaven im Norden von Indien. 1979 und 1980 hielt ich mich für ein Forschungsprojekt der Universität Bonn jeweils drei Monate lang in Indien auf. Es ging um die Erforschung tibetischer Dialekte und ich war für den Amdo-Dialekt zuständig. Da die meisten Flüchtlinge aus Amdo in Clement Town/Dehra Dun leben, hielt ich mich überwiegend dort auf.

1987 war ich noch einmal zu einer Konferenz über die tibetische Sprache in Indien und nach meiner Pensionierung 2006 erfüllte ich mir mit meiner Frau zusammen einen großen Wunsch; wir besuchten die buddhistischen Pilgerstätten Nordindiens, Bodhgaya, Varanasi und Buddhas Geburtsort Lumbini in Nepal; all das stand für drei Monate im Zentrum unseres Erlebens. Diese Erfahrung wollten wir unbedingt gemeinsam machen.

In Tibet war ich weniger häufig. Das Land war lange verschlossen und wir wussten zudem gar nicht, was nach den großen Zerstörungen noch übrig geblieben war.

1979 erfuhr ich, dass meine Mutter noch lebte, und natürlich hatte ich den großen Wunsch, sie noch einmal zu sehen. 1981 erhielt ich die Erlaubnis. Ich hatte sie zwar vorab über meine Reisepläne informiert und mich angekündigt, aber sie war dennoch sehr überrascht, denn sie hatte nicht damit gerechnet, dass es tatsächlich passieren würde.

1986, während der liberalsten Zeit unter der chinesischen Besetzung, hielten meine Frau und ich uns zwei

Monate in Zentraltibet auf. Wir konnten unter anderem den heiligen Orakel-See Lhamo Latso aufsuchen. Das Kloster dort war natürlich auch zerstört worden.

Bei der Gelegenheit fuhr ich noch einmal in mein Heimatdorf, um meine Mutter zu besuchen. Zum Abschied sagte ich ihr, dass ich wiederkommen würde, doch sie entgegnete ganz entschieden: »Nein, wir sehen uns nicht mehr.« Tatsächlich ist sie ein Jahr später gestorben, ohne dass ich sie noch einmal wiedergesehen habe. Aus unserer großen Familie leben noch zahlreiche Nichten und Neffen in Tibet und auch in Dharamsala, der Kontakt ist aber nicht sehr eng.

Seitdem waren wir nicht mehr in Tibet, weil es so demoralisierend ist. Anfang der 1980er-Jahre machten sich viele von uns Hoffnungen auf größere Selbstverwaltung. Nach Jahrzehnten der Zerstörung schien eine Wende möglich, aber es kam alles ganz anders. 1986 waren bereits viele Chinesen nach Tibet gekommen. Schon am Flughafen war kein Tibeter und wir konnten uns in unserem eigenen Land nicht in unserer eigenen Sprache verständigen. Das war sehr traurig. Die Sinisierung unserer Heimat, wie sie heute stattfindet, möchten wir nicht mit eigenen Augen erleben.

Seit 1978 besitzen wir die deutsche Staatsbürgerschaft, dazu haben sogar deutsche Beamte den Anstoß gegeben, die gemerkt haben, wie schwierig es ist, mit dem indischen Flüchtlingspass zu reisen.

Wir fühlen uns sehr wohl in Deutschland und wir sehen hier unsere Zukunft; wir haben nie irgendwelche Einschränkungen vonseiten der deutschen Gesellschaft erfahren. Es gibt bei uns ein Sprichwort, das heißt: »Wenn man das Wasser in einem Lande trinkt, dann muss man auch dessen Gesetze beachten.« Das heißt, man kann von Flüchtlingen und Emigranten erwarten, dass sie die Gesetze und Werte ihres Gastlandes respektieren, aber das bedeutet noch lange nicht, dass man damit seine Kultur aufgeben muss. Wir fühlen uns mit unserer Kultur noch sehr verbunden, wir sprechen zum Beispiel miteinander nur Tibetisch, wir lesen tibetische Bücher und Zeitschriften und wir praktizieren natürlich unsere Religion.

# Tenzin Wangmo Drongshar Frapolli – das erste tibetische Baby in Deutschland

Ich war das erste tibetische Baby, das nach Deutschland kam. Meine Eltern stammen aus Lhasa, mein Vater gehörte einer reichen Kaufmannsfamilie an, meine Mutter dem Adel. Mein Vater hatte unmittelbar nach der Flucht Seiner Heiligkeit, ebenfalls im März 1959, unsere Heimat verlassen. Als junger tibetischer Regierungsbeamter rettete er sich damit vor der sicheren Gefangennahme. Meine Mutter wurde einige Jahre vor der chinesischen Besetzung von ihrem älteren Bruder, der in Indien als tibetischer Regierungsbeamter diente, zu sich geholt. Sonst wäre es ihr so schlecht ergangen wie ihren zwei zurückgebliebenen Geschwistern. Ihr ältester Bruder musste etwa 20 Jahre lang als politischer Gefangener in Lagern niedere Arbeiten verrichten und Folter ertragen.

Mein Großvater und mein Großonkel mütterlicherseits waren während der Zeit unserer Unabhängigkeit als Staatsorakel anerkannt worden. Dadurch erhielten sie in Tibet eine höhere gesellschaftliche Stellung, doch von den Chinesen wurden gerade solche Persönlichkeiten besonders verfolgt, denn sie galten als herausragende Vertreter eines angeblich feudalen und abergläubischen Systems.

In den tibetischen Flüchtlingslagern Nordindiens traten mein Vater als Tibetischlehrer und meine Mutter als Hygieneverantwortliche in den Dienst der Exilregierung. Sie lernten sich im Flüchtlingslager im nordindischen Simla kennen und lieben. Meine Mutter hatte bereits einen Sohn aus erster Ehe und so heiratete sie ein zweites Mal in Simla. Dort wurde ich als erstes Kind ihrer neuen Ehe am 10. August 1962 im ehemaligen *Lady's Reading House*, heute Kamla-Nehru-Krankenhaus, geboren.

Simla ist ein sehr geschichtsträchtiger Ort, denn dort fand 1914 auf britische Initiative hin eine Konferenz über den Status unseres Landes statt. Schon damals hatten sich die Chinesen geweigert, unsere Eigenständigkeit anzuerkennen, doch sie waren nicht stark genug, um uns ihren Willen aufzuzwingen. Wir waren ein freies Land.

Ich habe jedoch keine Erinnerungen mehr an Simla, denn einige Monate nach meiner Geburt wurden meine Eltern von unserer Exilregierung für eine besondere Mission ausgesucht. Sie sollten mit einem jungen Rinpoche und elf Pflegekindern – sechs Mädchen und fünf Jungen – sowie meinem Bruder und mir nach Deutschland gehen, um den ihnen anvertrauten Kindern dort eine gute Ausbildung angedeihen zu lassen. Das war eine große Herausforderung; nicht nur, weil niemand eine Vorstellung davon hatte, wie das Leben in Europa sein würde, sondern auch, weil es eine schwierige Gratwanderung war. Auf der einen Seite sollte es eine Ausbildung nach europäischen Maßstäben sein, die es erlaubte, beim Aufbau eines freien Tibets kompetent mitzuwirken. Wir hatten keine Ahnung, was das Schicksal für uns Tibeter noch bereithielt, und da waren eine gute Bildung und berufliche Kompetenzen das Beste, was wir erstreben konnten. Auf der anderen Seite wurde größter Wert darauf gelegt, dass wir der tibetisch-buddhistischen Kultur verbunden blieben, unsere Sprache nicht verlernten und die Bindung an die buddhistische Geisteshaltung gefördert wurde.

Ich war etwa sieben Monate alt, als meine Eltern Ende März 1963 nach Deutschland übersiedelten. Unsere neue Heimat war das Pestalozzi-Kinderdorf in Wahlwies bei Stockach am Bodensee. Unsere Exilregierung hatte ab 1959 Appelle an die Regierungen der Welt gerichtet, tibetische Flüchtlinge aufzunehmen, denn die Möglichkeiten in Indien waren begrenzt. Darauf hatte das Pestalozzi-Kinderdorf in Wahlwies positiv reagiert. Uns wurde ein eigenes Tibeter-Haus in dem deutschen Kinderdorf zur Verfügung gestellt, wo rasch eine klassische Verteilung der Aufgaben zustande kam: Mein Vater war für die tibetische Erziehung und Ausbildung sowie die Verwaltungstätigkeiten zuständig. Die Aufgaben meiner Mutter umfassten den häuslichen Bereich. Sie füllte die traditionelle Frauenrolle aus, versorgte uns und vermittelte uns Wärme und Geborgenheit. Unter der Woche traf sich das ganze Dorf zum Mittagessen im allgemeinen Speisesaal, doch am Wochenende und in den Ferien war meine Mutter für unsere Versorgung zuständig. Manchmal gab es dann auch tibetische Küche, allerdings waren die finanziellen Mittel dafür sehr begrenzt. Wenn sie zum Beispiel Momos für uns machen wollte – eine Art Ravioli mit Hackfleischfüllung –, dann mussten wir lange sparen, bevor wir uns das Fleisch leisten konnten. Mit 13 Kindern war sie zudem völlig überfordert und auf Anfrage erhielt sie deshalb eine tibetische Haushaltshilfe aus Indien, die Mutter von einem der Pflegekinder. Gyalzur Rinpoche, unser geistlicher Lehrer, war in unserem Haus für die religiöse Unterweisung und Verbundenheit zuständig.

So begann mein Leben in zwei Kulturen: Im Haus und unter uns Tibetern wurde strikt Tibetisch gesprochen, außerhalb unseres Hauses mit unseren deutschen Freunden nur Hochdeutsch. Ich wuchs also zweisprachig auf, was ich als äußerst positive Erfahrung erlebt habe, und mir ist es in der Schule und auch später leichtgefallen, neue Sprachen dazuzulernen. Unser Alltag war sehr strukturiert, sehr deutsch, würde ich sagen. Es war ja kein internationales Kinderdorf, wie etwa im schweizerischen Trogen, sondern es war ein deutsches Dorf, mit uns als einzigem Exotenhaus. Beim Mittagessen wurde immer ein christliches Gebet gesprochen. In der Grundschule wurden wir nach der Waldorf-Pädagogik unterrichtet. Als ich klein war, gab es keinen Kindergarten, aber meine jüngste Schwester konnte später in einen Kindergarten gehen. Der tibetische Unterricht kam nie zu kurz. Mein Vater und unser Rinpoche (Geistlicher) nahmen sich die nötige Zeit, um uns täglich in tibetischer Schrift, Sprache, Geschichte und buddhistischer Philosophie zu unterrichten, obwohl sie regelmäßig im dorfeigenen Berufsatelier arbeiteten. Es gab im Dorf Waisenkinder, ich erinnere mich auch noch an einige nicht deutsch klingende, wahrscheinlich slawische Namen; sie stammten wohl aus Familien, die nach dem Weltkrieg vertrieben worden waren. Auch einige sogenannte Schwererziehbare befanden sich darunter.

Meine zwei jüngeren Schwestern wurden 1964 und 1970 im Überlinger Krankenhaus als erste tibetische Babys in Deutschland geboren. Der Kontakt mit den anderen Kindern war sehr schön und unkompliziert. Es entstanden schnell Freundschaften, die ich leider nach dem Wegzug in die Schweiz nicht mehr aufrechterhalten konnte. Ich habe den Eindruck, Kinder gehen sehr unbefangen miteinander um, Vorurteile oder Rassismus haben keine natürliche Basis, sondern sind eher das Ergebnis von intoleranter Erziehung. Meine Mutter musste eine andere Erfahrung machen; sie erzählte mir später, dass die Frau des stellvertretenden deutschen Dorfleiters sie äußerst herablassend behandelte und ihr statt der Hand immer nur einen kleinen Finger gab. Offenbar war sie ihr nicht gut genug.

Während des schwierigen Anfangs in Deutschland erhielten meine Eltern sehr wertvolle menschliche und tatkräftige Unterstützung durch eine kinderreiche deutsche Musikerfamilie. Sie wurden die besten Freunde meiner Eltern und nahmen mich später für zwei Jahre bei sich in Süddeutschland auf, als meine Eltern in der Schweiz lebten und ich schulische Schwierigkeiten aufgrund des Schweizerdeutsch bekam.

Offensichtliche Probleme tauchten in unserer Gemeinschaft erst auf, als sich die Älteren von uns nach der Pubertät verliebten. Da wir fast nur mit Deutschen zu tun hatten, verliebten sie sich eben auch in deutsche Jungen oder Mädchen. Das war ein Drama, denn mein Vater und der Rinpoche akzeptierten das nicht; nicht, weil sie etwas gegen Deutsche gehabt hätten, sondern weil sie den Auftrag von Seiner Heiligkeit sehr ernst nahmen, die ihm Anvertrauten im Sinne der tibetischen Tradition und Kultur zu erziehen. Dazu gehörte, dass sie dereinst tibetische Partner ehelichen sollten. Bei Verbindungen mit Deutschen wurde befürchtet, dass sie den Kontakt zu unseren Wurzeln verlieren würden; und wir waren doch nur so wenige.

Diese Schwierigkeiten wurden sogar der Öffentlichkeit bekannt. Eine Zeitung verfasste dazu einen Artikel mit der Überschrift: »Liebe für Tibeter-Mädchen nicht erlaubt«. Es ging um die unglückliche Liebe einer 17-Jährigen aus unserem Haus zu einem deutschen Jungen, die vom Rinpoche und meinem Vater unterbunden worden war. Das Mädchen litt lange unter dieser unglücklichen Liebesgeschichte, doch sie war schließlich die Erste aus unserem Haus, die sich mit einem Tibeter aus der Schweiz, einem Cousin des Rinpoche, verheiratete. Sie leben noch heute glücklich miteinander, einige Monate in der Schweiz, aber zumeist in Tibet, wo sie sich beide um ein sehr erfolgreiches Waisenhausprojekt kümmern.

Ich war noch zu klein, um diese Auseinandersetzungen direkt mitzubekommen. Meine Eltern blieben als Erzieher im Wahlwieser Tibet-Haus, bis ich zehn Jahre alt war und die 5. Klasse beendet hatte. Damals waren meine Pflegegeschwister und mein Bruder bereits mit der Schule fertig und hatten eine Ausbildung in der weiteren Umgebung begonnen. Entgegen der anfänglichen Versprechungen der Leitung wurden keine weiteren Tibeter mehr aufgenommen.

## Schöne und unschöne Erinnerungen

Wir Kinder hatten zwar viele schöne Momente in diesem Kinderdorf erleben dürfen, ohne viel von den Meinungsverschiedenheiten meiner Eltern und dem Rinpoche mit der Dorfleitung mitzubekommen, aber im Nachhinein bleibt ein schales Gefühl, von der Dorfleitung ausgenutzt worden zu sein. Als nette, exotische Tibeter, die vor den chinesischen Kommunisten geflohen waren, waren wir zu der Zeit in aller Munde, wir waren wirklich kleine lokale

Berühmtheiten und die Leitung des Kinderdorfes ging häufig mit uns auf Veranstaltungen, um Spenden zu sammeln. Wir süßen »Tibeterleins« mussten dann tanzen und singen. Meine Eltern haben eigens für diese Anlässe Lieder komponiert und Tänze zusammengestellt und meinen Pflegegeschwistern beigebracht. Auch ich gehörte als Küken zum Fundraising-Programm. Weil ich so klein war und man mich nicht sehen konnte, wurde ich oft auf den Tisch gehoben und musste dort deutsche Lieder und Gedichte zum Besten geben. Das geschah anlässlich von Weihnachtsfeiern, in Altersheimen oder bei anderen Gelegenheiten. Es war mir in jenen Momenten nicht direkt unangenehm, aber im Nachhinein zeigte sich, dass die großzügigen Spenden nur zu einem geringen Teil für unser Haus verwendet wurden. Es wurde immer gesagt, diese Gelder wären für die Tibeter und es sollte noch ein zweites Haus für uns gebaut werden, aber tatsächlich erhielten wir für unsere speziellen Bedürfnisse nichts davon. Deshalb war es meiner Mutter auch nicht möglich, häufiger tibetisch zu kochen. Sie bekam während unserer Ferien kein angemessenes Budget für die Mahlzeiten. Meine Eltern erhielten einen minimalen Monatslohn und sehr viel später, als meine Mutter im Rentenalter war, erfuhren wir, dass sie als Hausmutter und Erzieherin nicht versichert war. Nur mein Vater bekommt heute eine kleine Rente aus Deutschland.

In schöner Erinnerung habe ich die Weihnachtsspiele, an denen auch mein Vater mit großer Begeisterung teilnahm. Er spielte sogar Rollen, für die er Altdeutsch lernte, indem er sich die fremde Sprache vorsagen ließ. Diese typisch anthroposophische Tradition hat uns viel Wärme vermittelt.

Mein Vater und auch der Rinpoche engagierten sich sehr, um sich in die Dorfstruktur einzugliedern. Als es hieß, dass die Erzieher noch eine weitere, praktische Ausbildung abschließen sollten, um damit zum Unterhalt des Dorfes beizusteuern, absolvierte mein Vater eine Lehre als Schreiner und der Rinpoche eine als Goldschmied. Sie entwickelten beide ein großes Geschick in ihren Tätigkeiten und waren beliebte und begehrte Handwerker. Meinen Vater nannten sie bald den »Zinkenmeister« dank seiner Präzisionsarbeit bei Kunstmöbeln. Auch fertigte er wunderschöne hölzerne Kunstobjekte mit Intarsienarbeiten an, von denen wir noch einige Exemplare zu Hause haben.

## Ein neues Leben

1973 begann in der Schweiz ein neues Leben für mich. Mithilfe des schweizerischen Roten Kreuzes siedelten wir nach Waldstadt im Kanton Appenzell über. Dort gab es ein großes Tibeter-Haus mit verschiedenen tibetischen Familien und Einzelpersonen, in das wir einziehen konnten. Mein Vater bekam wieder eine Arbeit als Hausvater. Ich besuchte die Primarschule und Sekundarschule und wechselte anschließend auf das Gymnasium in Trogen über. In meinem Abiturjahr wurde ich als jüngstes Mitglied in den Vorstand des Vereins Tibeter Jugend in Europa gewählt, in dem ich zehn Jahre lang ehrenamtlich im Innendienst und zum Schluss als Vizepräsidentin mitwirkte.

Als ich gerade 18 Jahre alt war, konnte ich mit meinem Vater das erste Mal mein Geburtsland Indien und auch Nepal besuchen. Bei der Gelegenheit lernte ich auch meine Großmutter väterlicherseits und einige seiner Schwestern kennen, die aus Lhasa nach Kathmandu gereist waren, um uns zu treffen. Diese Reise war für mich sehr wichtig im Sinne von »back to the roots« und ich konnte wichtige Eindrücke und Ideen für mein weiteres Tibet-Engagement gewinnen. Die schwierigen Lebensverhältnisse und die große Herzlichkeit meiner Familienmitglieder in Kathmandu sowie in Mussoorie/Indien waren überwältigend. Ich bekam den Eindruck, dass es im Leben etwas Wichtigeres gibt als materielle Sicherheit und Bequemlichkeit, welches es einem ermöglicht, trotz Entbehrungen glücklich zu lächeln und das wenige, das man hat, großzügig zu teilen. Das waren wichtige Aha-Erlebnisse, doch erst das Buch »Eine Tochter Tibets« von der Adligen Rinchen Dolma Taring machte mich bewusst auf die enorme Kraft der buddhistischen Spiritualität aufmerksam.

Mittlerweile lebten wir nicht mehr im Tibeter-Haus, sondern in unseren eigenen vier Wänden. Das war wichtig, denn im Tibeter-Haus gab es auch drei schwer traumatisierte und psychisch gestörte Tibeter. Einer von ihnen hatte während der Arbeitszeit meines Vaters einige Male meine Mutter und meine jüngste Schwester bedroht und angefallen, deshalb fühlten wir uns gezwungen, eine eigene Bleibe zu suchen. Das schweizerische Rote Kreuz fragte mich damals, ob ich die Tibeter-Betreuung für ein Jahr als Nebenjob übernehmen könne. Ich stimmte zu und so blieb ich mit dem Tibeter-Haus, in dem nur noch wenige Tibeter und einige Kurden lebten, auf berufliche Weise verbunden. Es war meine Aufgabe, die Insassen sozial zu betreuen, ihnen mit Rat und Tat zur Seite zu stehen, den Tibetern ihre monatlichen Sozialbezüge auszuhändigen und für die drei psychisch behinderten Tibeter ein Heim zu finden und ihnen zu helfen, sich darin zu integrieren. Das Tibeter-Haus wurde nach einem Jahr aufgelöst, abgerissen und für andere Zwecke wieder neu aufgebaut.

# Zurück zu den Wurzeln

Nach dem Ende meiner Schulzeit besuchte ich die Pädagogische Hochschule in Zürich und in St. Gallen und erhielt noch vor Ende meines erfolgreichen Studiums einen Vertrag als Oberstufenlehrerin in Waldstatt, wo ich selbst in die Schule gegangen war. Damit wurde ich die erste Frau und Nichtschweizerin, die in der Oberstufe lehrte. Ich unterrichtete die Fächer Deutsch, Französisch, Englisch, Latein, Geschichte, Geografie und Zeichnen. Ich war mit 26 Jahren die jüngste Oberstufenlehrerin seit vielen Jahren im Dorf und wurde zur Arbeitskollegin meiner ehemaligen Lehrer. Den Lehramtsberuf übte ich jedoch nur zwei Jahre aus, dann wurde das Bedürfnis übermächtig, wieder zu meinen tibetischen Wurzeln zurückzukehren. Während meiner Schulferien reiste ich mit einem befreundeten deutschen Ehepaar nach Indien in die tibetischen Siedlungen und zu meiner Geburtsstätte Simla, wo ich im Kamla-Nehru-Krankenhaus zu meiner großen Freude endlich eine Geburtsurkunde erhielt. Dank meiner Freunde hatte ich das Glück, eine Privataudienz bei Seiner Heiligkeit dem Dalai Lama in Dharamsala zu erhalten. Bei meiner kurzen persönlichen Unterredung mit Seiner Heiligkeit über die Sinnsuche in meinem Leben, welche mich sehr beeindruckt und berührt hat, machte er mir den Vorschlag, nach Dharamsala zu kommen, um mich in der Tibeter-Gemeinschaft nützlich zu machen. So entschloss ich mich kurzerhand, am Ende meines Schuljahres als Oberstufenlehrerin eine berufliche Auszeit zu nehmen und seinem Vorschlag Folge zu leisten.

Ich wollte erleben, wie es ist, nur unter Tibetern zu leben, ich wollte wissen, wie unsere Regierung im Exil funktionierte, und da ich nicht nach Tibet gehen konnte, ging ich Ende 1989 nach Dharamsala. Zuvor besuchte ich entfernte Verwandte in Rajpur/Nordindien und hatte die unglaubliche Gelegenheit, mein Idol, Frau Rinchen Dolma Taring, zu besuchen und einen Monat lang täglich in tibetischer Schrift unterrichtet zu werden. Diese Momente waren für mich unbezahlbar und ich konnte aus nächster Nähe ihre enorme Tatkraft für die tibetische Sache und ihre geistige Jugend wahrnehmen. Sie riet mir, mich in buddhistischer Philosophie zu schulen, was anfänglich nicht mein Plan war. Es war sehr angenehm, in ihrer Nähe zu sein, ihre Großzügigkeit zu erleben und von ihr unterrichtet zu werden.

Kurz vor der Vergabe des Friedensnobelpreises an Seine Heiligkeit, von der allerdings noch niemand etwas ahnte, kam ich als Freiwillige in Dharamsala an. Ich verbesserte mein Tibetisch in Wort und Schrift, besuchte auf Anraten von Mutter Taring Buddhismus-Kurse und übernahm schließlich eine Arbeit im *Department of Information and International Relations* (DIIR), unserem Außen- und Informationsministerium. Der Aufenthalt in Dharamsala war sehr gut für mich, da ich zum ersten Mal in meinem Leben so weit weg von meinen Eltern mein eigenes Leben aufbauen konnte und viele Leute aus der ganzen Welt kennenlernte. Einige Freundschaften aus dieser Zeit pflege ich heute noch per E-Mail, darunter eine Freundschaft mit einer Chinesin, die in San Francisco lebt, sowie einem brillanten tibetischen Historiker, der ein ungeschminktes Buch über die neuere tibetische Geschichte herausgegeben hat.

## Neue Perspektiven

Ich war gut ein halbes Jahr in Dharamsala und diese Zeit hat mich in meinem Tibetisch-Sein sehr gestärkt. Dazu trugen nicht nur die Begegnungen mit den Tibetern bei, sondern auch mit Menschen aus anderen Kulturen. Irgendwann musste ich aber auch wieder Geld verdienen und verließ Dharamsala deshalb. Ich war nicht nur erfüllt davon, wieder zu meinen tibetischen Wurzeln gefunden, sondern auch neue Inspirationen für meinen beruflichen Werdegang erhalten zu haben. Meinen Beruf als Lehrerin wollte ich nicht länger ausüben. In Dharamsala hatte ich mitbekommen, dass recht viele Gelder in die Exilverwaltung flossen, dass jedoch wenig Erfahrung vorhanden war, um die Gelder effektiv einzusetzen und Projekte zu managen. Also entschloss ich mich, Projektmanagement zu lernen. Zurück in der Schweiz, gab mir der Schweizerische Bankverein (SBV) die Gelegenheit, ein 18-monatiges Hochschulpraktikum zu machen. Anschließend arbeitete ich in Genf und erwarb nebenher den Schweizerischen Fachausweis in Ablauf- und Aufbauorganisation. Damit kann man alle organisatorischen Projekte in Firmen und Organisationen leiten und mitgestalten. Meine Vision war es, für entwicklungspolitische Projekte in Tibet zu arbeiten. Dafür bewarb ich mich bei diversen Institutionen der UNO, aber auch bei regierungsunabhängigen Organisationen. Nur eines hatte ich übersehen: Als Neueinsteiger kann man sich nicht aussuchen, wo man eingesetzt wird. Ich bekam ein Stellenangebot als Delegierte des UN-Hochkommissariats für Flüchtlinge in Ruanda, was mir gar nicht gefiel, da ich eigentlich nach Tibet oder in ein anderes asiatisches Land geschickt werden wollte. So nahm ich das Angebot nicht an.

Daraufhin absolvierte ich eine Zusatzausbildung für Projektmanagement im internationalen Umfeld an einer Ingenieursschule. In einem der letzten Kurse des umfangreichen und intensiven Programms erfuhr ich, welche Sicherheitsrisiken mit einem Einsatz im Krisengebiet verbunden sind. Mord, Entführung, Vergewaltigung, all diese Schreckensvorstellungen waren plötzlich so konkret. Deshalb entschied ich mich, keine Arbeitsstelle mehr im humanitären Bereich zu suchen, sondern diese Tätigkeit in meiner Freizeit ehrenamtlich in Tibet zu übernehmen. Mir wurde deutlich, dass ich als Exiltibeterin doch ein großes Sicherheitsbedürfnis hatte. Das betraf vor allem die Angst vor körperlichen Übergriffen, aber auch die soziale Situation.

Um mein Bedürfnis nach Sicherheit zu befriedigen, blieb ich schlussendlich in der Schweiz und wählte den Beruf der Projektmanagerin, Coacherin und Seminarleiterin in größeren Firmen. In meiner Freizeit arbeite ich für Hilfsprojekte in Tibet, wie z. B. das Tadra-Projekt, welches zwei größere Waisenkinderdörfer in Osttibet einrichtete, deren Konzept dem des Wahlwieser Kinderdorfes ähnelt. Die Projektinitiatoren sind meine tibetischen Pflegegeschwister, mit denen ich zusammen aufgewachsen bin. Aufgrund unserer gemeinsamen Vergangenheit herrscht großes Vertrauen zwischen uns, das dem Projekt sehr dienlich ist. Dabei gehe ich keine großen Risiken ein. Da diese Arbeit rein ehrenamtlich ist, kann ich selbst entscheiden, wie viel Zeit ich dafür investieren will und kann, wann ich nach Tibet zum Projekt reise und wie lange ich bleibe. Somit bleibe ich weiterhin meinem Land verbunden, was mir sehr wichtig ist und mir eine große Befriedigung verschafft.

Ich habe drei abgeschlossene Ausbildungen, als Lehrerin, als Firmenorganisatorin und als Coacherin. Das Lehrerinnendasein gehört der Vergangenheit an, aber ich leite heute sehr gerne Soft-Skill-Entwicklungsseminare für Erwachsene und als Coacherin und Organisationsberaterin bin ich sehr nah an den Menschen dran. Als Beraterin bin ich eine Spezialistin, die einer Institution, einer Firma, einem Verband oder auch Individuen konkrete Ratschläge erteilt, die auf einer ziemlich rationalen Analyse der Situation basieren. Die Coacherin geht dagegen mit viel Intuition und Gespür an die Sache heran. Dabei ist es mein Ziel, die Fähigkeiten meiner Kunden wachzurufen und ihnen zu helfen, ihre eigenen Lösungen und Talente zu entwickeln und zu verwirklichen. Ich muss gar nicht viel über das Spezialgebiet oder den problematischen Sachverhalt des Kunden wissen. Es geht nur darum, mein Gegenüber in dem zu stärken, was in ihm steckt. Für mich ist es auch eine wichtige ethische Herausforderung, fest an die innere Stärke und Größe jedes einzelnen Menschen zu glauben.

Ich sehe diese Tätigkeit mehr als eine Berufung als einen Neun-bis-fünf-Uhr-Job an und versuche, damit den im Buddhismus so wichtigen zweifachen Weg der Methode und des Mitgefühls nicht nur für meine tibetischen Brüder und Schwestern zu praktizieren, sondern auch in meinem beruflichen Alltag für alle Menschen, die meine Dienste in Anspruch nehmen.

Der Anspruch, anderen Menschen zu helfen, ist tief in unserer Kultur und Spiritualität verwurzelt. Von klein auf haben mich meine Eltern ein Gebet gelehrt, das ich bis heute nicht vergessen kann und immer beherzige. Es besagt: »Möge ich ein langes Leben haben! Möge ich eine gute Ausbildung erhalten! Auf dass ich die Belehrung von Kundün (Dalai Lama) realisieren kann.« Es ist mir wichtig, mit einem Bein ganz konkret in dem Engagement für mein Volk verankert zu bleiben; ich bin aktives Mitglied in der Tibeter-Gemeinschaft, versuche die Öffentlichkeit durch Vorträge und Pressearbeit über die Geschichte und Situation meines Volkes zu sensibilisieren, sammle Gelder für das Tadra-Projekt, erzähle selbst gesammelte tibetische Märchen und nehme an Tibet-Demonstrationen teil.

Aber bei alledem ist mir meine Freiheit sehr wichtig. Ich bin nicht die Frau, die sich in Gremien und Verbänden wohlfühlt. Neben meinem Amt als Vizepräsidentin des Vereins Tibeter Jugend in Europa war ich auch Präsidentin sowie Vizepräsidentin der Tibeter Gemeinschaft in der französischen Schweiz. Ich habe zudem eine Tibeter-Stiftung in der Schweiz mit auf die Beine gestellt und war eine Zeit lang deren Präsidentin. Inzwischen schätze ich es aber, freie Mitarbeiterin für tibetische Vereine zu sein, die punktuelle und spezielle Unterstützung benötigen. Vor allem, wenn es um spontane Aktionen geht, kann ich als Freiberuflerin, noch dazu mit meiner Erfahrung, schnell reagieren und etwas auf die Beine stellen. Im Vorfeld der Olympischen Spiele von Peking 2008 war das häufig der Fall, ein paar Mal wurde ich sogar spontan zur französischen Pressesprecherin der Tibeter Gemeinschaft in der Schweiz und Liechtenstein ernannt, aber Ambitionen für eine langfristige Bindung in einem Verband hege ich nicht mehr.

Nur durch meine Heirat mit meinem Schweizer Mann habe ich mich langfristig gebunden. Das gefällt mir jedoch sehr, da ich mich auf paradoxe Weise freier fühle als zuvor. Seither kann ich alle meine Energie auf meine verschiedenen Aktivitäten konzentrieren und verliere keine Zeit mit der Suche nach dem sogenannten Seelenverwandten oder meiner besseren Hälfte. Ich sehe meine Ehe wie ein Sprungbrett, ich kann mich darauf abstützen, in alle Richtungen aufbrechen und weiß, wohin ich immer wieder zurückkehren will und kann. Das ist eine Erfahrung, die ich selbst machen musste. Zuvor schien mir Ehe immer etwas suspekt und eher wie ein großes Gefängnis, aus dem jeder ausbrechen will, aber hoffnungslos gefangen zu sein scheint. Daher wagte ich den Schritt erst spät, mit 39 Jahren, nachdem ich bereits fünf Jahre mit meinem Partner zusammengelebt und eine wichtige gemeinsame Pilgerreise um den heiligen Berg Kailash gut überstanden hatte. Nach dieser Feuerprobe stand unserer Ehe nichts mehr im Wege und glücklicherweise hält sie noch heute jeglichen Böen und Stürmen stand.

Obwohl ich seit vielen Jahren in der Schweiz lebe, habe ich Deutschland und meine deutschen Freunde nie vergessen. Ich reise immer wieder gerne nach Deutschland und freue mich, wenn ich die Gelegenheit bekomme, deutsch zu sprechen. Durch die deutsche Musikerfamilie, die Freunde meiner Eltern, habe ich meine Liebe zur klassischen Musik entwickelt. Die anthroposophische Philosophie, die Kopf, Hand und Herz als Einheit sieht, hat in meinen Augen viel Gemeinsamkeit mit dem Buddhismus, und wenn ich die Gelegenheit habe, eine Ausstellung oder eine Veranstaltung in einer Steiner-Schule zu besuchen, mache ich das sehr gerne, denn es ruft schöne Erinnerungen an das Wahlwieser Kinderdorf wach. In meiner Kindheit habe ich Märchen von den Gebrüdern Grimm, von Hans Christian Andersen, von Selma Lagerlöf, das Buch der Wurzelkinder oder die Legende vom Schlaraffenland nur so verschlungen und glaubte fest daran. Auch heute noch übt die Märchenwelt eine starke Faszination auf mich aus und gerne sehe ich mir Tolkiens »Herr der Ringe« oder Harry Potter an. Ich glaube an die Kraft der Magie und daran, dass der Mensch interessante magische Fähigkeiten entwickeln kann, wenn er nur daran glaubt. Daher bin ich fest davon überzeugt, dass es eine Lösung für das Tibet-Problem geben kann. Meiner Meinung nach wird diese Lösung bald wie durch Magie herbeikommen und auf eine Art, die nicht voraussehbar sein wird. Ich denke mir, dass dabei indirekt das leidende und unfreie chinesische Volk eine große Rolle spielen wird. Die Zukunft wird es uns zeigen.

Für uns Tibeter heißt es bis dahin, die Geschehnisse in China im Auge zu behalten, mit der chinesischen Bevölkerung Kontakt aufzunehmen, sich gut auf den Moment vorzubereiten, in dem die Lösung sich zeigt, sodass wir sofort anfangen können, die Zukunft unseres Landes in die eigenen Hände zu nehmen und selbst zu gestalten. Wie Seine Heiligkeit der Dalai Lama bestimmt hat, finde ich es richtig, dass die Tibeter im unterdrückten Tibet die Geschicke eines wirklich autonomen Tibets bestimmen sollen. Wir Tibeter im Exil bilden ohnehin nur eine unscheinbare Minderheit und es wird nicht von Bedeutung sein, ob wir wieder zurückkehren wollen oder nicht. Das Wichtigste ist die Zufriedenheit und die Selbstbestimmung der Tibeter im ganzen ehemaligen tibetischen Territorium, welches unsere drei tibetischen Provinzen U-Tsang, Kham und Amdo beinhaltet. Bö gyal lo!

# Wangpo Tethong –
# vom Landwirt zum Tibet-Aktivisten

Das Leben als Flüchtling hat eine lange Tradition in unserer Familie. Das Gefühl, zwischen den Welten zu pendeln und keine Gewissheit zu kennen, ist ein bestimmendes Lebensgefühl, das in unserer Familiengeschichte angelegt ist. Für meine Generation gilt das wohl noch mehr als für jede andere vor ihr. Hinzu kommt die Frage, wer man denn eigentlich ist. In Ladakh, der Heimat meiner Mutter, gelte ich gar nicht als Tibeter, sondern als Ladakhi. In der Schweiz werde ich als Tibeter oder Schweiz-Tibeter betrachtet. Und wenn ich in Indien bei meinen tibetischen Verwandten bin, ertappe ich mich dabei, dass ich sehr viel Schweizerisches angenommen habe.

Meine Familie stammt ursprünglich aus dem Kuno-Tal, einem Gebiet südlich des alten Königreichs Guge, das jenseits der tibetisch-indischen Grenze liegt. Es war ein kleines

Fürstentum, beherrscht von einem Gelugpa-König. Immer wieder sind die Könige von Ladakh, die mit den Kagyüpa verbunden waren, in das Tal eingefallen, und um der Unterwerfung zu entgehen, ist der letzte Fürst, mein Vorfahre, im frühen 16. Jahrhundert unter die Obhut des Panchen Lama nach Shigatse geflohen. Seine Familie bekam dort einen Flecken Land, das sich mit der Zeit zu einem ansehnlichen Gut entwickelte, und seitdem leben die Tethongs in der Gegend von Shigatse.

Die Tethongs waren Mitglied des Landadels. Im frühen 20. Jahrhundert ließ sich ein Teil der Familie in Lhasa nieder und arbeitete dort. Obwohl sie dem tibetischen Establishment angehörten, gerieten gerade im 20. Jahrhundert einige von ihnen auf politische Abwege.

Mein Vater hatte als sehr junger Mann zunächst die monastische Laufbahn eingeschlagen und war Abt eines Klosters geworden. Im Alter von etwa 35 Jahren legte er seine Mönchsrobe jedoch ab und ging zum Studieren nach Indien. Nach dem Studium fand er eine Stelle als Redakteur und Moderator bei dem staatlichen Sender »All India Radio«. Dort arbeitete meine Mutter als Sprecherin. Sie stammte aus einer Bauernfamilie in Ladakh. Beide waren jung und ungebunden; sie verliebten sich und ließen sich trotz erheblicher Standesunterschiede aufeinander ein. Im alten Tibet wäre das vermutlich nicht möglich gewesen, aber es waren die späten 1950er- und frühen 1960er-Jahre; da ging alles drunter und drüber in der tibetischen Gesellschaft, und so hatte ihre Liebe eine Chance.

Ich merke bei mir, dass ich Anteile von beiden in mir trage: Das Erdverbundene, Bäuerliche stammt zweifellos aus der Tradition meiner Mutter, dazu kommen ihre Tatkraft, ihr Mut und ihr Realitätssinn, den ich mir bei mir in noch größerem Ausmaß wünschen würde. Überhaupt führe ich mein Temperament auf sie zurück. Als junger Mann wäre ich gern Landwirt geworden. Das bäuerliche Leben in ihrer Heimat Ladakh faszinierte mich sehr. Mit großer Freude arbeitete ich auf einem Bauernhof im ost-schweizerischen Trogen, wo ich aufwuchs. Mein Berufsziel als junger Mensch war klar: entweder Bauer oder Koch.

Das Kreative und die Kultur hatten bei den Tethongs immer einen hohen Stellenwert. Schon mein Großvater aus der väterlichen Linie malte und verlegte Bücher. Mein Vater ist ein anerkannter tibetischer Schriftsteller und Übersetzer, der sich in jungen Jahren von Gendun Choephel, dem Gelehrten und Mönch, in Poesie unterrichten ließ. Ich bin sicher, dass mein Interesse für kulturelle Fragen einem Tethong-Gen zu verdanken ist.

Zu Gendun Choephel hatte nicht nur mein Vater, son-dern auch mein Onkel einen sehr intensiven Kontakt. Mein Vater schrieb die erste ausführliche Biografie über diesen ungewöhnlichen Mann, durch ihn war er frühzeitig mit spannendem politischen Gedankengut in Berührung gekommen. Allerdings ist mein Vater kein sehr politischer oder aktionistischer Mensch. Gendun Choephel interessier-te ihn vor allem wegen seiner kulturhistorischen Studien.

Noch enger als mein Vater war mein Onkel Tomjor Tethong, der ältere Bruder meines Vaters, mit Gendun Choephel befreundet. Mein Onkel war ein Hausgelehrter, einer der wenigen Menschen in Tibet, die sich intensiv mit der Welt jenseits des Himalaya beschäftigten. Er pflegte sogar Kontakt zu den tibetischen Aktivisten, die an einem eigenständigen tibetischen Kommunismus experimentier-ten. Dank ihm wurde die Kommunistische Partei Tibets im Haus der Tethongs gegründet; das erzähle ich immer mit einem gewissen Stolz, zeigt es doch, dass es auch in Tibet aufgeklärte und fortschrittlich denkende Menschen gab, die aber Wert auf ihre tibetische Identität legten. Die Partei bestand zunächst aus sieben Mitgliedern, von denen die meisten wegen ihres tibetischen Nationalismus in chinesischen Arbeitslagern landeten. Mein Onkel war selbst kein Mitglied, bot ihnen aber seine Unterstützung an. Der Prominenteste war Phuntsok Wangyal, der später in chinesischer Gefangenschaft Schlimmes durchmachen musste. Mein Onkel war für die ganze Familie eine sehr prägende Figur.

Das Leben in Lhasa kenne ich aus Erzählungen und Büchern, denn mein Vater und meine Mutter verbrachten den größten Teil ihres Lebens in der Schweiz. Als 1959 die große Fluchtbewegung begann und unsere Exilregierung mit der Bitte um Aufnahme in der Schweiz auf offene Türen stieß, da gab es nur ganz wenige Tibeter, die Englisch sprachen und etwas von der Welt jenseits unserer Berge wussten. Mein Vater gehörte zu ihnen. Unsere Regierung hatte ihn deshalb dringend gebeten, Flüchtlinge in die Schweiz zu begleiten. Man kann sagen, dass er sich für die Sache aufopferte, denn es fiel ihm schwer zu gehen; er lebte gern in Indien und er hatte eine sehr gute Stellung beim Radio, wo er viel mehr verdiente als in seiner neuen Position. Doch vor allem sein älterer Bruder Tomjor drängte ihn: »Du musst gehen, du musst das machen, für uns alle.« Da war klar, dass er der Bitte nachkam.

## Zwei Welten

1960 siedelten meine Eltern in die Schweiz über, als erste Tibeter. Insgesamt sind wir fünf Kinder, ich bin das mittlere Kind und wurde drei Jahre nach Ankunft meiner Eltern in der Schweiz geboren. Ich würde mich als Tibeter bezeichnen, der in der Schweiz lebt und sehr von der mitteleuropäischen Geisteswelt geprägt ist. Ich lese zwar ab und zu tibetische Zeitungen und spreche so gut Tibetisch wie Deutsch, aber im Schriftlichen ist mein Deutsch um Welten besser. Es gibt vielleicht zweimal im Jahr die Möglichkeit, Tibetisch zu schreiben, Neujahrsgrüße zum Beispiel, aber ansonsten verkümmern die mühsam erworbenen Kenntnisse. Zudem bin ich im Schweizer Schulsystem groß geworden und dadurch bewege ich mich geistig im europäischen Kulturkreis. Ich lese keine buddhistischen Texte und die europäische Musik gefällt mir beispielsweise erheblich besser als die tibetische.

Meine Jugend verbrachte ich im Pestalozzi-Kinderdorf in Trogen, wo meine Eltern als Erzieher tätig waren. Dort erhielt ich meine politische Sozialisation. Dabei begann meine Bewusstwerdung nicht im politischen, sondern im pädagogischen Umfeld. Im Kinderdorf wurden immer wieder pädagogische Fragen diskutiert: Was bedeutet multikulturelle Erziehung? Wie geht man mit Ablehnung und Verweigerung um? Solche und ähnliche Fragen standen immer wieder im Raum. Meine Eltern hatten zwar Deutschkurse belegt, aber für solche Debatten reichten ihre Sprachkenntnisse nicht, deshalb wurde ich früh miteinbezogen. Schon mit 14 oder 15 Jahren musste ich für sie bei diesen Diskussionen übersetzen. Dabei habe ich die Erfahrung gemacht, wie wichtig es ist, sich für eine größere Sache einzusetzen.

Auch das Schweizer Schulsystem prägte mich. Ich besuchte die Mittelschule und anschließend das Gymnasium, doch bei alledem ließ ich nie den Kontakt zu meinen Wurzeln abreißen. Schon als Halbstarker fand ich die Debatten der Älteren spannend, und deshalb ist das Bedürfnis in mir gereift, mich selbst einzubringen. Mit 20 Jahren trat ich in den Verein Tibeter Jugend in Europa ein.

Nach der Schule studierte ich zunächst einmal Geschichte mit dem Schwerpunkt Sozial- und Wirtschaftsgeschichte und im Nebenfach allgemeines Staatsrecht. Ich brauchte sehr lange, um das Studium abzuschließen, 23 Semester, denn zu der Zeit war ich schon sehr aktiv im tibetischen Jugendverein. Als ich im zehnten Semester war, heiratete ich, was auch nicht dazu beitrug, das Studium schneller zum Abschluss zu bringen. Als ich endlich fertig war, war ich schon weit über 30. Zunächst unterrichtete ich dann im Pestalozzidorf tibetische Kinder. Ich betätigte mich auch journalistisch und produzierte mit dem Industriellen und Filmemacher Friedhelm Brückner einen Tibet-Themenabend für Arte. Unversehens wurde ich sogar zum Regisseur eines Arte-Beitrags, der den Titel »Das Feuer hüten« trug.

Weitere Stationen meiner beruflichen Karriere waren mein Amt als Parteisekretär der Grünen im Kanton Zürich sowie als Parteisekretär der Schweizer Greenpeace-Sektion. Die Stelle bei den Grünen hatte ich – das ist meine Vermutung – einem Praktikum bei Petra Kelly und Gerd Bastian zu verdanken, für die ich zwei Monate gearbeitet habe. Das hat bei der Bewerbung mit Sicherheit Eindruck gemacht. Jetzt arbeite ich für das Kampagnenforum, eine in NGO-Kreisen gut bekannte Beratungsfirma.

## Politische und persönliche Entwicklungen

In unseren Gemeinden vollzieht sich eine bemerkenswerte Veränderung: Früher sprachen wir bei den Treffen des Vereins Tibeter Jugend tibetisch; inzwischen wird immer mehr zum Deutschen übergegangen. Zu Hause, mit meiner Familie, spreche ich nur tibetisch, auch mit den Kindern, aber das wird zusehends schwieriger. Wenn ich mit meinem

Sohn zum Beispiel über schulische Angelegenheiten spreche, ihm Mathematik oder Geografie erkläre, dann lässt sich das sehr schwer auf Tibetisch machen. Also gleiten wir ins Deutsche hinüber und bleiben dort manchmal hängen. Auch in der Arbeit wird natürlich nur deutsch gesprochen. Aber ich fühle mich im Tibetischen sehr wohl, ich habe keine Probleme, mich darin auszudrücken.

Ein besonders beeindruckendes Erlebnis für meine tibetische Bewusstwerdung in den frühen 1980er-Jahren war die Lektüre des Buches »Tibet – Das stille Drama auf dem Dach der Erde« von Peter-Hannes Lehmann und Jay Ullal. Vorher wusste keiner von uns Exiltibetern so genau, wie die Chinesen bei ihrer Zerstörung vorgegangen waren. Irgendwie hatten wir zwar alle davon gehört, doch jetzt gab es zum ersten Mal schockierende und aufrüttelnde Fotos, unterfüttert mit einem flüssig geschriebenen Text. Das hatten wir noch nicht gekannt. Vorher wurden wir mit den offiziellen chinesischen Publikationen überschüttet. Diese Version glaubten wir zwar nicht wirklich, aber dennoch war es ein Schock, nun einen echten Eindruck von dem ganzen Drama zu erhalten.

Nicht nur für meine politische, sondern auch für meine persönliche Entwicklung war das Buch sehr wichtig. In der Propaganda ist immer von dem alten Feudalsystem Tibets die Rede, in dem die Menschen angeblich ausgebeutet wurden. Als Sprössling einer Adelsfamilie bekam ich natürlich ein schlechtes Gewissen, ob ich oder meine Familie am Elend Tibets mitschuldig sei. Durch diese Lektüre und die Fotos – auch von der Armut, die von den Chinesen nach Tibet gebracht wurde – tue ich mich leichter mit meiner Abstammung.

Zur gleichen Zeit öffnete sich das Land, der Kontakt zu Verwandten konnte wieder aufgenommen und die Informationen vertieft werden.

231

Der nächste wichtige Punkt in meiner politischen Sozialisation waren die großen Demonstrationen in Lhasa von 1987. Sie lösten generell einen großen Schub für die Tibet-Bewegung aus.

Ich habe nach wie vor einen guten und engen Kontakt nach Tibet. Das geschieht vor allem durch die Flüchtlinge, die gerade das Land verlassen haben, um eine gute Ausbildung zu erlangen, und dann wieder zurückgehen. Bei ihnen hat sich ein großer Bewusstseinswandel vollzogen. Bis in die 1980er-Jahre hinein hielt sich in Tibet eine recht naive Vorstellung, dass wir irgendwann wieder unabhängig sein würden; später sahen wir die Situation realistischer, aber der Fall der Berliner Mauer und der Zerfall der Sowjetunion waren ein zweiter Hoffnungsschub im Hinblick auf ein freies Tibet. Wir waren zuversichtlich, dass dann alles wieder gut wäre, wenn sich weltpolitisch so viel veränderte und zum Beispiel die baltischen Staaten ihre Unabhängigkeit erlangten, dass sich auch für uns neue Perspektiven eröffnen würden.

Doch auch diese Erwartung erfüllte sich nicht, und wenn man unseren Erwartungen die Realität in Tibet gegenüberstellt, dann wird es immer betrüblicher; da reicht allein ein Blick auf die ständig wachsende Zahl der Chinesen. Deshalb ist es wichtig, realistisch zu prüfen, wo es noch einen Spielraum und Handlungsmöglichkeiten gibt.

Einen Hoffnungsschimmer sehe ich darin, dass das politische Selbstbewusstsein der Tibeter in Tibet wächst. Es gibt immer mehr Leute, die gut ausgebildet sind, die sich etwas zutrauen. Das Gefühl, sich vernetzen zu müssen, ist weiter verbreitet als früher und die Chancen sind besser. Auch in der Kultur ist der Widerstand geistig fest verankert. Es gibt zum Beispiel sehr mutige Sänger aus Amdo, die in ihren Liedern ganz direkt fordern: »Alle Chinesen müssen raus aus Tibet« oder »Der Dalai Lama muss zurückkehren«. Einige idealisieren sogar das alte Tibet. Da war es nicht überraschend, dass der Aufstand vom März 2008 gerade in Amdo so viel Resonanz gefunden hat. Bei aller Tragik war das ein Ausdruck des wachsenden Selbstbewusstseins.

## Aufbruch in die Vergangenheit

Im Dezember 2004 war ich zum ersten Mal in meiner Heimat Tibet. Eine grundlegende Erfahrung machte ich mit der Sprache. Es war ein seltsames, aber auch schönes Gefühl, dass mein Tibetisch dort wirklich lebendig ist. Gleichzeitig ist es ein Dialekt, der auf die Region Lhasa beschränkt ist. Das hat bei mir ein starkes Heimatgefühl ausgelöst. Andererseits hat auch jeder gleich gemerkt, dass ich den Lhasa-Dialekt spreche. Das war eine merkwürdige Erfahrung, denn in der Schweiz achtet natürlich niemand darauf.

Ich habe in Zentraltibet auch noch eine recht große Verwandtschaft. Zwei Tanten leben dort, eine von ihnen hat sechs Kinder, es gibt also viele Cousins und Cousinen. Die meisten von ihnen haben sich den herrschenden Verhältnissen angepasst, einige gehören der Kommunistischen Partei an und einer war sogar mal Vorsitzender einer kommunistischen Jugendorganisation. Das geht auf die Zeit vor der Unabhängigkeit zurück, als die Familie, in die meine Tante einheiratete, bereits einige Sozialisten hervorgebracht hatte. Man merkt an der Ausstattung ihrer Wohnung, dass einige von ihnen es mit dem Kommunismus ernst meinen. Dort hängen Mao- statt Buddha-Bilder.

Ich habe mit tibetischen Funktionären, die mich auf Schritt und Tritt begleiteten, auch Tempel besucht, und es war merkwürdig: Sie nehmen keinen Kathak mit, den

Begrüßungsschal, sie machen keine Verbeugung und bringen keine Opferung dar. Was sie tief in ihrem Herzen empfinden, ist eine andere Frage, das kann ich nicht beurteilen. Über den Dalai Lama haben wir erst gar nicht gesprochen; das geht nicht.

Natürlich haben nicht alle diese Einstellung, aber alle haben eine sehr gute Position im System. Eine Cousine ist Universitätsprofessorin, ein Cousin ist Geologe. Sie gehören zum gutbürgerlichen Mittelstand. Die Chinesen setzen auch auf den alten Adel, wenn es um wichtige Positionen geht. Das geht übrigens nicht nur meiner Familie so. Manche von den Tibetern, die im chinesischen System Karriere gemacht haben, stammen aus alten Adelsfamilien. Bis nach ganz oben schaffen sie es aber nicht.

Die Entwicklung in Tibet ist sehr wichtig für mich und ich verfolge sie aufmerksam, denn das Überleben der tibetischen Kultur nur im Exil ist zu wenig. Das, was wir unter einem selbstbestimmten Leben definieren, hat nicht nur mit Kultur zu tun, es hat auch mit Wirtschaft zu tun und mit politischen Rechten. Diese ganzen Bereiche sind wichtig. Wenn man es nur auf das Kulturelle reduziert – und diese Gefahr besteht im Exil –, wenn es also heißt, »Da dürft ihr ein bisschen tibetisch reden, da dürft ihr eure Tracht anziehen«, dann ist es nicht das, was ich als wirklich wichtig ansehe. Es muss möglich sein, dass sich die Tibeter selbstbestimmt definieren.

Das Kulturelle fasziniert sogar viele Chinesen, die uns Tibeter für sehr exotisch halten. Ich habe schon mit sehr vielen Chinesen darüber diskutiert und sie sagen dann immer, es genügt doch, wenn ihr eure Kultur leben könnt. Klar, das muss ein Teil unserer Rechte sein, aber eben nur ein Teil. Das Tibetisch-Sein ist nicht reduziert auf irgendwelche alten Riten.

## Engagement für Tibet

Die Anfänge meiner Karriere als tibetischer Aktivist waren recht bescheiden und unbeholfen. Mit Anfang 20, im Jahr 1988, organisierte ich eine »Bustour durch Europa«. Drei Wochen lang fuhren wir, eine Gruppe junger Tibeter, durch die Schweiz, Österreich, Deutschland, die Niederlande und Frankreich. Wir wollten die Menschen über Tibet informieren und sie gleichzeitig mobilisieren. Das war damals alles andere als selbstverständlich, denn Tibet war noch kein großes Thema in der Öffentlichkeit. Aber es war eine wunderbare Aktion und zu einigen meiner Mitreisenden unterhalte ich noch heute enge freundschaftliche Beziehungen. Unser Motto lautete damals »Kleine Erfolge halten uns am Leben«.

Zwei Jahre später gab die Peking-Oper ein Gastspiel in der Schweiz. Es war uns klar, dass wir diese Gelegenheit nutzen würden, um auf unsere Forderungen aufmerksam zu machen; und es sollte eine fantasievolle Aktion sein. Wir entschlossen uns deshalb, ein Plagiat des Programmhefts zu erstellen, das auf den ersten Blick nicht von dem echten zu unterscheiden war. Der Inhalt war natürlich ganz anders; wir klärten über Tibet auf und verteilten das Heft an alle Besucher. Es dauerte lange, bis die chinesischen Veranstalter bemerkten, was wir dort verteilten.

Eine der bemerkenswertesten Aktionen fand während der Olympischen Spiele 2004 in Athen statt. Wir hatten 20.000 Franken für eine Aktion in Athen aufgetrieben und uns mit zehn Leuten dorthin auf den Weg gemacht. Wir wollten an Wettkampfstätten, wo die Chinesen hohe Favoriten auf die Goldmedaille waren, auf unser Anliegen aufmerksam machen, in der Hoffnung, dass dann auch die chinesische Öffentlichkeit etwas davon mitbekommen würde. Wir entschieden uns deshalb für das Turmspringen und erschienen dort mit chinesischer Fahne, um unbehelligt zu den Wettkämpfen zu gelangen. Als wir auf den Rängen saßen, lautete die große Frage, wie wir die Aufmerksamkeit der Kamera und der Öffentlichkeit auf uns ziehen könnten. Wir mussten irgendwie auffallen. Ich wurde dazu auserkoren, als griechischer Gott ausstaffiert zu werden, mit Lendenschurz usw. Keine Aktion war mir peinlicher. Eine Mitstreiterin trat als Göttin auf, sie sah richtig toll aus und ermutigte mich immer: »Komm, jetzt müssen wir los«, aber ich benötigte zunächst drei Bier, um genügend Mut zu haben, mich so zu zeigen. Es hat sich gelohnt. Bei der Siegerehrung, als die chinesische Fahne hochgezogen wurde, bemerkte uns die Kamera und wir entfalteten rasch ein großes Banner, auf dem auf Chinesisch stand: »Tibet muss frei sein!« Die Kameras waren lange auf uns gerichtet, denn die Kameraleute hatten natürlich keine Ahnung, was dort zu lesen war. Der chinesische Fanblock, der sich hinter uns befand, sah die Aktion auf einer Videowand. Niemand wusste, von wem der Protest ausging, aber es setzte gleich ein gellendes Pfeifkonzert ein, als sie realisiert hatten, wofür wir demonstrierten.

Die Aktion war ein Erfolg auf der ganzen Linie, denn einen Tag später riefen uns Bekannte aus der Heimat an und meinten, sie hätten im Fernsehen zwei verkleidete Leute gesehen, die für die Freiheit Tibets demonstriert hätten.

Am 8. März 2006 habe ich mich dann mit dem Transparent »Hu, you can't stop us« während der Tagung des chinesischen Volkskongresses auf den Platz des Himmlischen Friedens in Peking gestellt. Das war ein guter Auftakt für die nachfolgenden Olympiaaktivitäten weltweit. Die zahllosen Sicherheitskräfte waren von der Aktion offenbar so überrascht, dass ich in der Menge untertauchen konnte, bevor sie einschreiten konnten. Die Aktion verlief glimpflich, aber sie hat mir und meiner Familie auch zahlreiche schlaflose Nächte bereitet.

# Dechen Tsering –
## Wanderin zwischen den Welten

Ich wurde 1967 in Delhi geboren, obwohl man sich bei uns mit den Daten nie ganz sicher sein kann, denn manchmal haben es die Eltern aus praktischen Gründen nicht so genau genommen. Auf jeden Fall wuchs ich in Indien und Nepal auf. Mit einem Jahr kam ich nach Kalimpong, wo meine Großeltern mütterlicherseits lebten. Sie hatten sich dort niedergelassen, nachdem sie aus Tibet geflohen waren. Meine Großmutter stammte aus Shigatse, doch mein Großvater kam aus Lithang in Kham und seine Familie bildete die Keimzelle des bewaffneten Widerstands. Er gehörte zum Clan der Andrutsang.

Der Gründer der tibetischen Guerillabewegung Chushi Gangdruk, Gompo Tashi, war der Onkel meiner Mutter. Ich erinnere mich auch noch vage an Wangdu Andrutsang, der den tibetischen Guerillakrieg im letzten Jahrzehnt von Nepal aus anführte. Er war der Cousin meiner Mutter. Als er uns mal besuchte, brachte er mir ein Geschenk mit. Es war vermutlich das einzige Mal, dass ich ihn sah, denn zwei Jahre später, 1974, wurde er erschossen und das war auch das Ende der Kämpfe.

Mein Großvater war selbst jedoch kein Kämpfer, sondern ein sehr erfolgreicher und bekannter Händler, der durch alle Teile Tibets reiste. Meine Familie hat noch Angehörige in Lithang.

An die Zeit mit meinen Großeltern in Kalimpong habe ich kaum noch Erinnerungen. Meine Großmutter starb früh, als ich erst zwei Jahre alt war. Konkreter sind meine Erinnerungen an Delhi, wo ich einige Zeit bei meinen Großeltern väterlicherseits gelebt habe.

Diese Familie stammt aus Lhasa und auch mein Vater gehörte der Guerillabewegung gegen die Chinesen an. Er war unter denen, die vom CIA eine Ausbildung in Camp Hale, Colorado, erhalten hatten. Er war allerdings kein Kämpfer an der Front, sondern mehr für die technische Ausrüstung, Kommunikation und Spionage verantwortlich. Er entwickelte schon früh einen engen Kontakt zu den Vereinigten Staaten, was mich sehr prägen sollte.

Im Nachhinein betrachte ich es als besonderes Privileg, als kleines Kind so viel Zeit mit meinen Großeltern verbracht zu haben, denn sie haben mir unsere Kultur nahegebracht; Tibet war immer Teil unseres Alltags, es wurde viel darüber gesprochen, es gab viele Geschichten aus der alten Zeit. Das war immer ein besonderes Geschenk.

Gleichzeitig legten meine Eltern und Großeltern aufgrund ihrer eigenen Erfahrungen immer großen Wert darauf, mir eine Ausbildung im englischsprachigen Bereich angedeihen zu lassen. Dadurch würde ich bessere Chancen im Leben haben, erklärten sie mir. Auch dafür bin ich ihnen sehr dankbar, denn sie sollten recht behalten.

Ich war vier Jahre alt, als wir nach Kathmandu zogen, sodass ich an diese Zeit bessere Erinnerungen habe. Dort wurde ich auf eine britische Missionsschule geschickt. Zu der Zeit nahmen diese Schulen keine nepalesischen Kinder auf. Als tibetisches Flüchtlingskind aus gutem Hause wurde ich jedoch zugelassen. Zwei Jahre verbrachte ich dort und ein weiteres auf einer christlichen koedukativen Schule.

## Ethische Grundsätze

Als Nepal seine Politik gegenüber den konfessionellen Schulen verschärfte, endete meine Zeit in Kathmandu. Die königliche Familie fürchtete einen zu starken ausländischen Einfluss und brachte deshalb ein Gesetz auf den Weg, dass keine Missionsschulen mehr errichtet werden durften und den bestehenden Restriktionen auferlegt wurden. Dieses Vorgehen verunsicherte meine Eltern sehr, denn sie wollten nicht, dass meine Ausbildung plötzlich durch administrative Zwangsmaßnahmen behindert oder gar beendet würde.

Also schickten sie mich auf ein christliches Internat in Darjeeling, Nordindien. Es handelte sich um die *Mount Hermon School*, die einen sehr guten Ruf besaß. Sie wurde von Protestanten geleitet, die allerdings recht weltoffen und liberal waren, sodass auf der Schule eine angenehme Atmosphäre herrschte und ich sehr gerne dort war. Natürlich spielte sich alles im christlichen Rahmen ab, wir mussten jeden Morgen zum Gottesdienst, es gab die christliche Sonntagsschule, wir lasen die Bibel, feierten Weihnachten und ich sang acht Jahre lang in einem christlichen Chor mit. Aber ich konnte mich – gemeinsam mit anderen Tibeterinnen – sehr gut damit arrangieren. Durch meine frühkindliche Erziehung war ich sehr fest verankert im buddhistischen Glauben; meine Eltern und Großeltern legten zudem auch weiterhin großen Wert darauf, dass ich die buddhistischen Feiertage und Rituale beachtete. So machte ich äußerlich bei all den christlichen Ritualen mit, füllte sie innerlich jedoch mit ganz anderen Inhalten. Wenn christliche Gebete gesprochen oder Predigten gehalten wurden, stimmte ich ein Gebet für das Wohlergehen des Dalai Lama an und flüsterte: »Es tut mir sehr leid, dass ich hier in einer Kirche für dich bete.« In unserem Herzen waren wir keine Christen und in den Ferien gingen wir natürlich erst recht in unsere Tempel, um dort zu beten.

Neben den vertrauten Ritualen gab es keinen direkten Druck, zum Christentum zu konvertieren, deshalb kam das für mich nie infrage.

Beeindruckt hat mich jedoch, wie Nächstenliebe gelebt wurde. Es gab immer diese Haltung, sich in den Dienst der anderen zu stellen. Das war mir angenehm vertraut, denn meine Eltern und Großeltern hatten mir auf der Basis des Buddhismus das Gleiche beigebracht: »Du musst immer zuerst an andere denken, du musst immer zuerst deren Bedürfnisse sehen und ihnen Gutes tun.« Das waren die ethischen Grundsätze meiner Erziehung zu Hause. Nun erlebte ich ganz Ähnliches in den Missionsschulen.

Durch meine Erziehung – sowohl in der Familie als auch in der Schule – habe ich früh gelernt, Verantwortung zu übernehmen. Das Internat hat auch meine Vorstellung von Familie stark beeinflusst und erweitert. Es gab Schülerinnen aus der ganzen Welt, aus Ungarn, aus Thailand, aus Pakistan, aus verschiedenen Teilen Indiens, Bhutan und so weiter. Da wir so früh im Leben und über so viele Jahre unsere Zeit miteinander verbrachten, waren wir wie eine neue Familie. Dank des Internets bin ich inzwischen wieder mit vielen der alten Freundinnen in Kontakt, von denen ich etwa 25 Jahre nichts gehört hatte. Dennoch war es bei unserem ersten Treffen nach all der Zeit, als ob wir uns gestern zuletzt gesehen hätten. Das haben wir gewiss auch der Schule zu verdanken.

Ich besuchte das Internat in Darjeeling von 1977–1985 und war dort sehr aktiv, als Klassensprecherin, als Haus- und sogar Schülersprecherin und auch im Sport. Meine wichtigste Disziplin war Schwimmen.

## Eigene Wege

Bevor ich mein letztes Schuljahr antrat, fragten mich meine Eltern, ob ich meinen Abschluss in den USA machen wollte. Ich hatte zu der Zeit keinerlei Bezug zu den USA und fragte mich ebenso wie sie: »Was soll ich denn in den USA?« Sie meinten, sie hätten in North Carolina eine sehr enge Freundin, Lynn Knauff, eine Deutschamerikanerin, bei der ich wohnen könne.

Meine Eltern hatten sie in den 1970er-Jahren in Nepal kennengelernt, wo sie Direktorin des Friedenskorps war. Sie hatten sich auf ganz merkwürdige Art kennengelernt: Lynns Gepäck war auf dem Flug nach Nepal verloren gegangen. Meine Mutter besaß zu der Zeit die einzige tibetische Boutique in Kathmandu und dort ist Lynn aufgetaucht, um sich neu einzukleiden. Daraus ist eine tiefe Freundschaft entstanden.

Viele Jahre später, als Lynn längst zurückgekehrt war, bot sie meinen Eltern an, mich für ein Jahr bei sich aufzunehmen, um die USA kennenzulernen und einen internationalen Abschluss zu machen. Ich dachte mir, dass ein Versuch nicht schaden könne, nur meine Mutter war ein wenig zurückhaltend, eine 18-Jährige für ein Jahr in die USA zu schicken; zumal es zu der Zeit wenig tibetische Familien gab, die ihre Kinder in die USA schickten.

Für mich besaß der Schritt eine gewisse Konsequenz, denn ich war immer schon etwas anders als die anderen. Ich war das erste Mädchen in Kathmandu, das Fahrrad fahren lernte, ich fuhr schon früh ein Auto und lebe heute offen als Lesbe. Ich hatte immer schon ein ausgeprägtes Bedürfnis, meinen eigenen Weg zu gehen. Da ich dabei aber immer eine gute Schülerin war, hatten meine Eltern keine Probleme damit. Sie wollten, dass ich die optimalen Chancen im Leben erhielt, und die sahen sie im Westen.

1985 ging ich also in die USA, nach Chapel Hill, North Carolina. Meine Mutter begleitete mich. Wir flogen zunächst nach New York, wo ein Freund unserer Familie lebte und uns abholte. Als ich zum ersten Mal die Hochhäuser sah, war ich völlig überwältigt von dem Anblick, aber auch die erste amerikanische Pizza beeindruckte mich. Nach drei Tagen flogen wir nach North Carolina weiter.

Es war aus vielerlei Gründen eine sehr stressige Zeit. Einen Tag vor Schulbeginn wurde meine Mutter ernstlich krank. Sie musste nach New York zurückgeflogen und operiert werden, als ich in einer ganz neuen Welt aufgenommen wurde. Das alles war sehr anstrengend für mich. Aber meine Mutter erholte sich gut von der Operation und kam anschließend noch für einige Zeit zu uns nach North Carolina, bevor sie wieder nach Nepal zurückkehrte. Sie hatte nie vorgehabt, länger zu bleiben.

Die Schule war eine spannende Erfahrung. Es gab viele schwarze, aber auch vietnamesische Schüler und es war alles sehr faszinierend. Ich erinnere mich noch heute, welch breiten Raum der amerikanische Bürgerkrieg im Unterricht einnahm.

North Carolina war ein Frontstaat, der sich ebenfalls abgespalten und den Konföderierten angeschlossen hatte. Im Nachhinein ist es sehr interessant, die USA zunächst aus Sicht des Südens wahrgenommen zu haben. Zu meiner Überraschung lebten viele Oberschüler noch vollständig in der Geisteshaltung des Bürgerkriegs. Sie standen entweder auf der Seite der Nord- oder der Südstaaten. Wenn eine Gruppe aus dem Süden die konföderierte Fahne gehisst hatte, konnte man davon ausgehen, dass Studenten aus dem Norden sie entfernten und die Unionsfahne hissten. Die Geschichte wurde uns auch dadurch vermittelt, dass wir all die Orte und Gedenkstätten des Krieges aufsuchten. Für mich war das sehr interessant, außerdem stärkte es die Gemeinschaft unter uns Schülern sehr.

Ich habe vor allem zu zwei weißen Amerikanern und einem Vietnamesen eine enge Beziehung aufgebaut; sie gehörten zu den progressiven Denkern im Kurs.

## Neue Erfahrungen

Seltsam war, dass keine Geografie unterrichtet wurde, mein ehemaliges Lieblingsfach. Auch über die deutschen Philosophen erfuhren wir nichts; überhaupt wurde viel weniger über andere Länder und Kontinente unterrichtet, als ich erwartet hatte. Die Größe der pädagogischen Einrichtungen war ebenso neu für mich: Die Schulen, die ich in Indien besucht hatte, umfassten von der Vorschule bis zur 12. Klasse nie mehr als 700 Schüler. In Chapel Hill bestand allein mein Jahrgang aus 300 Schülern.

Spannend war das Leben mit Lynn. Sie hatte immer als Single gelebt und war es deshalb nicht gewohnt, mit jemandem so eng zusammen zu sein. Da sie deutscher Abstammung war, hatte sie einige der deutschen Tugenden konserviert, wie Disziplin und Struktur. Das war übrigens einer der Gründe, warum mir meine Eltern vorgeschlagen hatten, zu ihr zu ziehen: Sie waren überzeugt, ich würde dort Disziplin lernen, statt auszugehen und dem Einfluss amerikanischer Teenager ausgesetzt zu sein. Tatsächlich lebten wir zum Beispiel ohne Fernseher, was wirklich ungewöhnlich war.

Lynn war sehr prägend für mich, auch was meine spätere Studien- und Berufswahl anging. Sie selbst hatte ihr Leben lang für internationale Hilfswerke im Bereich Gesundheitswesen und Entwicklung gearbeitet, und so erweiterte sie meinen Horizont erheblich. Zudem besaß sie ein ausgeprägtes ökologisches Bewusstsein und sie gab mir immer sehr gute Ratschläge. In Indien oder Nepal gibt es nur wenige Berufsperspektiven, wenn man studiert: Man wird Rechtsanwalt, Arzt oder Architekt; oder man macht Geschäfte. Lynn brachte mir dagegen die Bedeutung des öffentlichen Gesundheitswesens nahe.

Als ich meine Schule abgeschlossen hatte, boten sich mir verschiedene Perspektiven: Sollte ich nach Indien zurückkehren? Sollte ich mir ein College in den USA suchen und dort studieren, was sehr teuer werden würde?

Eines war klar, ich wollte an keine staatliche Universität, denn ich hatte gehört, dass sie sehr groß sind. Das Unüberschaubare hatte mir schon in Chapel Hill nicht gefallen. Wenn, dann wollte ich an einem kleinen College studieren, wo es persönlicher zuging, wo ein direkter Kontakt zu den Lehrern möglich war. Lynn schlug mir deshalb das Antioch College in Yellow Springs, Ohio, vor, was aus vielen Gründen eine sehr gute Idee war. Es ist klein und überschaubar, gleichzeitig war es eine der ersten Hochschulen, die afroamerikanische Studenten akzeptiert hatte, und es war in den 1960er- und 1970er-Jahren bekannt als eine der radikalsten amerikanischen Hochschulen. Eine der berühmtesten Absolventinnen von Antioch war Coretta Scott-King, die dort Musik studiert hatte. Ich fuhr also nach Yellow Springs, einer kleinen Stadt, um mir das Antioch College anzuschauen. Ich mochte die Stadt ebenso wie das College auf den ersten Blick. Yellow Springs ist eine sehr fortschrittliche Stadt, wie eine Oase mitten in Ohio.

Ich hatte mich schon vor meinem Besuch beworben und erfuhr, als ich dort war, dass ich bereits in die engere Auswahl gekommen war. Schließlich erhielt ich den Studienplatz. Ich konnte mich auch gleich um ein Stipendium bemühen, das ich benötigte. Damit, sowie mit Aushilfsjobs, sicherte ich mir meinen Lebensunterhalt.

Bevor ich jedoch mein Studium aufnahm, ging ich für einen Monat zurück nach Nepal. Meine Eltern unterstützten mich darin, dass ich nahezu jedes Jahr einmal nach Hause kommen konnte. Das war sehr wichtig für mich, weil es einfach wohltuend ist, sich wieder mit seinen Wurzeln, seiner Kultur und seiner Familie zu verbinden. Leider war der Onkel meines Vaters, dem ich in meiner Kindheit sehr nahestand, während meines ersten Jahres in den USA gestorben. Er hinterließ eine spürbare Lücke für mich.

## Politische Sensibilisierung

Nach meiner Rückkehr aus Nepal begann mein Studium am Antioch College, das die perfekte Umgebung bot, um meinen Horizont in allen Belangen zu erweitern. Bereits das erste Jahr prägte mich nachhaltig im Hinblick auf mein

Umweltbewusstsein. Auch über Tierschutz und die Rechte von Tieren wurde diskutiert. Ich wurde zur Vegetarierin, was ich acht Jahre lang blieb. Hier konnte ich zudem mit vielen Freunden über alle Themen diskutieren, die über den amerikanischen Tellerrand hinausgingen.

Ich nahm an studentischen Aktivitäten teil, und dabei ging es sehr rasch um Tibet. In Antioch gab es auch einen gut besuchten Studiengang des Buddhismus. Viele Studenten hatten bereits Indien besucht, sie waren auch in Dharamsala gewesen, deshalb war das Bewusstsein für die Tibet-Problematik sehr hoch.

Ich selbst brachte ein sehr prägendes, aber nicht ganz einfaches politisches Erbe mit. Meine Eltern waren in Nepal bekannte politische Aktivisten für die Sache Tibets. Mit Rücksicht auf China geht Nepal gegen politisch aktive Tibeter hart vor. Manchmal waren meine Eltern oder einer von ihnen nicht zu Hause, wenn ich von der Schule heimkam. Mir wurde immer gesagt, sie mussten plötzlich verreisen. Später fand ich heraus, was wirklich geschehen war: Wenn ein chinesischer Staatsbesuch bevorstand, wurden aktive Tibeter für die Dauer der Visite einfach verhaftet, damit sie nicht demonstrieren konnten.

Ich bin also in einer sehr politischen Umgebung aufgewachsen und habe in Antioch an diese Tradition angeknüpft. Ich mobilisierte auf eigene Faust die Studenten für Tibet. Nach den großen Massenprotesten in Lhasa 1987 organisierte ich eine Demonstration von Studenten unserer Universität gegen die chinesischen Repressionen vor dem Weißen Haus in Washington. Ich erinnere mich noch gut an einen chinesischen Studenten, der zum Studium in Antioch war und anschließend wieder zurückkehren wollte. Er war natürlich sehr stark von der Propaganda seiner Regierung beeinflusst. Ich sprach häufig mit ihm, gab ihm viele Informationen über Tibet und er wurde immer offener dafür. Was nach seinem Abschluss aus ihm wurde, weiß ich allerdings nicht.

Neben all den politischen Aktivitäten gab es aber auch noch das Studium, das ich nach vier Jahren im Fach Umweltpolitik abschloss.

Anschließend wechselte ich für ein Graduiertenstudium im Fach Öffentliches Gesundheitswesen an die Tulane-Universität in New Orleans. Danach war mein Bedürfnis übermächtig, wieder zu meinen Wurzeln zurückzukehren, also ging ich 1994 nach Dharamsala, um meine im Studium erworbenen Kenntnisse dort anzubringen. Ich arbeitete für das tibetische Delek-Krankenhaus, das einzige allopathische westliche Krankenhaus unter unserer Regierung. Es liegt ganz in der Nähe des Instituts für traditionelle Medizin. Wir versuchen eben das Beste aus beiden Traditionen herauszuholen.

Ich war dort für Sexual- und Aids-Aufklärung verantwortlich. Das ist natürlich ein sehr tabuisiertes Thema, mit dem ich Pionierarbeit leisten konnte. Neben der individuellen Beratung im Krankenhaus bot ich viele Kurse an den tibetischen Oberschulen an, die sehr gut aufgenommen wurden; vielleicht weil ich ganz locker damit umging und der Tabuisierung entgegenwirkte.

Nach zwei Jahren verließ ich Dharamsala und ging für kurze Zeit wieder nach Kathmandu, denn meine Großmutter wurde aufgrund eines Gehirntumors operiert. Außerdem musste ich Geld für meine Familie verdienen und dafür boten sich in den USA die besten Möglichkeiten. Also kehrte ich schließlich mit meinem nepalesischen Pass und einem Touristenvisum dorthin zurück.

Meine erste Station war New York. Ich fand eine Anstellung bei der *Trace Foundation*, die sich für das Überleben der tibetischen Kultur und Sprache einsetzt. Die Stiftung wurde 1993 gegründet und unterhält Projekte in Tibet.

Ich arbeitete für das Stipendienprogramm der Stiftung. Während dieser Tätigkeit traf ich 1998 eine Professorin einer renommierten Universität, die sich auf Forschungen in medizinischer Anthropologie spezialisiert hatte. Sie bereitete gerade ein Projekt in Lhasa vor, bei dem es darum ging, die Auswirkungen der westlichen Medizin auf die Praxis der traditionellen tibetischen Medizin zu erforschen. Sie suchte noch eine Person, die Tibetisch sprach und sie dorthin begleiten konnte.

## In Tibet

Bis dahin war ich noch nie in Tibet gewesen und wollte auch nur mit einer wirklichen Mission dorthin. Mein Studium des öffentlichen Gesundheitswesens war dafür eine sehr gute Voraussetzung. Ich verabredete mich also mit der Professorin und innerhalb von zwei Wochen war mir klar, dass ich sie begleiten würde.

Es wurde ein viermonatiger Besuch in Lhasa und Zentraltibet, der mich sehr bewegt hat. Wir interviewten zahlreiche Frauen – Tibeterinnen, aber auch einige Chinesinnen – am Institut für traditionelle tibetische Medizin, Men-Tsee-Khang, in Lhasa. Wir erfuhren viel über ihre gesundheitliche Situation und die allgemeine Gesundheitsversorgung, aber auch über Zwangssterilisierungen sowie den Einfluss der westlichen und chinesischen Medizin. Ich sah auch, wie der spirituelle Aspekt aus der traditionellen Medizin nach und nach verschwindet und sie auf Massenproduktion ausgerichtet wird. Die Bedingungen, unter denen ich nach Lhasa kam, ermöglichten es mir, die Frauen unter dem besonderen Aspekt der Fortpflanzungsmedizin zu erleben.

Gleichzeitig waren die fortschreitende Sinisierung Tibets und die Diskriminierung der Tibeter im Alltag eine sehr deprimierende Erfahrung für mich. Dazu zählt auch die weitverbreitete Prostitution, vor allem um die heiligen Plätze herum. In ganz Lhasa findet man diese kleinen Kneipen, in denen Prostitution angeboten wird. Durch die Klinik erfuhr ich, dass viele der jungen Frauen mit Geschlechtskrankheiten infiziert sind. Auch die hohe Arbeitslosigkeit unter der tibetischen Jugend, verbunden mit dem hohen Konsum von Alkohol, war erschreckend und erinnerte mich sehr an die Situation in den Reservaten der amerikanischen Ureinwohner. Das war sehr deprimierend.

Aber der Besuch eröffnete mir auch die Möglichkeit, Orte von dem Tibet aufzusuchen, von dem ich während meiner Kindheit so viel gehört hatte. Das Lhasa, das ich vorfand, unterschied sich vollständig von dem, das mein Vater kannte. Zu den bewegendsten Momenten während des Aufenthalts gehörten die Begegnungen mit den Kindheitsfreunden meines Vaters und der Besuch seines Geburtshauses, das allerdings vollständig umgestaltet worden war.

Mein Onkel, der Bruder meines Vaters, brachte mich zu dem Jugendfreund meines Vaters, mit dem er den größten Teil seiner Kindheit verbracht hatte. Als mein Vater Tibet verließ, ohne zu ahnen, dass es ein Abschied für immer sein würde, hatte er sich noch nicht einmal verabschieden können. Ich traf ihn und der alte Mann brach in Tränen aus, als er realisierte, wessen Tochter er vor sich hatte. Das ging mir sehr nahe.

Er sagte mir, indem er mich traf, hatte er das Gefühl, meinen Vater wiederzusehen. Die beiden hatten seit der Flucht keinen direkten Kontakt mehr miteinander. Wenige Monate nach meinem Besuch verstarb er. Ich konnte meinem Vater also einige der letzten Fotos von ihm mitbringen.

Ich fuhr auch nach Shigatse, um das Geburtshaus meiner Mutter zu sehen. Obwohl sie als Andrutsang aus einer der bekanntesten Familien des Landes stammte, kannte niemand von der jüngeren Generation den Namen. Nur eine ältere Frau kam gleich ganz erfreut zu mir und sagte: »Oh ja, Andrutsang, natürlich, ja, die kenne ich.« Sie nahm mich bei der Hand, ging mit mir durch einige enge Gassen bis zu einem Tor und meinte: »Das war das Haus deiner Mutter.« Es war natürlich nicht mehr das ursprüngliche Haus, das mittlerweile abgerissen worden war.

Sehr bewegend war es auch, Verwandte, die ich bereits getroffen hatte, wiederzusehen und den repressiven Charakter der chinesischen Besetzung aus erster Hand zu erleben. Die Tibeter müssen ständig aufpassen, was sie sagen und mit wem sie reden. Ich war schon nach vier Monaten davon beeinflusst. Als ich nach Kathmandu zurückkehrte, holte mich mein Vater mit dem Auto am Flughafen ab. Er fragte mich ganz normal, was ich erlebt und wie ich mich gefühlt hätte, und obwohl wir allein im Auto saßen, blickte ich unwillkürlich über die Schulter, um zu sehen, ob uns niemand zuhörte. Mir wurde in dem Moment erst richtig bewusst, wie schlimm die Repression und Bespitzelung für die Menschen sein müssen, wenn ich bereits nach vier Monaten so reagierte.

## Meine Wurzeln spüren

Nach dem Besuch in Tibet hatte ich das dringende Bedürfnis, an die Westküste überzusiedeln, wo ich meinen Lebensstil als Lesbe viel besser leben kann. Zudem hatte ich bereits einige gute Freunde dort. Ich verließ deshalb die *Trace Foundation* und bewarb mich bei der *Seva Foundation* mit Sitz in Berkeley. Ende 1999 erhielt ich dort eine Anstellung. Der Name stammt aus dem Sanskrit und bedeutet »Dienst«. Die Stiftung widmet ihre Arbeit dem Kampf gegen die Blindheit. Ich hatte kaum angefangen, da wurde ich bereits gefragt, ob ich den Direktor nach Indien und Nepal begleiten könne. Also war ich wenige Wochen nach Arbeitsbeginn bereits wieder unterwegs. Meine Aufgabe in Seva war es, das Programm gegen die Blindheit in Asien zu koordinieren, dazu gehörten Indien und Tibet, und wir starteten auch ganz neue Projekte, etwa in Kambodscha.

Das Seva-Projekt in Tibet ermöglichte es mir, erneut dorthin zu reisen. 2001 nahm ich an einer Konferenz in Dartsedo teil, im äußersten Osten der Provinz Kham. Der Austausch darüber, wie Blindheit in Tibet vermieden werden kann, war sehr spannend. Anschließend fuhr ich auf eigene Faust für ein paar Tage nach Lithang. In Lithang lebt noch ein Onkel von mir, der viele Kinder hat, darunter zwei Rinpoches. Einer von ihnen zeigte mir die heiligen Plätze der Umgebung. Wo immer er auftauchte, kamen die Nomaden zur Straße gelaufen. An einer Stelle hielten wir an und eine Nomadenfrau kam mit ihrem kleinen Kind und bat um seinen Segen. Das war sehr berührend für mich, denn bis dahin war ich noch nicht in nomadischen Gebieten gewesen und hatte eine solche Verbundenheit und Hingabe ungeachtet all der religiösen Unterdrückung noch nicht erlebt. Im Gegensatz zu Lhasa hatte ich den Eindruck, das wahre Tibet zu erleben. Die ganze Umgebung, die Berge, die Menschen, die Architektur, die Klöster, all das passte zu dem Tibet-Bild, mit dem ich aufgewachsen bin. Ich fragte meine Verwandten, warum sich in Lithang so viel von der tibetisch-buddhistischen Kultur erhalten konnte. Sie meinten, sie wären sehr glücklich gewesen, einen Provinzgouverneur gehabt zu haben, der mit den Tibetern sympathisiert habe. Und da Lithang sehr hoch liegt, ist es für die chinesischen Siedler nicht so attraktiv.

Ich sah jedoch auch dort die Schattenseiten und sprach mit Nomaden, deren Weideplätze immer mehr eingeschränkt werden und die in kleine Häuser umgesiedelt werden sollen.

## Die Hoffnung bleibt ...

So sehr ich die Arbeit mit Seva auch mochte, nach sechs Jahren war ich bereit für etwas Neues. Über eine Freundin erhielt ich die Möglichkeit, beim *Global Fund for Women* in San Francisco zu arbeiten, und dort bin ich seit April 2005.

Das ist eine großartige Sache. Ich übe eine Tätigkeit aus, die mir sehr sinnvoll erscheint, und gleichzeitig erweitere ich ständig meinen Horizont.

Es handelt sich um eine der weltweit größten Stiftungen zur Stärkung der Frauenrechte. Ich bin für das Asien- und Ozeanien-Programm verantwortlich. Wir bekommen im Jahr ungefähr 3000 Projektanträge, die wir beurteilen und über die wir entscheiden müssen. Wir unterhalten enge Kontakte zu Beraterinnen und Frauen-Aktivistinnen vor Ort. Durch diese Arbeit wird die feministische Aktivistin in mir befriedigt, die sich für die Frauenrechte engagiert. Meine Sprachkenntnisse in Tibetisch, Hindi, Nepali und Englisch erlauben mir zudem einen direkten Kontakt zur Bevölkerung in vielen Teilen Asiens.

Wir unterstützen viele marginalisierte Frauengruppen, etwa Flüchtlingsfrauen, Sexarbeiterinnen, oder Frauenrechtsgruppen, die auf der politischen oder Lobby-Ebene arbeiten und versuchen, auf ihre Regierungen Einfluss auszuüben. Indem wir ihnen Gelder zukommen lassen, stärken wir ihre Arbeit für einen umfassenden Wandel. Die Gruppen, die wir unterstützen, müssen in ihren Heimatländern nicht offiziell anerkannt sein und sie müssen nicht unbedingt ein konkretes Projekt vorlegen, sondern wir unterstützen ihre Arbeit, indem wir – im Gegensatz zu den meisten anderen großen Stiftungen – die grundlegenden allgemeinen Kosten tragen. Gerade bei neuen Gruppen gehen wir damit ein gewisses Risiko ein, doch das gehört zu unserer Strategie. Wir hoffen, damit einen Beitrag zu leisten, dass die Organisationen durch ihre Arbeit die bestehenden patriarchalen Strukturen durchbrechen.

Im März 2006 war ich das vorerst letzte Mal in Tibet, und zwar in Xining, in Amdo. Ich war entsetzt, was für eine chinesische Stadt es geworden ist. Der Besuch fand im Rahmen meiner Arbeit für den *Global Fund for Women* statt und er hatte auch seine positiven Aspekte. Ich traf einige äußerst inspirierende, junge Tibeterinnen. Sie studierten Englisch, ein Programm, das von Kanada unterstützt wird. Zudem sprachen sie fließend Tibetisch und Chinesisch, waren vertraut mit Frauenstudien und mit dem Verfassen von Projektanträgen. Sie haben mich optimistisch gestimmt.

Insgesamt bin ich sehr glücklich, mit meiner Arbeit einen Beitrag zur Stärkung der Frauen und auch der Tibeter leisten zu können. Inzwischen bin ich auch in der lokalen tibetischen Gemeinschaft gut verankert und sehr aktiv. Ich gehöre der Tibeter-Vereinigung von Nordkalifornien an. Wir haben die Proteste gegen das olympische Feuer in San Francisco organisiert, die um die Welt gegangen sind.

Durch die starke chinesische Gemeinschaft an der Westküste bietet sich uns ein großes zusätzliches Aufgabenfeld für unsere politische Aufklärung und ich bin sicher, dass es mir nie an Herausforderungen fehlen wird. Es ist die Hoffnung, die mich weiterträgt, wie viele Tibeter. Wir benötigen die Hoffnung, um weiterkämpfen zu können für den Erhalt unserer Identität.

# Rikon – ein Stück Tibet in der Schweiz

Der vom Tourismus vernachlässigte Nordosten der
Schweiz beeindruckt durch seinen diskreten Charme. Die
Berge sind nicht ganz so hoch, die Szenarien nicht ganz so
atemberaubend, doch dort, wo die Besiedlung noch nicht
so weit fortgeschritten ist, laden Wälder und saftige Wiesen
zu Wanderungen ein, die ohne Höchstleistungen gut zu
bewältigen sind.

Allzu unberührt ist die Natur indes nicht mehr, und wo
Menschen sind, ist auch Industrie. Keine gigantischen

Schlote prägen das Bild, doch zahlreiche mittelständische Firmen leisten ihren Beitrag zum Schweizer Wohlstand.

Rikon ist so ein typischer Ort der Ostschweiz, im Tal der Töss gelegen, einem Nebenfluss des Rheins, von dem aus sich sanfte Hügel, Wiesen und Wälder bis zum Horizont erstrecken. Die S-Bahn von Winterthur nach Rapperswil sorgt für die Anbindung an die Welt und die Metall verarbeitende Firma Kuhn, die Kochgeschirr herstellt, für die Arbeitsplätze in dem knapp 1.000 Einwohner zählenden Ort.

Wäre das alles, würde niemand über den engeren Umkreis hinaus Rikon kennen. Doch einiges ist anders in Rikon – was sich schon erahnen lässt, wenn man aus dem S-Bahn-Zug aussteigt.

Direkt gegenüber der kleinen Bahnhofshalle weht die tibetische Fahne vor einem Kiosk. Tatsächlich ist Rikon für die Tibeter und ihre Freunde kein Ort wie jeder andere. Es ist ihr europäisches Zentrum. Das hat mit Henri und Jacques Kuhn zu tun, die das von ihrem Vater gegründete Familienunternehmen in den 1960er-Jahren führten. In den Zeiten der Hochkonjunktur suchten sie, wie zahlreiche andere Firmen, händeringend Arbeitskräfte. Selbst die Anwerbung in Italien, Spanien oder der Türkei konnte den Bedarf nicht decken. Um überhaupt Chancen auf Arbeiter zu haben, mussten die Firmen auch gleich Wohnraum mitbereitstellen. So entschlossen sich auch die Gebrüder Kuhn, einige Hundert Meter hinter ihrem Werksgelände eine kleine Siedlung mit 48 Wohnungen zu errichten; in der Hoffnung, irgendjemand mit Interesse an Arbeit und Wohnung werde sich finden. Dann hörten sie vom Roten Kreuz, dass für etwa 1.000 Tibeter eine Perspektive in der Schweiz gesucht werde. Sogleich erkannten die Brüder die Chance für ihre Firma und nahmen Kontakt mit dem Roten Kreuz auf, das von der Offerte ebenso begeistert war. Die Zustände in den ersten Heimen waren erschreckend, und es war nicht einfach, für Menschen, die weder Deutsch noch Englisch sprachen oder eine für den europäischen Arbeitsmarkt nützliche Ausbildung vorweisen konnten, eine Perspektive zu finden – zumal die Tibeter zur Wahrung ihrer Identität in größeren Gruppen angesiedelt werden sollten. So waren sich beide Parteien rasch einig, und als die Wohnungen 1964 fertiggestellt waren, zogen fünf tibetische Familien, bestehend aus 25 Personen, nach Rikon und begannen bei der Firma Kuhn Rikon AG zu arbeiten. Aufgrund der günstigen wirtschaftlichen und sozialen Bedingungen wuchs die Gemeinschaft rasch. Heute leben etwa 200 Tibeter in Rikon.

## Probleme ...

Doch bei aller Einsatzbereitschaft bot sich den Tibetern, die in ihrer Heimat eine Industrialisierung nicht einmal in Ansätzen kennengelernt hatten, eine fremde Welt, mit der sie zunächst ihre Schwierigkeiten hatten. »Sie bewunderten die technischen Anlagen in der Fabrik, konnten aber deren Mechanismen und Abläufe nicht begreifen. Ahnungslos langten sie in die sich bewegenden Maschinenteile. Um Unfälle zu vermeiden, durften wir sie keinen Augenblick unbeaufsichtigt in den Werkshallen lassen ... Vorgezeigte Handgriffe auszuführen, lernten sie dagegen rasch durch ihre wache Beobachtungsgabe«[13], erinnert sich Jacques Kuhn lebhaft.

---

[13] Kuhn, Jacques: *Warum ein tibetisches Kloster in Rikon?*, Tibet-Institut Rikon, Schriften Nr. 10, 1996, S. 16

Das Problem der technischen Unbedarftheit war nach einem Jahr gelöst und Kuhn kann mit Stolz resümieren, dass es nie zu einem wirklich gravierenden Unfall gekommen ist, der einem Arbeiter Leben oder Gesundheit gekostet hätte.

Doch es gab ein anderes Problem, das nicht so leicht lösbar war. Die Konfrontation der Tibeter, die zuvor analphabetische Nomaden oder Bauern gewesen waren, mit einer vollkommen anderen Kultur konnte nicht reibungslos verlaufen. Die Alten blieben unter sich, lernten kein Deutsch und lebten so gut es ging weiter wie früher in Tibet. Die Jungen waren fasziniert von den materiellen Verlockungen der neuen Welt, vor allem von Produkten wie Radios, Fernsehern, Videos, Mopeds und Autos; Luxus, der ihnen durch die Arbeit plötzlich selbst zur Verfügung stand. Somit tat sich eine Kluft zwischen den Generationen auf, die immer größer wurde. Die Kuhns sahen es als ihre Verantwortung an, dem entgegenzusteuern. Unterstützung erhielten sie von Peter Lindegger, der mit seiner Frau zwei tibetische Kinder aufgenommen hatte. Er war Griechisch- und Lateinlehrer, doch die neue Kultur faszinierte ihn derartig, dass er die Sprache von seinen Pflegekindern lernte und seine Lehreranstellung kündigte, um nach Rikon zu ziehen. Beide Lindeggers leisteten Wertvolles für die Integration der Tibeter in der Schweiz, doch die sich anbahnenden Generationskonflikte konnten auch sie nicht entschärfen. Deshalb griffen Henri und Jacques Kuhn und Peter Lindegger einen Plan auf, den der Geologe Toni Hagen, der maßgeblich für die Ansiedlung der Tibeter in der Schweiz verantwortlich war, schon Jahre zuvor ins Spiel gebracht hatte: ein Kloster zu gründen und Mönche in die Schweiz zu bitten, die ihren Landsleuten geistige Betreuer und Vertraute sein sollten.

## … und deren Lösung

Im Oktober 1966 flogen Henri Kuhn und seine Frau Mathilde nach Dharamsala, um dem Dalai Lama ihren Plan vorzutragen, und der reagierte begeistert. Persönlich suchte er einen Abt und vier Mönche für das Unternehmen aus, die bereits neun Monate später in der Schweiz eintrafen. Zunächst mussten sie noch in einem Bauernhaus untergebracht werden, weil das Kloster noch nicht fertig war; am 5. November 1968 wurde es schließlich unter der Bezeichnung »Klösterliches Tibet-Institut« eingeweiht. Zu dem Ereignis wäre der Dalai Lama gern persönlich angereist, doch die indischen Behörden erlaubten damals noch nicht seine Ausreise. Seine beiden wichtigsten Lehrer Trijang Rinpoche und Ling Rinpoche vertraten ihn.

»Am vergangenen 29. Juli fand in Rikon/Schweiz die Zeremonie der Grundsteinlegung zum sogenannten Tibet-Institut statt. Die Mutter, der ältere Bruder und der persönliche Vertreter des Dalai Lama in Genf, der Anführer der rebellischen tibetanischen Banditen sowie mehr als 300 weitere tibetanische Banditen haben daran teilgenommen. Zu ihnen haben sich auch antichinesische Elemente aus Großbritannien, Frankreich, Westdeutschland, den Niederlanden und der Schweiz gesellt. Die Brüder ›Kühn‹, schweizerische antichinesische Elemente, sind so weit gegangen, anlässlich der Zeremonie zu erklären, dass besagtes Tibet-Institut das geistige Zentrum der tibetanischen Banditen für ihre Tätigkeit in ganz Europa werden soll … Dies stellt eine gröbliche Einmischung in die inneren Angelegenheiten Chinas dar, eine politische Provokation, die das chinesische Volk nicht dulden kann.«

*Offizielle chinesische Protestnote zur Gründung des Klösterlichen Tibet-Instituts Rikon an den Schweizer Bundesrat*

Die Brüder Kuhn und Peter Lindegger sollten recht behalten; durch das Kloster veränderte sich die Beziehung der Tibeter zu ihrer neuen Heimat grundlegend und auch die innergesellschaftlichen Konflikte verloren an Schärfe, wie Jacques Kuhn ausführt: »Die Anwesenheit der Mönche wirkte Wunder. Hätten wir damals noch mehr Wohnungen zur Verfügung gehabt, wären sämtliche von Tibetern bewohnt gewesen. Alle wollten nach Rikon ziehen, alle wollten bei uns arbeiten. Die Mönche hatten gar keine Zeit sich einzuleben. Sie kamen an und Tibeter aus der ganzen Schweiz drängten sich um sie, um mit ihnen in der Muttersprache ihre Sorgen und Probleme besprechen zu können.«[14]

## Weitere Perspektiven

Das Kloster hat von seiner Anziehungskraft nichts eingebüßt. Von der Straße, die von der Firma zur kleinen tibetischen Siedlung führt, biegt links ein steiler Weg den Berg hinauf ab. Er führt durch ein Waldstück, das eigentlich dazu einlädt, den asphaltierten Pfad zu verlassen und die Gegend zu erkunden. Doch die meisten Besucher kommen nicht wegen der Landschaft. Nach einer Viertelstunde Fußweg

---

[14] Kuhn, Jacques: a.a.O., S. 18/19

liegt rechts vom Weg ein kleiner Gebäudekomplex. Gebetsfahnen auf dem Dach und in der Umgebung machen deutlich, dass es sich um das Klösterliche Tibet-Institut handeln muss. Im Parterre befindet sich der Tempel, das Kernstück. Er wird bestimmt von einer Statue des Buddha Shakyamuni an der Kopfseite. Davor stand früher der für den Dalai Lama reservierte Thron, doch der dadurch Geehrte hat darauf bestanden, ihn auf die linke Seite zu rücken; damit das Standbild des Shakyamuni nicht verdeckt wird.

Über dem Tempel befinden sich die Klausen der Mönche, deren Zahl inzwischen auf neun angewachsen ist.

Abgesehen von den Besuchen des tibetischen Oberhauptes – dessen Reisebeschränkungen heute längst aufgehoben sind – ist das tibetische Neujahrfest das wichtigste Ereignis im Kloster. Dann reicht der Tempel bei Weitem nicht, um allen Gläubigen Platz zu bieten. Ähnlich ist der Andrang zu den Geburtstagsfeiern zu Ehren des Dalai Lama am 6. Juli.

Aber auch zu anderen Zeiten bietet das Kloster Veranstaltungen, Vorträge, buddhistische Meditation und Unterweisungen an, zu denen nicht nur Tibeter willkommen sind. Für Neulinge steht jeden ersten Samstag im Monat eine öffentliche Führung auf dem Programm.

Das Kloster ist nicht nur ein Ort der Kontemplation, sondern auch ein Ort der Forschung und es sucht den Austausch mit der Wissenschaft. In einem Anbau befindet sich die Bibliothek, die Interessierten grundsätzlich offen steht. Vor allem der Werdegang der Tibeter im europäischen Exil lässt sich dort lückenlos nachvollziehen.

Das ambitionierteste Projekt wurde vom Dalai Lama anlässlich des 30. Jubiläums des Instituts angestoßen. Seine Heiligkeit wünschte, dass in den tibetischen Klöstern die Öffnung für die moderne Welt vorangetrieben würde. Zu diesem Zweck sollten studierte Mönche und Geshes in einem Turnus von vier bis fünf Jahren an der »Rikon University«, wie er es nannte, mit westlichen Wissenschaften vertraut gemacht werden, um ihr Wissen nach der Rückkehr in den Klöstern in Indien und eines Tages in Tibet weiterzugeben. Allerdings wurde rasch klar, wie lange es dauern würde, mit der Ausbildung von jeweils nur vier oder fünf Mönchen in der Schweiz eine wirkliche Öffnung der Klöster für die Naturwissenschaften zu erreichen. Daher wurde in einer zweiten Phase das Konzept erweitert. Neben der Ausbildung in der Schweiz unterrichten seit 2001 im Rahmen des Projektes *Science meets Dharma* europäische Naturwissenschaftler und Lehrer in tibetischen Exilklöstern. Auf diese Weise werden bei ähnlichem Aufwand weitaus mehr Mönche und Nonnen erreicht.

Da die Zahl der Klöster, die an dem Projekt teilnehmen, ständig steigt, wurde 2006 die NGO *Science meets Dharma India* gegründet, um Organisation und Koordination zu optimieren. Einer der wichtigsten Förderer auf europäischer Seite ist Prof. Richard Ernst, der Nobelpreisträger für Chemie von 1991.

Das Klösterliche Tibet-Institut Rikon ist auf allen Ebenen eine der größten Erfolgsgeschichten der Tibeter im Exil. Wie sagte Lama Tenzin Phuntsog Jottoshang, der letzte der fünf Mönche, die seit Beginn in Rikon waren: »Ich bin sehr glücklich, in der Schweiz zu sein.«

# Epilog:
## Tibet außerhalb von Tibet oder: Warum die tibetische Kultur nicht untergehen wird

Die in diesem Buch beschriebenen Schicksale und Orte erhalten ihre Bedeutung durch die Ereignisse seit der chinesischen Besetzung Tibets. Ohne den Terror in Tibet wäre Dharamsala ein verschlafenes Nest in den Südausläufern des Himalaya, das seine beste Zeit während der britischen Kolonialzeit erlebt hat. Und in die Schweiz würde sich allenfalls der eine oder andere tibetische Tourist verirren. Die Wurzeln, die die Tibeter im Exil geschlagen haben, sollen nur vorübergehender Natur sein, denn sie sind Heimatlose, die zurück in ein freies Tibet wollen, auch wenn das in immer weitere Ferne rückt.

Es gibt jedoch außer den Orten des klassischen Exils auch noch Regionen, die aufgrund historischer Entwicklungen und Machtkämpfe nicht zum eigentlichen Tibet gehören, aber mehrheitlich oder fast vollständig von einer tibetisch-buddhistischen Bevölkerung bewohnt werden. Eines dieser Gebiete ist sogar ein unabhängiger Staat, das Königreich Bhutan. Dazu kommen die Regionen Sikkim, Ladakh, Zanskar, Spiti und Arunachal Pradesh, die zu Indien gehören, sowie Mustang und Dolpo in Nepal. Hier zeigt sich Tibet ohne Besatzung; hier ist eine bis zu 1.000 Jahre alte Klosterkultur zu bewundern.

Zu einigen dieser Gebiete verspürt der Dalai Lama eine enge Beziehung, vor allem zu Spiti, wo er häufig Kalachakra-Einweihungen vorgenommen hat. Auch einzelne

Flüchtlingslager wurden in den Regionen errichtet, doch sie sind nicht prägend für deren Charakter.

Neben den Flüchtlingsgemeinden sind diese Enklaven der wichtigste Garant, dass die tibetisch-buddhistische Kultur eine Zukunft hat – ungeachtet der tragischen Entwicklung in Tibet.

| Die traditionellen tibetisch-buddhistischen Regionen im Himalaya | | | |
|---|---|---|---|
| Gebiet | Größe | Einwohnerzahl | Prozent der tibetisch-buddhistischen Bevölkerung |
| Ladakh | 96.000 km² | 150.000 | 65 Prozent |
| Arunachal Pradesh | 83.743 km² | 1.270.000 | 45 Prozent |
| Bhutan | 38.394 km² | 680.000 | 60 Prozent |
| Lahaul & Spiti | 12.210 km² | 34.000 | 85 Prozent |
| Sikkim | 7.096 km² | 640.000 | 40 Prozent |
| Zanskar | 5.000 km² | 10.000 | 90 Prozent |
| Lo Mustang | 2.563 km² | 14.000 | > 95 Prozent |
| Dolpo | 1.500 km² | 4.000 | 100 Prozent |

## Das Land »dazwischen«

Spiti, wo die tibetisch-buddhistische Kultur noch weitgehend unverfälscht ist, wird von seinen Bewohnern »Piti« genannt, »Mittelland« zwischen Tibet und Indien. Der Name beschreibt das historische Schicksal: Nur weil sich Spiti der chinesischen Herrschaft immer entziehen konnte und stattdessen unter indischem Einfluss stand, entging das Tal den großen Zerstörungen.

Heute hat der Name noch eine weitere Bedeutung erlangt. Spiti sucht seinen Weg zwischen Tradition und Moderne, und wohin der führt, kann noch niemand genau sagen. Tabo, das älteste und schönste Kloster im Osten, erscheint wie ein Symbol für den Zwiespalt. Der aus Lehm errichtete Tempelkomplex wurde 1997 von der UNESCO zum Weltkulturerbe erklärt. Die filigranen Wandmalereien im Haupttempel dokumentieren den Einfluss der frühen kaschmirischen Kunst aus der vorislamischen Zeit. Sie zeigen Fresken mit Buddha-Darstellungen, Mandalas und Skulpturen, von denen einige bis in die Zeit der Gründung im Jahre 996 zurückgehen. Die trockene Luft und das dämmrige Licht bieten perfekte Voraussetzungen für die Bewahrung der Kunstschätze. Um das Kloster herum warten die Verlockungen einer anderen Kultur; Coca-Cola und Internet haben ins Spiti-Tal Einzug gehalten, wenn auch noch nicht so aufdringlich wie anderswo.

Während Tabo wie eine beschauliche Oase der Gelehrsamkeit in einer graubraunen Felswüste liegt, ragt das größte Kloster Spitis, von Weitem sichtbar, wie eine Bergfestung aus dem Tal heraus. Kye-Gompa ist ein Zeichen der Macht des tibetischen Buddhismus. Die bedeutendsten Schätze des Klosters sind wertvolle religiöse Rollbilder, Thangkas, die bis in das 16. Jahrhundert zurückgehen. Sie haben Kriege und Zerstörungen überstanden, weil sie von den Mönchen bei Gefahr in den umliegenden Bergen versteckt wurden. Insgesamt gibt es im Spiti-Tal mehr als 30 Klöster bei etwa 12.000 Einwohnern. Eine solche monastische Dichte hatte noch nicht einmal das alte Tibet aufzuweisen.

Noch oberhalb von Kye, auf 4.200 Metern Höhe, liegt Kibber, der letzte Posten der Zivilisation vor der Himalaya-Kette. Der kleine Ort hat eine besondere Bedeutung, denn einer der Lehrer des Dalai Lama stammt von hier. Das tibetische Oberhaupt genießt in Spiti die gleiche Verehrung wie in Tibet selbst. »Der Dalai Lama fühlt sich mit Spiti sehr verbunden, er schätzt unser Tal beinahe wie seine Heimatregion und möchte vielleicht sogar seinen Lebensabend hier verbringen«, erzählt Tendrup Rinpoche aus Kye voller Stolz. Tatsächlich hat der Dalai Lama in Spiti schon dreimal eine Kalachakra-Initiation durchgeführt, eine der wichtigsten Zeremonien zur Bewusstwerdung des buddhistischen Glaubens.

Jahrhundertelang herrschten Fürsten aus Ladakh, dem Punjab oder dem tibetischen Guge über Spiti, bis es 1846 von der britischen Ostindischen Kompanie einverleibt wurde. Da es allerdings nicht viel zu holen gab, ließen die Briten, wie ihre Vorgänger, die Struktur des Tals weitgehend unberührt. Zwischen den Fremdherrschern behaupteten lokale Fürsten immer wieder ihre Eigenständigkeit. Davon erhält man in Dhankar, der alten Hauptstadt, einen Eindruck. Der Name des in steile Felsen gehauenen Ortes bedeutet »für Fremde unerreichbarer Ort in den Bergen«. Wie ein Adlernest thronen die Reste des alten Königspalastes an der höchsten Stelle. Von hier schweift der Blick weit in das Spiti-Tal hinab, über dem Fluss ragen kahle Berge in feinen Farbnuancen von grau, braun, ocker bis rot in den Himmel. Sie verleihen dem Tal einen majestätischen, aber lebensfeindlichen Ausdruck. Am nördlichen Horizont begrenzen die schneebedeckten Gipfel des Himalaya-Hauptkamms den Blick. Doch Dhankar wurde nicht wegen seiner landschaftlichen Schönheit zur Hauptstadt erhoben, sondern wegen seiner strategischen Lage. Fremde Eroberer waren frühzeitig sichtbar.

# Schleichende Veränderungen

Die alte Hauptstadt ist die Heimat von Paldan Phuntchog. Im Gegensatz zu seinen Vorfahren hofft der junge Mann, dass heute viele Fremde den beschwerlichen Anstieg nach Dhankar auf sich nehmen. »Wir haben alles, was Menschen benötigen, um Natur und Kultur zu erleben. Die großen Städte sind überall gleich, aber unser Erbe und unsere Landschaft sind einmalig. Das müssen wir bewahren und gleichzeitig der Welt ermöglichen, uns kennenzulernen«, erläutert er in perfektem Englisch. Paldan Phuntchog hätte auch eine Perspektive außerhalb des Tals, doch daran denkt er nicht, wie es überhaupt wenig Landflucht gibt. Der Anbau von Gerste und Erbsen in den Oasen verschafft den Menschen neben der Viehhaltung eine bescheidene Basis; der Tourismus entwickelt sich langsam.

Doch nicht alle sind so stolz auf ihr Erbe. Einen Eindruck von der Welt jenseits der hohen Berge erhält man in Kaza, dem modernen Verwaltungssitz. Wenn es dort Strom gibt, was nicht immer gewährleistet ist, trifft sich die Jugend in den Internetcafés. Am populärsten sind DVDs der indischen Bollywood-Filme. Kaza ist zudem der einzige Ort im Spiti-Tal, wo es gelegentlich zu Verkehrsstaus kommt, denn die engen Gassen sind auf Autos nicht eingestellt.

Die Herausforderungen der Moderne sind relativ neu in Spiti, denn aufgrund der chinesischen Invasion von 1962, die nicht weit vom Spiti-Tal entfernt stattfand, war das Territorium bis in die 1990er-Jahre für Ausländer – und damit auch für ausländische Einflüsse – gesperrt. Ob sich das Tal weiter öffnet und Kaza statt Kibber die Entwicklung vorgeben wird, ist nicht absehbar; vermutlich werden Tradition und Moderne nebeneinander existieren. Das entspricht der asiatischen Denkweise, die nicht so stark von dem abendländischen Prinzip des »Entweder-oder« geprägt ist. Das »Sowohl-als-auch«, die Vereinigung der Gegensätze ohne faule Kompromisse, ist tief im Bewusstsein verankert. Insofern schließt es sich auch nicht aus, indische Filme im Internetcafé zu schauen und im Tempel die religiösen Traditionen zu pflegen.

Die Einheimischen hoffen zudem, dass Inder und Chinesen bald einen Grenzübergang in ihrem Tal öffnen, denn mit der chinesischen Invasion wurden auch alle Übergänge gesperrt. Eine Öffnung hätte für die religiöse Praxis weitreichende Auswirkungen, denn jenseits der Grenze liegt der Kailash, den Buddhisten wie Hindus als Zentrum des Universums verehren. Dort entspringt auch der Ganges. Eine Pilgerfahrt zu seiner Quelle hat für die Inder seit Menschengedenken eine besondere Bedeutung.

## Wunsch nach Eigenständigkeit

Ein Grenzgebiet ähnlicher Art ist Ladakh, die vermutlich bekannteste tibetisch-buddhistisch geprägte Enklave im Himalaya. Die Ladakhis, knapp 150.000 Menschen, sind eine Mischung aus Tibetern und Darden, ein Volk, das heute im pakistanischen Teil des Himalaya lebt. Sie sprechen einen alttibetischen Dialekt und praktizieren den tibetischen Buddhismus.

Das im Indus-Tal gelegene Gebiet war schon für historische Forscher wie Sven Hedin oder die Brüder Hermann und Robert von Schlagintweit das Tor nach Tibet; für Missionare war es das Sprungbrett für eine Verbreitung ihres Glaubens, die allerdings nie Erfolge gezeitigt hat.

Ladakh war das erste für Ausländer geöffnete Gebiet im tibetischen Kulturkreis, trotz politischer Spannungen um den Status der Provinz. Es gehört zum islamisch dominierten Bundesstaat Jammu und Kaschmir mit der Hauptstadt Srinagar, von der sich die Ladakhis nicht repräsentiert fühlen. Die *Ladakh Buddhist Association* (LBA) verlangt den Status eines Bundesstaates für ihr Territorium, was von der Zentralregierung entschieden abgelehnt wird. Zu den größten Ausschreitungen kam es 1989, als die Regierung nach Massenprotesten den Ausnahmezustand verhängte und drei Ladakhis von der Polizei erschossen wurden. 1995 erreichte die LBA einen Kompromiss, wonach die Subventionen der Zentrale nicht mehr über Srinagar, sondern direkt nach Leh an die Provinzverwaltung fließen. Das hat zu einer Entspannung geführt.

Der frühe Einfluss der Moderne hat der tibetischen Kultur keinen Abbruch getan. Nicht nur die großen Klöster wie Alchi, Hemis, Thikse, Lamayuru, Rizong, Spituk, Shey oder Trakthok zeugen davon. Mächtige Anlagen wie Alchi oder Lamayuru demonstrieren die Stärke und das Selbstbewusstsein des Glaubens; Felsen- und Einsiedlerklausen wie Trakthok stehen für die individuelle Spiritualität, die immer einen großen Raum eingenommen hat. In der Hauptstadt Leh existieren Internetcafés friedlich neben einem spirituellen Medium oder traditionellen Heilerinnen. Niemand belächelt den anderen oder nimmt Anstoß daran, denn die Wahrheit hat viele Erscheinungsformen. Das benachbarte Zanskar ist aufgrund seiner Abgeschiedenheit neuen Einflüssen noch weniger ausgesetzt. Es ist nur fünf Monate im Jahr zugänglich. Doch auch hier scheint eine allmähliche Öffnung kaum mehr aufzuhalten. 1978 wurde eine Straße zwischen der Provinzhauptstadt Kargil und Padum, dem Zentrum von Zanskar, gebaut. Für die 240 Kilometer lange Strecke benötigte man vorher zu Fuß zehn Tage. Der Straßenbau war ein Politikum, das mit der in Nordindien verbreiteten islamisch-buddhistischen Rivalität zu tun hat. Ladakh, dem Zanskar administrativ zugeordnet ist, besteht aus zwei Subprovinzen, der buddhistisch geprägten Region Leh und der islamisch geprägten Region Kargil. Das buddhistische Zanskar wurde Kargil zugeteilt – sehr zum Verdruss der Bevölkerung. Padum, ein Dorf von knapp 1.000 Einwohnern, hat eine islamische Bevölkerungsmehrheit, der Rest von Zanskar ist buddhistisch. Die Klöster sind sehr viel bescheidener als im benachbarten Ladakh, so wie das Leben der Menschen.

## Buddhistische Heiligtümer

Auch der indische Bundesstaat Arunachal Pradesh im äußersten Nordosten des Landes wird von Völkern bewohnt, die sich dem tibetischen Kulturkreis zugehörig fühlen, wie die Monpa. Viele von ihnen praktizieren noch die vorbuddhistische Bön-Religion.

Der Buddhismus breitete sich dort im 17. Jahrhundert unter dem 5. Dalai Lama aus. Zu Beginn des 20. Jahrhunderts trennten die Briten das Gebiet durch die McMahon-Linie vom eigentlichen Tibet ab, was sich im Nachhinein als Glücksfall erwiesen hat, denn damit blieb es von den Zerstörungen nach dem chinesischen Einmarsch verschont.

Heute bildet das Territorium einen Stein des Anstoßes zwischen China und Indien, denn China erhebt Anspruch darauf, weil es durch koloniale Willkür vom »Mutterland« abgetrennt worden sei. Hier zeigt sich die Doppelmoral der chinesischen Propaganda auf besondere Weise. Während die Annexion Tibets als »Befreiung« gilt, wird eine andere Annexion, die das eigene annektierte Gebiet ein wenig verkleinert hat, noch hundert Jahre später verurteilt.

Sikkim bildet einen weiteren Zankapfel zwischen China und Indien. Es war früher die wichtigste Durchgangsstation für Tibeter auf dem Weg nach Süden. Sikkim ist eines der alten Himalaya-Königreiche mit 640.000 Einwohnern, von denen inzwischen allerdings 60 Prozent hinduistische Nepalesen sind, die während der britischen Kolonialherrschaft dort angesiedelt wurden. In Sikkim gibt es 67 buddhistische Klöster, einige sind bescheiden, andere gehören zu den bedeutendsten Heiligtümern des tibetischen Buddhismus, vor allem der Kagyüpa-Schule. 24 Kilometer außerhalb der Hauptstadt Gangtok befindet sich das Kloster Rumtek. Es wurde vom 9. Karmapa Wangchuk Dorje im 16. Jahrhundert gegründet. Der Karmapa ist das Oberhaupt der Kagyüpa-Schule, der ältesten Tulku-Linie (Wiedergeburt eines Meisters) im tibetischen Buddhismus. Unter der britischen Herrschaft in Indien verfiel Rumtek zeitweilig, doch nach dem Volksaufstand in Tibet floh der 16. Karmapa Rangjung Rigpe Dorje gemeinsam mit etwa 160 seiner Anhänger nach Sikkim. Er ließ sich in Rumtek nieder und sorgte für eine grundlegende Renovierung des alten Heiligtums, die 1966 abgeschlossen war. So fanden dort einige der vor den Zerstörungen in Tibet geretteten Heiligtümer und Schriften einen angemessenen Aufenthaltsort, darunter der sogenannte »Schwarze Hut«, das Herrschersymbol des Karmapa.

Damit ist Rumtek das Zentrum einer heftigen Kontroverse innerhalb der Kagyüpa-Linie. Es geht um die Inkarnation des 17. Karmapa. Der 16. Karmapa starb 1981 in Chicago und es dauerte lange, bis die neue Inkarnation gefunden wurde. Die Mehrheit der Schule sieht in Urgyen Trinley Dorje den 17. Karmapa, denn auf ihn wies ein Brief seines Vorgängers hin, der erst spät entdeckt wurde. Urgyen Trinley Dorje wurde 1985 als Sohn einer osttibetischen Nomadenfamilie geboren und mit sieben Jahren im Stammkloster der Linie, Tsurphu, feierlich inthronisiert. Ende Dezember 1999 gelang ihm die Flucht nach Indien.

Eine Minderheitenfraktion, die ihn nicht anerkennt, unterstellt ihm, er sei vor allem nach Indien geflohen, um Anspruch auf den Schwarzen Hut von Rumtek zu erheben. Diese Fraktion betrachtet den zwei Jahre älteren Trinley Thaye Dorje als Inkarnation des 17. Karmapa (siehe dazu auch S. 19f.). Zum Schwarzen Hut hat noch niemand Zugang.

Bis 1975 war Sikkim politisch ein Protektorat Indiens mit innerer Selbstverwaltung, die im Gegensatz zu Tibet nicht nur auf dem Papier Bestand hatte. Delhi war allein für die Außen- und Verteidigungspolitik zuständig. Dann nahm die Regierung unter Ministerpräsidentin Indira Gandhi die Heirat des Herrschers von Sikkim mit einer amerikanischen Studentin zum Anlass, den Status Sikkims aufzulösen und das Territorium in einen Bundesstaat umzuwandeln. Angeblich sollte die neue Frau des Herrschers, Hope Cook, eine CIA-Agentin sein, die Sikkim in die Unabhängigkeit führen wollte. Diese Vorwürfe konnten nie bewiesen werden; Tatsache ist jedoch, dass China die »indische Annexion Sikkims« mit harschen Worten verurteilt hat. Es sah darin einen Beweis für die indischen Hegemonialbestrebungen. Bis heute tut sich Peking schwer, Sikkim als Teil Indiens anzuerkennen. Inzwischen entspannt sich auch dort die Situation. Anfang Juli 2006 wurde der 4.400 Meter hohe Nathu-Pass als erster wieder geöffnet und langsam entwickelt sich dadurch auch wieder ein Grenzhandel.

## Rückzugsort der Guerilla

Eine besondere Bedeutung für die Tibeter hat Mustang im Nordwesten von Nepal. Es wurde bereits im 7. Jahrhundert von König Songtsen Gampo, dem Gründer der Hauptstadt Lhasa, erobert. Heute leben dort etwa 14.000 Menschen, die zumeist in Flusstälern siedeln. Die raue Natur lässt nur eine karge Landwirtschaft zu. Wie in Tibet ist Gerste die Basis, doch die Erträge sind noch geringer. In geschützten Gegenden bauen die Menschen auch Erbsen und Bohnen an, dazu liefern die Hochlandrinder Milch und Fleisch. Produkte für den Handel mit den Nepalesen jenseits ihrer Berge besitzen die Menschen nicht.

In den frühen 1960er-Jahren wurde Mustang zur Rückzugsbasis der tibetischen Guerillabewegung Chushi Gangdruk, die gegen die chinesische Volksbefreiungsarmee kämpfte. Zwar hieß die Bevölkerung des kleinen Königreichs die tibetischen Kämpfer willkommen, denn selbst in diesem abgelegenen Hochtal des Himalaya hatte sich herumgesprochen, welche Verbrechen die Chinesen in Tibet begingen, doch die Ankunft von ungefähr 3.000 Tibetern bedeutete eine ernste wirtschaftliche Beschränkung für die Gemeinschaft, auch wenn sich niemand beklagte.

Das Leben in den zwölf Guerillalagern war ausgesprochen hart. Die finanziellen Zuwendungen für die Kämpfer waren in den ersten Jahren so gering, dass sie noch nicht einmal Nahrungsmittel von den Einheimischen erwerben konnten. Dazu kamen weitere Flüchtlinge aus Tibet, die versorgt werden mussten. Viele veräußerten deshalb ihre persönliche Habe, nur um etwas mehr Essen zu bekommen, manche sogar ihre wertvollen, silbernen Amulettdöschen, die sie seit ihrer Jugend bei sich trugen. 1974 endete der Kampf, die Lager wurden aufgelöst und die meisten Kämpfer im Raum Pokhara angesiedelt. 1991 öffneten die Behörden das Gebiet für den Tourismus.

In Nepal ist zudem das kleine Hochtal von Dolpo vollständig buddhistisch geprägt und die 180.000 Sherpa, die berühmten Bergführer des Himalaya, gehören zum tibetisch-buddhistischen Kulturkreis. Sie stammen ursprünglich aus Osttibet und sind im Laufe der letzten 500 Jahre allmählich nach Süden gezogen. Ein zusammenhängendes Territorium besiedeln sie jedoch nicht.

## Wahrer der Tradition

Es gibt einen Staat der Erde, in dem der tibetische Buddhismus die prägende Kultur und Lebensform ist, Bhutan. Auf einer Fläche von der Größe der Schweiz leben knapp 700.000 Menschen. Der Vajrayana-Buddhismus, der vor allem durch die Kagyüpa und die Nyingmapa vertreten wird, ist Staatsreligion. Ihm gehören etwa 70 Prozent der Bevölkerung an, die tibeto-birmanischen Ursprungs sind.

Das Territorium des heutigen Bhutan geriet schon im 8. Jahrhundert unter buddhistischen Einfluss – und niemand Geringerer als der große Padmasambhava brachte die Lehre des Erleuchteten dorthin. Regionale Fürsten, die eng mit buddhistischen Äbten verbunden waren, teilten sich das Land. In seiner jetzigen Form ist Bhutan ein Resultat der Machtkämpfe in Tibet nach dem Siegeszug des Reformordens der Gelugpa, zu dem der Dalai Lama gehört. Im 17. Jahrhundert vertrieben Gelugpa-Äbte mit Unterstützung der Mongolen viele Vertreter der Kagyüpa-Schule nach Süden. Nawang Namyal, einer ihrer wichtigsten Äbte, einigte die Fürstentümer im heutigen Bhutan und machte seine Schule zur staatstragenden. Mächtige Klosterburgen, die Dzongs, zeugen im ganzen Land von den kriegerischen Auseinandersetzungen der Epoche, aber auch von der Wehrhaftigkeit seiner Bewohner. 1907 wurde mit britischer Unterstützung der erste einheimische König, Ugyen Wangchuk inthronisiert, dessen Nachkommen die Geschicke des Landes lenken. Im März 2008 gab es die ersten allgemeinen Wahlen in der Geschichte des Landes, das sich nur sehr langsam ausländischen Einflüssen öffnet. Von einem wirklichen Pluralismus konnte bei der Wahl ohnehin keine Rede sein; es standen letztlich nur zwei Wahlvereine der Elite zur Abstimmung. Zwar war die Wahlbeteiligung hoch, doch das lag an der Wahlpflicht.

Die von der Kagyü-Schule nach wie vor geprägte Elite übt im Osten des Landes auch einen zunehmenden Druck auf die dort stark vertretenen Anhänger der Nyingmapa aus. Das geschieht nicht durch offene Repression und auch nicht in den großen Klöstern, aber in den abgelegenen Teilen ist der Druck stark, sich an der Kagyüpa-Tradition zu orientieren.

In den Medien erscheint Bhutan zumeist wegen eines Konflikts mit den nepalesischen Einwanderern, die seit Ende des 19. Jahrhunderts in den Süden des Landes drängen. Zunächst waren sie als billige Arbeitskräfte angeworben worden, doch 1958 schloss die Regierung die Grenzen. Das Grenzgebiet ist jedoch nicht zu kontrollieren, sodass die Migration von Nepalesen und Indern, die in ihrer Heimat keine Perspektive mehr sahen, anhielt. 1980 alarmierte eine Volkszählung die Bhutanesen, wonach die hinduistischen Nepalesen bereits 50 Prozent der Bevölkerung stellten. Angst machte sich breit, dass die tibetisch-buddhistische Kultur an den Rand gedrängt werden könnte. Ein neues Gesetz gestand nur denen die Staatsbürgerschaft zu, die vor dem 31. Dezember 1958, der Schließung der Grenzen, ihren ständigen Wohnsitz in Bhutan nachweisen konnten. Damit wurden mehr als 100.000 Nepalesen zu Ausländern. 1988 wurden einige Tausend Nepalesen und Inder ohne gültige Papiere ausgewiesen und fünf Jahre später begannen Gespräche mit der nepalesischen Regierung über eine geordnete Rückführung, die schließlich in ein Abkommen mündeten, das die Repatriierung von 100.000 Nepalesen vorsah. Die Bestimmungen wurden ab April 1994 umgesetzt. Die verbliebenen Nepalesen und Inder sehen sich einem verstärkten Assimilierungsdruck ausgesetzt. So setzt der einzig tibetisch-buddhistische Staat auf fragwürdige Methoden, wenn es um die Wahrung der Tradition geht, doch darf bei aller Kritik und aller Solidarität mit den Betroffenen nicht übersehen werden, dass die Sorgen der Bhutanesen nicht nur ideologischer Art sind. Bei einer der Öffnung der Grenzen wären sie bald nur noch eine Minderheit; das Schicksal der Tibeter in Tibet spricht für sich.

## Hoffnung ...

Auf eine rasche Änderung der chinesischen Politik ist in Tibet nicht zu hoffen. Somit garantieren die tibetisch-buddhistischen Enklaven im südlichen Himalaya neben den modernen Flüchtlingsgemeinden das Überleben der tibetischen Kultur.

Nicht zu unterschätzen ist auch der wachsende Einfluss des tibetischen Buddhismus auf die abendländische Kultur. Ganz im Sinne der alten Prophezeiung von Padmasambhava gründen buddhistische Lehrer Zentren in Nordamerika, Europa und Australien. Selbst wer nicht direkt Zuflucht zum Buddhismus nimmt, ist davon beeindruckt und beeinflusst, darunter immer mehr Meinungsträger. Die Frage, ob der tibetische Buddhismus ohne die Tragödie in Tibet eine solche Offenheit und Wandlungsfähigkeit an den Tag gelegt hätte, ist spekulativ und damit müßig. Das Leiden von Millionen Menschen kann damit ohnehin nicht erklärt werden. Wenn die Zeit für sie reif gewesen wäre, hätten sie sich auch ohne den äußeren Druck der Welt öffnen können.

»Die Tibeter scheinen ein Talent zu besitzen, selbst in schwierigstem Gebiet zu überleben. Seit der chinesischen Invasion Tibets sind in ganz Indien Dutzende von tibetischen Flüchtlingskolonien entstanden. Viele von ihnen machen blühende Geschäfte mit Wollprodukten; wo man es häufig gar nicht erwartet. In Trivandrum, nahe der indischen Südspitze, wo die Temperaturen selten unter 80° Fahrenheit fallen (27° C) und die Menschen entweder die dünnste Baumwollkleidung tragen oder nackt herumlaufen, gibt es einige tibetische Geschäfte im Markt, vollgestopft mit Wollschals und -pullovern. Sie scheinen immer mehr Kundschaft zu haben, als sie überhaupt bewältigen können.«

*Amitav Gosh*

Unbestritten waren die Tibeter schon immer sehr pragmatisch und anpassungsfähig; und gleichzeitig traditionsbewusst und eigensinnig: das Prinzip des »Sowohl-als-auch«, das sich auf vielen Ebenen zeigt. Die großartigen Theologen und Sinnstifter sind gleichzeitig geschäftstüchtige

Händler und Kaufleute. Sie haben Schwierigkeiten mit der Mathematik, aber sie können hervorragend rechnen. Sie machen keine Gefangenen, wenn sie gegen die Chinesen kämpfen, und sie lesen jeden Regenwurm auf, der vom Weg abgekommen ist.

Pragmatismus gepaart mit Prinzipientreue sind wichtige Voraussetzungen für das Überleben einer Kultur und diese Verbindung macht Hoffnung, dass sich die tibetisch-buddhistische Kultur gegenüber der kommunistischen Ideologie als stärker erweisen wird – auch in ihrer Heimat.

# Literatur

Da die Publikationen über Tibet kaum zu überblicken sind, beschränkt sich diese Liste auf Veröffentlichungen über die Situation im Exil, auf Lebensgeschichten oder grundlegende Werke zum Verständnis des Tibet-Konflikts.

Adhe, Ama: *Doch mein Herz lebt in Tibet*, Freiburg 1998

Alt, Franz, u. a.: *Tibet: Schönheit, Zerstörung, Zukunft*, Frankfurt 1998

Avedon, John: *In Exile from the Land of Snows*, London 1985

Bass, Catriona: *Der Ruf des Muschelhorns*, Reinbek 1992

Baumann, Bruno: *Die Götter werden siegen*, München 1991

Bernstorff, Dagmar/von Welck, Hubertus: *Tibet im Exil*, Baden Baden 2002

Binder, Franz: *Dalai Lama*, München 2005

Blumencron, Maria: *Flucht über den Himalaya: Tibets Kinder auf dem Weg ins Exil*, München 2003

Blumencron, Maria: *Auf Wiedersehen, Tibet. Auf der Flucht durch Eis und Schnee*, Köln 2008

Choedrak, Tenzin: *Der Palast des Regenbogens. Der Leibarzt des Dalai Lama erinnert sich*, Frankfurt 1999

Chopra, Swati: *Dharamsala Diaries*, New Delhi 2007

Craig, Mary: *Kundun. Der Dalai Lama und seine Familie*, Bergisch-Gladbach 1998

Dalai Lama XIV.: *Mein Leben und mein Volk. Die Tragödie Tibets*, München 1962

Dalai Lama XIV.: *Das Buch der Freiheit*, Bergisch-Gladbach 1990

Die Weltwoche (Hrsg.): *Vom Dach der Welt. Tibeter in der Schweiz*, Zürich 1993

Du. Die Zeitschrift für Kultur: *Tibet. Der lange Weg*, Heft 7, Zürich 1995

Essen, Gerd-Wolfgang/Thingo, Tsering Tashi: *Die Götter des Himalaya*, München 1989

DIIR: *Tibetans in Exile, 1969–1980*, Dharamsala 1981

Forster-Latsch, Helmut/Renz, Paul-Ludwig: *Tibet: Land, Religion, Politik*, Frankfurt 1999

Fürer-Haimendorf, Christoph von: *The Renaissance of Tibetan Civilization*, Bombay 1990

Gyaltag, Gyaltsen: *Tibet einst und heute*, Rikon 1991

Gyatso, Palden/Shakya, Tsering: *Ich, Palden Gyatso, Mönch aus Tibet*, Bergisch-Gladbach 1998

Kelly, Petra K./Bastian, Gert/Ludwig, Klemens: *Tibet klagt an*, Wuppertal 1990

Kranti, Vijay: *Dalai Lama speaks*, New Delhi 1990

Lehmann, Peter-Hannes/Ullal, Jay: *Tibet: Das stille Drama auf dem Dach der Erde*, Hamburg 1981

Lindegger, Peter: *20 Jahre Klösterliches Tibet-Insitut Rikon/Zürich. Eine Bestandsaufnahme*, Zürich 1988

Ludwig, Klemens: *Tibet. Eine Länderkunde*, München 2006

Ludwig, Klemens: *Dalai Lama, Botschafter des Mitgefühls*, München 2008

Mäder, Hans: *Tibet. Land mit Vergangenheit und Zukunft*, Zürich 1997

Namgyal, Tsering: *Little Lhasa. Reflections on Exiled Tibet*, Mumbai 2006

Norbu, Dawa: *Tibet: The Road Ahead*, London 1998

Norbu, Jamyang (Hrsg.): *Warriors of Tibet and the Khampas' Fight for the Freedom of their Country*, London 1987

Norbu, Jamyang: *The Mandala of Sherlock Holmes*, USA 2003

Norbu, Jamyang: *Illusion and reality*, Dharamsala 1989

Norbu, Thubten/Turnbill, Colin: *Mein Tibet*, Wiesbaden 1971

Pema, Jetsun: *Zeit der Drachen. Die Biographie der Schwester des Dalai Lama*, Hamburg 1997

Perkins, Jane/Rai, Raghu: *Tibet in Exile*, San Francisco 1991

Russell, Jeremy: *Dharamsala, Tibetan Refuge*, New Delhi 2000

Schmitz, Gerald: *Tibet und das Selbstbestimmungsrecht der Völker*, Berlin 1998

Shakabpa, Tsepon, W. D.: *Tibet. A Political History*, New Haven/London 1967

Van Walt Van Praag, Michael: *The Status of Tibet. Rights and Perspectives in International Law*, New York 1987

# Bildnachweis

# Namgyal Lhamo Taklha
## *Die Frauen von Tibet*

*Starke Frauen, porträtiert von der Schwägerin des Dalai Lama*

Nomadin in der Grassteppe, Nonne aus tiefem inneren Wunsch, Adlige mit Korallen und Türkisen, Bäuerin in der weiten kargen Hochebene – wie lebten die Frauen in Tibet, bevor die Chinesen das Land besetzten?

Namgyal Lhamo Taklha hat die Lebensgeschichten von neun Tibeterinnen aufgezeichnet. Ihre faszinierenden Lebenswege zeigen die Stärke von Tibets Frauen, ihre wichtige Stellung in der Feudalgesellschaft und die aus uralten Zeiten überlieferten Traditionen. Und sie zeugen von einem friedlichen und harmonischen Leben aus vergangenen Tagen und von Tibets einzigartiger Kultur und Religion.

288 Seiten, ISBN 978-3-485-01101-3
nymphenburger

## Lesetipp

BUCHVERLAGE
LANGENMÜLLER HERBIG NYMPHENBURGER
WWW.HERBIG.NET

# Lama Anagarika Govinda
## *In den weißen Wolken*

*Eine Brücke zwischen westlicher und
östlicher Spiritualität*

Lebendige Weisheit und ein offener klarer
Geist zeichneten den wohl bekanntesten
deutschen Buddhisten aus. Die hier veröf-
fentlichten Texte und Lehrreden wurden in
dem von Lama Govinda gegründeten Kloster in Mill Valley entdeckt, wo er seine letzten
Lebensjahre verbrachte. Sie thematisieren
buddhistische Einsichten ebenso wie christliche Mystik und westliche Psychologie und
faszinieren durch die umfassenden, alle
Schranken überwindenden Wahrheiten.

In einem Vorwort von Lama Surya Das und
einem Einführungskapitel werden das außer-
gewöhnliche Leben und die Bedeutung
Lama Govindas gewürdigt.

288 Seiten, ISBN 978-3-485-01153-2
nymphenburger

# Lesetipp

BUCHVERLAGE
LANGENMÜLLER HERBIG NYMPHENBURGER
WWW.HERBIG.NET